市町村合併を超えて

コミュニティ「力《パワー》」の時代

三井物産戦略研究所客員研究員
藤澤流通マーケティング研究所代表
藤澤 研二

水曜社

はじめに

戦後の日本は、経済的な豊かさを求めて遮二無二走り続けて来た。日本人を経済へと駆り立てたのは、目の当たりにした覇権国アメリカの圧倒的に豊かな生活への憧れであり、羨望であった。

東西冷戦の中、西側陣営の防波堤としての位置づけやいくつかの幸運にも恵まれ、日本は短期間のうちに奇跡的な経済復興を果たした。そして、1960年代からの高度経済成長を経て、押しも押されもしない経済大国の仲間入りをした。狭いながらも憧れのマイホームを手に入れ、自動車もエアコンもカラーテレビもある快適な生活を実現することができた。

しかし、その経済的な豊かさとは裏腹に、いま日本人の心の中にはそこはかとない不安が充満してきている。それは、経済成長という共通の目標に向かってひた走っていたときには感じなかったものだ。その意味では、豊かになったからこそ感じる不安や不満足感なのかもしれない。

そして、そのような心理は、いま日本社会が抱えるさまざまな課題に起因する部分が少なくない。高齢者介護や年金をはじめとする社会保障・福祉問題、〈キレル〉子どもたちによる残忍な犯罪や学級崩壊などの教育問題、震災やテロなどに対する都市の防災・防犯問題、環境ホルモンをはじめとする化学物質による環境汚染などなど、現代社会は不安材料には事欠かないからだ。そして、これらの課題の多くは、経済成長の過程で犠牲にしてきたもの、忘れてきたものにほかならない。すなわち、産業優先、会社優先、学歴優先、効率優先という経済成長にベクトルを合わせた戦後日本の経済、社会のシステムが生み出した副産物とも言える。

21世紀は「生活優先の時代」「心の時代」などと言われるが、日本が、そして日本人が、本当の意味の豊かさを実感し、潤いのある暮らしを実現するには、これらの課題への対応が不可欠だ。というよりは、問題の本質にある日本の経済、社会システムそのものを組み替えることが必要だ。そして、筆者はこれらの生活に密着した課題への対応に当たっては、コミュニティレベルでの取り組みが重要だと考える。特に、市町村合併が各地で計画されている中で、「生活」や「暮らし」の基盤としてのコミュニティの位置づけ、役割がますます大きくなってくるはずだ。そして、コミュニティをベースとする地域マネジメントの再構築や生活課題の解決へ向けた取り組みの中に日本の経済、社会システムを変革する糸口があるように思われる。つまり、「コミュニティが変われば、社会が変わる」がこの本の基本的なテーマであり、問題意識だ。

以下、序章でいま地域のコミュニティ「力」が問われるようになった背景を整理した後、個別の生活課題ごとに、コミュニティをベースに課題解決に向けて動き出した地域の事例を紹介しながら新しい地域マネジメント・システムの内容や構築のプロセスなどを考えていくことにしよう。

目次

第2章　コミュニティ「力」で育む地域の教育・保育　55

第7章 整いはじめたコミュニティ「力」を支える仕組み 241

本書は「地方自治職員研修」（公職研）に連載されていたものを加筆・修正し再構成したものです。

序章

いま、なぜコミュニティ「力《パワー》」か？

1　コミュニティ「力」とは？

最初に、この本のタイトルでもある〈コミュニティ「力」〉という耳慣れない言葉について若干説明しておこう。感性の鋭い読者諸氏のことだから、この言葉に込められたニュアンスはすでにくみ取っていただけたと思うが、ここでは〈コミュニティ「力」〉を「地域が抱えるさまざまな生活課題への地域の対応力」という程度に定義しておこう。

改めて確認する必要もないが、地域の主体はそこで活動する企業であり、働き、暮らす生活者だ。当然、地域の課題への対応に当たっても、行政任せにするのではなく、企業や生活者も相応の役割を分担する、いや望ましくは主体的に地域マネジメントにコミットすることが求められる。

筆者は、行政と地域の住み手、使い手である企業や生活者がパートナーシップを組んで地域をマネジメントしていくことが本来の姿だと考えている。そして、その総合力としての地域の課題解決力がまさにここで言うところのコミュニティ「力」である。

2　コミュニティ「力」が問われる今日的理由

地域の生活課題への対応において、内発的な取り組みの必要性は「住民主体のまちづくり」などの形で従来からも提起されてきた。しかし、一部の地域を除くと、具体的な活動には結びつかず、コミュニティ「力」を醸成し、新しい地域マネジメントの仕組みの構築を目指すような大きなうねりには発展しなかった。そして、多くの地域では、依然として行政依存色の強い仕組みが継続され、生活課題への取り組みは申し訳程度に行われるにすぎなかった。

しかし、この数年で日本社会の風向きが明らかに変わってきたように思われる。すなわち、これまでの日本の経済、社会を律してきた仕組みの制度疲労はもはや誰の目にも明らかであり、〈仕組み替え〉が不可欠なことが認識されはじめている。さらに、新しい仕組みづくりやそのマネジメントに自らがコミットしなければ本当の意味での豊かな暮らしは実現しないということに、生活者が気づきつつあるように思う。そのような風向きの変化や生活者の意識が変わってきた背景としては、以下の4点ほどの要因が挙げられる。

一つは、待ったなしの行財政改革の要請である。不況の長期化と財政需要の増大で、国の財政は火の車だ。従来のような中央集権型の政策立案、遂行システムは維持できなくなった。もはや、地方も国に頼ってばかりはいられず、自分たちの頭で考え、足で立つことを求められ、地域の特性に合った独自の政策展開が強く求められるようになってきた。また、地方分権改革もいよいよ実施段階を迎え、財政面での制約は依然として残るものの、従来の国の代行事務の過半が自治事務に移行するなど、地方自治体の裁量範囲も拡大した。これらにより、地域が自律的な政策を展開できる環境は整いつつある。さらに、最近は地域ごとの経済活動のしやすさ、働きやすさや暮らしやすさ、あるいは財政の健全性などで自治体が格付けされ、評価されるようになってきた。企業も生活者も、それらの情報によって自分たちの地域のレベルを客観的に把握できるようになった。当然、それが首長や議員の実力、貢献度と見なされ、選挙時の投票内容にも反映される。その結果、うかうかしていると選挙で当選できないだけでなく、「企業移転」「介護移住」「保育移住」などの形で、企業や生活者がほかの地域に流出してしまう現象が起こりはじめた。情報化の進展がそれを加速させており、まさに本当の意味での地域間競争の時代が到来しつつある。今後、地域は新しい政策ニーズに対応し、企業や生活者の満足度を高めない限り、衰退を余儀なくされることになる。とはいえ、地方自治体も財政には余裕がない。これからは、箱モノづくりなど「金」を使う土建政策ではなく、「知恵」を使って暮らしやすい地域づくりを実現するなどソフト政策で対応することが求められる。最も、すでに箱モノはそこそこ整備されており、モノづくりだけではいまの生活課題は解決されないことはすでに学習済みだ。また、なんでも行政が抱え込むのではなく、地域に非営利組織（ＮＰＯ）や市民事業などを育成し、それらとの役割分担をする中で行政サービスの内容を再構築するなどで「小さな政府」を実現することが重要なテーマになってくる。

このように、行財政改革という時代要請により「行政サービス偏重型」から「公民共創型」への地域マネジメントシステムの転換、すなわちコミュニティ「力」の醸成が求められるようになった。（図参照）

二つめは、行財政改革の一環として進められている市町村合併との関連である。市町村合併の背景および狙いとしては、「行政圏と実際の生活圏の相違」「行財政運営の効率化」「地域分権へのシステム転換」の三つが挙げられている。なかでも「行財政運営の効率化」が喫緊の課題であり、合併の最大の狙いもそこにある。現状の非効率な行財政運営を考え

図　新しい地域マネジメントシステムのイメージ

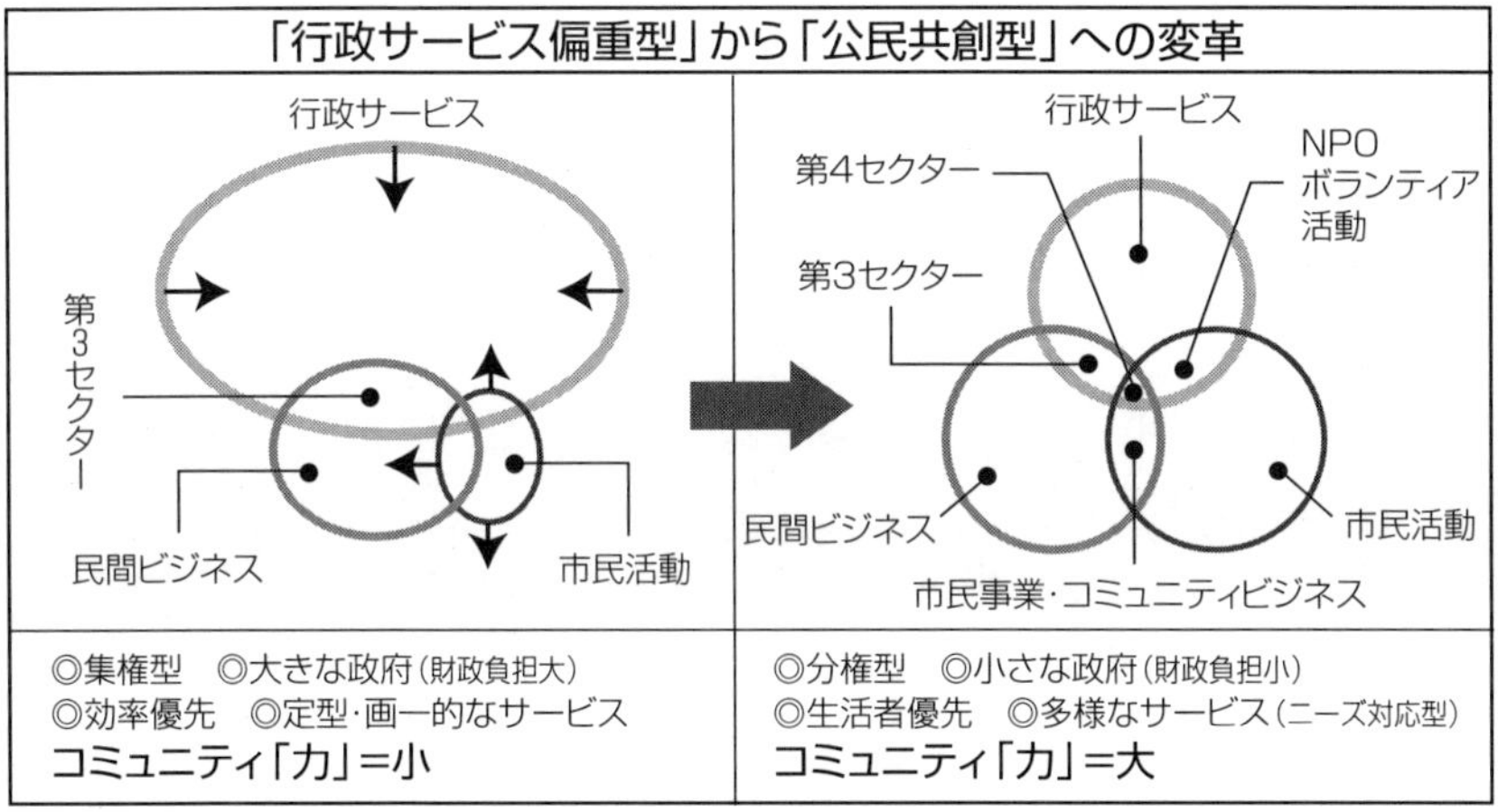

れば、効率化が不可避であることは論を待たない。しかし、地域には福祉や教育、環境など効率化の視点だけでは評価できない政策テーマも少なくない。もともと、暮らしや生活を「効率」という尺度で測ること自体に無理がある。合併の目標である「行政サービスを低下させずに、行政コストを削減する」には、どのような仕組みづくりとその運営が必要なのかが明らかにされなければならない。この点、現状の市町村合併の推進状況を見ていると、政府の強力な合併誘導策、すなわち市町村合併特例法の財政優遇措置のみに目が行っているように思えてならない。

一方で、これまで小規模市町村や過疎地を優遇してきた地方交付税の削減が進められている中では、これも無理からぬことではあろう。しかし、人口規模を合併の目安として、特例法で期限を切った進め方は、相当乱暴な話で、十分な検討を尽くせるのか疑問が多い。どんな地域づくりを目標に合併をするのか、本来であるならばまず明確にされなければならない最も肝心な論点が等閑にされたまま、効率化や財政優遇措置のみで合併が進められることへの懸念は大きい。合併目標の達成には、従来の行政サービスを補完、代替する仕組みづくりやサービス提供主体の育成が不可欠である。そして、筆者はその主体として市民事業やＮＰＯなどの生活者が主導する組織の可能性に期待しており、それらボランタリーな組織を含めた地域マネジメントの仕組みづくりが必要だと考える。

三つめの背景としては、日本人の意識が大きく変わってきていることが挙げられる。特に、働く意識が変わりはじめ、「会社人間」が「社会人間」に転換しはじめた。この変化の一つの契機となったのがバブル崩壊後の深刻な不況である。不況で業績の悪化した企業は、背に腹はかえられず終身雇用を放棄し、一斉にリストラを進めた。リストラのターゲットとされたのは、これまですべてに優先して仕事に励んできた中高年の企業戦士たちであり、50歳代に入ってきた団塊世代だ。彼らは、いざというときに「会社」が頼りにならないことを思い知らされるとともに、人生観を大きく変えられた。仕事観、人生観を変えられたのは彼らだけではない。リストラにあった親たちの、そして先輩たちの背中を見ていた子どもたちや後輩たちも、同様に仕事に対して、会社に対して間合いを置くようになった。

リストラで人生観を変えられた「会社人間」たちは、意識的に仕事以外のことに関心を持ちはじめた。また、これらの世代は、親の介護問題に直面していたり、思春期の子どもの教育問題を抱えていたり、ちょうど生活課題を抱え込むことの多い世代でもある。そこで、仕事以外の、これまでは奥さん任せにしてきた生活課題に取り組むことで、リストラで空いた心の穴を埋め、浮いた時間やエネルギーを注ぎ込む人たちも少なからず現れた。従来、自分の暮らす地域は寝に帰るだけの存在であったこれら中高年や元気な定年退職者などのオジサンたちが地域デビューを果たすことにより、コミュニティ「力」は大きく向上しつつある。企業社会で培われた企画力や調整力は、地域活動でもいかんなく発揮されている。

また、平成7年に起こった阪神・淡路大震災も、日本人に意識変化を促す大きな契機となった。5000人を超える人命が失われた震災そのものは悲惨であったが、震災を契機に、あるいはその復興の過程でいくつかの新しい流れが見えてきた。

まず、震災が起こったとき、地域の運営を委ねてきた従来システムが機能不全を起こし、行政や企業がほとんど頼りにならないということが判明した。代わって大きな役割を果たしたのが、日ごろは意識されないが、コミュニティで養われてきた相互扶助の仕組みや人間関係であった。また、全国から駆けつけた150万人ものボランティアも大いに活躍した。そして、この震災で気づかされたように、各地で、さまざまな分野でボランタリーな活動が湧き起こり、コミュニティの新しい相互扶助の仕組みづくりが意識的に進められるようになった。これまでは、関心は持っていたものの、具体的な行動にまでは踏み出せないでいた多くの人たちが堰《せき》を切ったように動きだした。特定非営利活動促進法（NPO法）やタウンマネジメント組織（TMO）、あるいは地域通貨のような制度や仕組みも整いはじめ、活動を後押しする環境も少しずつ前進している。

このような出来事を通じて、人々は自分の仕事、働くことの意味に「お金を稼ぐこと」とともに「自己実現」や「社会的意義」を付け加えるようになった。中には後者をより重視する人々も増えてきている。それだけ日本人は経済的に豊かになったのだろう。またそれは、グローバル・スタンダードの名のもとに導入される欧米流の「市場万能主義」への反動かもしれない。いずれにしろ、環境や福祉など市場原理の外にまたがる領域への関心が高まるにおよんで、人々の働くことや社会とのかかわり方に関する意識が大きく変わってきた。このようなさまざまな要因により、日本人が「会社人間」から「社会人間」化し、地域や生活課題に関心を持ち、自らコミットする意識が芽生えだした。

3　気がついた地域から試行錯誤が始まっている

本当の豊かさ、暮らしやすさを実現するには、自らが主体的に考え、積極的に動き、相互に支え合うことが必要だと気がついた地域では、意識が変化しただけではなく、具体的な行動を起こしはじめた。まさに、新しい地域マネジメント・システムの構築へ向けた挑戦だ。

もちろん、動きだせばすぐに問題が解決するわけではない。地域でも「気がついた」人たちはいまだ少数派であり、既存の構造や既得権益を守ろうとする守旧派や無気力な行政マン、住民などがまだまだ多数を占める。ただ、地域で試行錯誤を続ける中で、新しい展望が見えはじめているのも事実だ。それは、地域の抱える課題に、地域の力を結集して取り組めば、いろいろな知恵も生まれるし、地域の内外から応援団も現れる。そして、なによりも主体的に動いている本人たちが充実感を味わうことで変わりはじめ、地域内でのさまざまな人的関係の構築も進みはじめている。さらに、それが行政や企業にも波及し、行政や企業も新しい役割像を模索し、それぞれの活動が相乗効果を上げるための地域マネジメントのあり方についての試行錯誤が始まっている。

次章からは、今日的な生活課題の解決に向けて、実際に動きだした地域の具体例を紹介しながら、コミュニティ「力」の醸成の仕方や課題などについて考えていこう。

第1章

コミュニティ「力《パワー》」が試される高齢者介護

1　問題が山積する介護制度

まず、最初の生活課題として「高齢者介護」の問題に焦点を当ててみたい。なぜなら、高齢者介護は最も地域のコミュニティ「力」が試される今日的なテーマだからだ。平成12年4月から介護保険制度が実施に移され、地方自治を基本に介護を社会化する形に制度の枠組みが大きく変更された。その結果、これまでの高齢者福祉への取り組み姿勢や具体的なサービス水準が、市町村ごとに客観的に見えるようになった。現在、介護問題に直面している人々は言うにおよばず、介護保険料の徴収という形でコスト負担を義務付けられたことで、地域の介護サービスの水準に対する住民の関心は自ずと高まらざるを得ない。そして、この3年間あまりは行政の対応力不足を批判したり、より良質なサービス提供者を選択するなどの行動が活発化した。このように、措置制度による「あてがい扶持」の福祉から、需要者がサービスを「自立的に選択する」福祉への転換は画期的な改革だと言える。

しかし、一方で新しい介護保険の仕組みでも、個別性の極めて強い介護者の属性や介護ニーズにジャストフィットするサービスを提供することが難しいこともわかってきた。そして、高齢者が最期まで安心して、生き生きと暮らすことのできる地域は、行政および民間サービスの充実とともに、それらでは対応しきれない部分を、互助の精神に基づく住民の活動で補完していくことがどうしても必要なことにも関係者が気づきはじめている。いま地域は、介護問題への対応を契機に、コミュニティ「力」の強化・醸成に向けて動き出した。

それでは、コミュニティ「力」を結集して地域の高齢者介護問題に取り組んでいる具体的な事例を紹介していく中で、活動を通じてコミュニティ「力」が醸成され、地域が変わっていくプロセスを見ていこう。

もちろん、事例で取り上げる地域でも、生活者が「暮らしやすいまちづくり」のためには何が必要か、自分たちに何ができるかということを考え、動き出したものの、「毎日が試行錯誤」というのが実態である。その意味では、取り上げる事例は、まさに生活者自らによる地道な社会実験の実況報告にほかならない。しかし、それらの地域では、その試行錯誤の活動を通じて「公民共創型」の新しい地域マネジメント像がおぼろげながら見えはじめてきているのも事実だ。そして、そこで目標とされるのは、生活者や企業が行政と連携するかたちで主体的、積極的に地域マネジメントに参加し、地域特性に配慮した独自の政策が展開される「地方自治」の姿である。

2　住民主体の地域ケアを目指して
――町田市「ケアセンター成瀬」の実験

新興住宅地の成熟につれて

東京のベッドタウン・町田市（人口約37万人）の郊外に在宅高齢者支援施設「ケアセンター成瀬」はある。いま全国の介護関係者が注目する施設の一つだ。正確に言うと、施設そのものではなく、施設の計画から運営を一貫して地域の生活者が支える「住民による、住民のための地域ケア」の仕組みが注目されている。

施設がある成瀬地区は70年代から大手不動産会社が開発した住宅地であるが、開発から30年を経て現在は60歳前後の住民が多くなっている。その地域が、10数年前に始まった地域ケアをテーマにした勉強会をきっかけに動き出した。「暖家《だんけ》の会」という名称が付けられたその勉強会は、開業医として地域医療にかかわり、自身も親の介護体験を持つ西嶋公子氏を中心に数人の主婦が参加して始まった。それが、ちょうど年齢的にも介護問題が視野に入りだした地域の潜在意識に火を付けた。そして、暖家の会は同世代の生活者を中心に共鳴の輪を広げながら継続され、数年後には相当専門的な問題も理解できるようになるなど、地域の介護問題に関する知識の蓄積は大いに高まった。

手探りで住民参加方式の施設整備を実践

勉強会を通して地縁を強め、知識レベルを高めた住民は、次に具体的な実践活動に取り組みだした。ちょうど、高齢化社会における地域のあり方を検討しはじめていた行政に対して「住民参加方式による在宅介護施設の整備」を提案し、地域内にあった市有地への同施設の誘致運動を起こした。暖家の会が中心となった根気強い署名活動の結果、地域居住者（成人）の半分近い署名を集め、誘致を実現してしまった。

誘致に成功すると、今度は「使いやすい施設」作りを目指して、アンケート調査やワークショップを繰り返し実施し、計画に使い手の立場から細かい注文を盛り込むとともに、そのプロセスを通じて「地域の施設」「自分たちの施設」という意識を住民の中に醸成していった。と同時に、暖家の会を発展させた「ケアセンター成瀬支援住民の会」のもとに多様なボランティア活動グループを組織して、住民に得意技や関心に応じた「役割」を与え、完成後の施設運営にも住民が積極的にコミットする仕組みも準備しはじめた。

施設の誘致や建設の過程では、いくつものハードルがあった。なかでも、施設の運営に当たる社会福祉法人の設立にかかわる資金問題が最大の難関であった。すなわち、工事着工には運営主体（社会福祉法人）が決定していることが条件となるが、社会福祉法人は経営基盤の確立の観点から、一般的には3億円程度の基本財産の保有が認可の目安とされる。一方、住民が拠出した金額は150万円に過ぎず、基準額には遥かにおよばないため、本来なら認可は下りないはずだ。

しかし、成瀬のケースでは施設建物を基本財産と見なすという特例が適用され、めでたく社会福祉法人「創和会」が認可され、着工に漕ぎ着けることができた。これも、地域が一丸となって活動する熱意とエネルギーが認められた特例措置であるが、熱心な活動には、それが社会的な意味を持つ活動である限り、壁にぶつかったときにもどこからか知恵が出てきたり、支援者が現れるものだ。

利用者本位の設計から運営へと住民の本領発揮

そのようなハードルを乗り越えて、平成8年4月に「ケアセンター成瀬」はオープンした。施設は、専門家の支援を仰ぎながら利用者の意見や要望をきめ細かく設計に反映しただけあって随所に工夫が凝らされ、使い勝手もすこぶる良い。例えば、浴室。普通なら広々とした大浴槽を設置したくなるが、この施設には家庭用サイズの浴槽が3つあるだけだ。これは、自宅に戻ってから一人で入浴ができるように施設にいる間に練習してもらおうと、わざわざ家庭用サイズにしたものだ。また、施設内には消毒用の噴霧器が何カ所も設置されている。これも、細めに手を消毒することで院内感染を防止しようという意図がある。このようにケアセンター成瀬では、行政任せにせず設計段階から住民参加方式をとることで、「利用者本位の施設作り」という当り前のようで従来の公共事業ではできていなかった課題を一つ克服した。

また、施設のオープンを待ち受けるように多様な支援活動が展開され始めた。まず、レストランの調理はベテラン主婦たちによる組織が対応している。総勢120人ものボランティアがなんらかの形でレストランとティールーム（両施設は一般の人たちの利用も可能）の調理ボランティアに参加しているが、生活者一人一人が、自分のできることを、できる範囲で支援しているといった感じだ。とはいえ、調理の支援グループは元ホテル料理長の指導を受けるなど、サービス水準は決して低くない。また、デイサービスの利用者を対象に行われる陶芸、書道などの趣味活動のカリキュラムも、それぞれ「支援住民の会」のボランティアたちによって企画・運営されている。このデイサービスが多種多様で、よく工夫されているため利用者の人気が高い。見ていると、まさに「お年寄りのサークル活動」といったノリで、非常に楽しそうだ。さらに、施設の見学に訪れたときに、案内をしてくれたのもボランティアの人たちだ。

このように、いまなんらかの支援活動に参加しているボランティアは延べ500人にも

利用者の意見で設計大変更をした中庭

ケアセンター成瀬

およぶ。施設には、いろいろな人がしょっちゅう出入りし、利用者とボランティアの区別もわからないほどだ。ケアセンター成瀬は、高齢者在宅支援センターというよりは、まさにコミュニティセンターと言ったほうが適しているような気がする。

湧き上がるコミュニティ・ビジネス

もう一つ最近の動向として注目されるのは、ケアセンター成瀬にかかわる活動の中からさまざまな「コミュニティ・ビジネス」が誕生してきたことだ。例えば、利用者の需要にきめ細かく対応する「デイサービスなるせ」、介護用品などを販売する「物品販売 ザ・アップル」、高齢者の住まいのちょっとしたリペアやリフォームをおこなう「アップル住まいサービス」、在宅高齢者の身体介護や家事援助を行う「アップルホームヘルプサービス」などである。これらは、いずれも3年間にわたるケアセンター成瀬の活動を通して、サービスノウハウが蓄積され、人材が育ち、利用者との関係を構築してきたグループが主体となっている。ちなみに、各社が社名に冠している「アップル」はケアセンター成瀬のシンボルマークにほかならない。

これらのコミュニティ・ビジネスは、介護保険制度の施行を契機に特定非営利活動法人「NPOアップルサービス」として統合された。このNPO法人では、介護保険の対象とならない高齢者の生活支援や施設内のレストラン&喫茶「暖」の運営などを行っている。NPO法人として承認されたのを契機に、これまで一種サークル的な感覚でケアセンター成瀬を核に展開されてきた住民のボランティア活動が、新たな段階に移行しつつあるという点に注目したい。つまり、法人格として体制を整え、サービスの有料化を図ることにより、提供者にはより専門的で、満足度の高いサービス提供を行うための自覚を促し、また、利用者にはより自立的なサービスの選択を可能にするという効果をもたらすことになる。結果的に、サービスの提供者と利用者の間には良い意味での緊張感が生まれ、提供者も利用者もともに成長していくことが期待される。これはまさに介護保険制度の目標とするところであろう。

もう一つここで指摘しておきたいのは、コミュニティ・ビジネスの位置づけである。NPO法人という形態を採用したことにも表れているように、そこで目指されるのは「お金儲け」ではない。

また、組織の運営も参加者の合意に基づいておこなわれ、働くのも自分たちというワーカーズ・コレクティブが基本的な形態である。そのため、利用料金の設定においても、自分たちが利用する立場になったときの負担感など利用者感覚が最も重視されている。

行政の役割――コミュニティ「力」を阻害しないこと

これまで見てきたように、この事例では開業医を中心に地域ケアを考える勉強会から始まった生活者の活動が、「地域ケアの自給自足」を目標に、拠点施設の誘致、計画・設計、そして運営のすべてに主導的な役割を果たしてきた。

もともと、この地区は新興住宅地として開発されたため、住民は新興住宅地ゆえのごみ問題、学校整備などの生活課題に直面してきた。そして、それらの課題への対応や子ども祭りを開催する中で、コミュニティの連帯感が生まれ、人的ネットワークや自治会組成など、自主的な地域マネジメントの基盤を作ってきた。さらに、ケアセンター成瀬にかかわる活動を通して、住民の活動の輪は大きく広がり、コミュニティ・ビジネスを生み出すほどにまで成長した。つまり、ケア問題の対応の中で、地域のコミュニティ「力」は一段と向上した。

以上のようなケアセンター成瀬のヒストリーに行政はあまり登場しない。このような生活者の自治意識や実践力の旺盛な地域では、行政の役割は生活者の活動をうまく引き出すことであり、生活者主体の地域マネジメントをさまざまな形でサポートすることであろう。実際、この事例でも市有地にケア施設を誘致しようという生活者の要請に応え、施設計画においても生活者の会（建設委員会）の要望を反映させた。

また、施設の運営主体となる社会福祉法人の設立に当たっても特例認可を行うなど、行政はサポート役としての役割を果たしてきた。しかし、そのプロセスは必ずしも平坦なものではなかった。行政が、生活者主体の地域ケアの運営を認めるには、少なからず抵抗があり、時間がかかったという。

往々にして行政は、縦割り構造と前例主義からフレキシブルな対応力に欠け、生活者の活動とぶつかり、あるいはそれを抑えつけてしまう場合が少なくない。しかし、今後の地域マネジメントの仕組みでは、いかに生活者や企業とのパートナーシップによる役割分担を行うかが最も重要である。高齢者介護は、前述のように行政のみでは対応しきれない生活課題であり、「公民共創型」の新しいマネジメントシステムの実験を行うのには格好のテーマである。ケアセンター成瀬も、介護保険の施行後はデイサービスの利用者の減少や利用メニューの減少などから、かえって経営的には厳しくなっている。ある意味では「住民による、住民のための地域ケア」は正念場を迎えているという見方もできる。ただ、センターを訪問して、センターの活動に参加する人たちのパワーを目の当たりにすると、きっと今回のハードルもクリアしてしまうことだろう、という感じがした。また、そうあってほしいものだ。

3　小さな町の大きな実験
——栗山町の公民共創による「福祉のまちづくり」

町田市のような大都市部では、お互いの生活に干渉しないライフスタイルが一般的であり、概してコミュニティ意識は希薄だ。しかし、現状の生活を脅かすような問題の発生や自らが当事者となる生活課題に対しては、それらの課題が逆に求心力となり、地域が課題解決に向けて団結し、動きだす場合も少なくない。その意味では、住民の高齢化が進む郊外住宅地やニュータウンでは、介護問題はまさに住民共通の関心事であり、具体的な活動に発展しやすい。

そして、大都市部では一定の知識水準と経済力を備えた生活者が多く居住し、行政にも優秀な人材が存在するなど、もともと潜在的なコミュニティ「力」は高い。そのため、課題が明確になり、一旦活動の契機が与えられれば、パワフルな取り組みへと発展しやすい。事例で見た在宅高齢者支援施設「ケアセンター成瀬」を核に展開される「住民による、住民のための地域ケア」の実践も可能である。つまり、都市地域では、そのような潜在力を引き出し、暮らしやすい地域づくりという共通の目標に向けていかにそのパワーを結集するかが、地域マネジメントの重要なテーマとなる。

一方、地方の町村や過疎地域などでは、このようなコミュニティの潜在力そのものが乏しいというハンディキャップを背負っている。そのため、生活課題への対応も、当初は行政主導型にならざるを得ない場合が多く、首長の指導力や行政マンの情熱が課題への対応力を大きく左右することになる。しかし、これらの地域は、概して高齢化比率が高く、高齢者介護は待ったなしの課題であるため、生活者の関心は非常に強い。

二つめの事例では、福祉の充実を町政の基本方針として取り組んでいる北海道栗山町のケースを紹介しながら、地方の中小都市におけるコミュニティ「力」の醸成方法やそのための仕組み作りのあり方を考えてみたい。

栗山町は、札幌市から車で1時間ほどの距離にある人口1万5000人余りの町だが、80年代後半から「顔の見える福祉」を目標に福祉政策に積極的に取り組んできた。また、最近は地域通貨（エコマネー）を活用することで広く町民を巻き込み、地域の互助精神を養うことで介護保険ではカバーし難いサービスにも対応しようと試みている。

「栗山なら大丈夫」が合言葉

栗山町では、すでに昭和60年ごろから「顔の見える福祉」を掲げて福祉の充実に取り組みはじめていた。当時はバブル経済の真っただ中で、多くの地域ではリゾート開発や箱モノ施設の整備が全盛だった時代だ。

そのような時期に、栗山町では昭和63年に策定された新発展計画において、すでに「福祉のまちづくり」が町政の柱に据えられた。その原動力になったのは首長（前町長の佐藤氏・任期途中で病没）の強いリーダーシップだった。佐藤氏は「これからの高齢化社会で求められるのは福祉」という信念をもって福祉政策に注力した。

まず、昭和63年に、町の開基１００年、町制施行40年記念事業として、介護福祉士や社会福祉主事などの福祉の専門家を養成する町立介護福祉学校を開校した。福祉専門学校を地方自治体、それも人口１万５０００人余りの小さな町が作るというのは前例がなく、厚生省（当時）も設立認可には慎重だった。町は、国との協議を進める一方で、校舎の建設や生徒の募集などの既成事実作りを進め、やや強引に国を説得した。そのあたりの事情は、「栗山町立・北海道介護福祉学校」というその校名からもうかがい知ることができる。

この「福祉のまちづくりは人材の育成から」という町長の戦略は正しかった。１学年定員80名、２年制の同校には、いまや全国から生徒が集まり、卒業後は町内や道内の福祉施設に就職する学生も多い。卒業生の数も１０００人近くになり、その人的なストックの厚さが、町の福祉政策の大きな支えになっている。また、学生たちは在学中から福祉ボランティアや町のイベントなどにも積極的に参加し、いまでは福祉に限らずまちづくりには不

図1・1　栗山町の保健・福祉政策の推移（栗山町保健福祉HPより作成）

平成4年

■福祉課（高齢者福祉係）独立
■高齢者サービス調整チーム再編
■福祉情報誌「くりやまプレス」発行
■老人保健福祉計画の作成
■いきいき健診（痴呆早期発見）スタート（H3年）
■緊急通報装置の設置
●デイサービス開設（B型）
●町民手づくりレンガ通り歩道造成（～H7年）
●昭和63年介護福祉学校開校
（2学年、一学年当たり定員80名）

平成5年

■ケアマネージメントスタート
■地域ケア事業（除雪・電話・移送）
■公住リフォーム事業
■敬老会の廃止
■厚生省市町村情報連携事業参加
●老人保健施設「ガーデンハウスくりやま」
●特養「くりのさと」30床増床（80床）
●高齢者向け公営住宅整備

平成6年

■リフォームヘルパー制度創設
■痴呆性老人介護手当支給開始
■地域敬老等交流事業（地域ネットワーク）
■ホームヘルパー養成研修（３級）
～平成１０年まで
■ふれあい散歩インくりやま
■いきいきホームステイ
■中、高校生　夏・冬休み体験ボランティア
■在宅福祉事業推進功労厚生大臣表彰
■脳検診スタート
●公営住宅整備（バリアフリー）
●王子の森づくり（バリアフリー）

平成7年

■住宅リフォーム奨励金マニュアル交付事業
■新築住宅奨励金交付事業
■敬老祝品の見直し
■人にやさしい家づくりマニュアル作成
■メロウグランプリ受賞（通産省）
■歩道にベンチ設置
■心の健康相談（介護者）
●在宅介護支援センター開設
●ハンディキャップカー購入
●公営住宅整備（バリアフリー）
●人にやさしいファーブルの道づくり（～H13年）

平成8年

■ミドルステイ事業スタート
■食事サービス週５回に
■テレビ電話によるいきいきコール
■独居老人の集い廃止
■福祉ビデオ『あなたの笑顔をください』
■訪問リハビリ開始（保健事業）
■保健福祉情報『しゃるる通信』発行
（現在廃止）
●総合福祉センター建設
●公営住宅整備（バリアフリー）
●人にやさしい商店近代化事業

平成9年

■保健、福祉の統合セクション
■車イスで行く海外研修
■読売新聞「北のくらし大賞」受賞
■保健、福祉、医療、情報ネットワーク整備
●公営住宅整備（バリアフリー）

平成10年

■ＳＴＳバス試験運行
■高齢者記念品見直し
■高齢者バス券の廃止
■町営バス７路線運行（70歳以上無料）
■日本産業映画ビデオコンクール受賞
「あなたの笑顔ください」
■町内自助活動推進事業開始
（訪問サービス、集会所レクリエーション）
●特養「くりのさと」20床増床（100床）

平成11年

■生きがいデイサービス事業開始
■ホームヘルパー２級養成研修実施
■ノンステップバス運行
■バスロケシステム実験
■敬老年金の見直し
■いきいき生活情報空間システムモデル事業
（ニューメディア協会）
■遠隔医療事業モデル
■障害者介護支援サービス事業
■エコマネー研究会
●訪問介護ステーション開所
（栗山赤十字病院）

■……在宅福祉サービス
●……施設整備

可欠な存在になっている。町では、同校に対して特別会計から毎年1・5億円を支出しているが、この人づくりのための投資は、町にとっては非常に効果的な支出だと言える。

栗山町では、この町立介護福祉学校の開校を皮切りに、ハード、ソフト両面にわたってさまざまな福祉施策を展開してきた（図1・1）。町の福祉政策を貫く基本方針は、住民の「自立」をサポートすることだ。そのため、自立を支援する実践的な施策はどんどん充実させる一方で、敬老会や祝い金など従来型のバラマキ的な施策は見直し、多くのものを廃止した。そして、町が提供するサービスのほとんどを有料化することで、サービスの提供者、利用者の双方に自覚を促し、そこに緊張感を与えることでサービス水準の向上を図るとともに利用者の自立を後押ししている。

それでは、栗山町で行われてきた特徴的な事業をいくつか紹介してみよう。

平成5年度には、「人にやさしい家づくり事業」をスタートさせている。介護福祉士、建築士、保健婦などがプロジェクトチームを作り、個別に高齢者の状況に合わせた住宅リフォーム計画を作成し、住宅のバリアフリー化を推進する事業だ。リフォーム費用に対して30万円の限度額（新築は20万円）で助成も行われる。この事業は、介護保険制度の住宅改修メニューに統合されて終了する平成13年度までに223件の利用実績があった。

また、平成6年度から始められた「いきいきホームステイ」は、介護福祉学校の学生や町内の中・高校生が高齢者宅に宿泊して、お年寄りと交流するとともにその日常生活を実体験するものだ。そのような経験を通して、お年寄りと子どもたちが顔なじみになり、同じ町に暮らす人間として相互理解が深まっている。このような体験が、子どもたちがお年

福祉政策の拠点施設　総合福祉センター「しゃるる」

寄りの話し相手をするボランティア活動に参加するきっかけになったり、一方、お年寄りは昔の町の様子を子どもたちに話して聞かせる役を買って出たりするなど、お互いがごく普通にできることを提供し合うコミュニティづくりに結びついている。

そして、平成8年には町の福祉政策の拠点施設としての「総合福祉センター（通称しゃるる）」が建設された。「しゃるる」の稼動に合わせて、町の機構改革も行われ、保健と福祉のセクションが統合され、それらの機能が「しゃるる」に集積された。そして、「しゃるる」を核に、その後も「町内自助活動推進事業」、「生きがいデイサービス事業」など、高齢者のニーズにきめ細かく対応した事業が次々に実施されている。

また、栗山町では、これらの施策と並んで、保健・福祉分野へのIT導入にも積極的だ。その一つに、メーカーと共同開発したTV電話を使って高齢者世帯の安否確認や生活相談などを行う「いきいきコール」がある（現在は国の「介護予防地域支えあい事業」として実施）。ボランティアが電話を使って、高齢者世帯の安否確認を行ってきた従来の事業を高度化したものだ。平成10年に製品化された新型ＴＶ電話を町が購入し、７世帯の高齢者宅に設置している。導入されたＴＶ電話は、ボタン３つで簡単に操作でき、画像も鮮明で使い勝手もよい。画像が映しだされるため当初は照れがあった高齢者も、慣れるとＴＶ電話を意識して部屋のカーテンを取り替えたり、花を飾ったり、身なりを整えたりと、身の回りに気を配るようになった。さらに、社会と接点を持ったことで、電話時の話題作りに新聞を読んだり、ＴＶニュースをしっかり見たりするようになり、痴呆症の予防にも役立っているという。そして、多くのモニター高齢者にとっては、すでにこの電話サービスが生活の一部になっており、いまでは毎日ボランティアの人たちからかかってくる電話を心待ちにしているとのことだ。

さらに、このＴＶ電話に心電図、脈拍、体温を計れる装置を組み込んだものをモニター宅（５世帯）に設置し、町内にある日赤病院と接続する遠隔医療の実験も行われている。

このように、栗山町では、まさに「栗山なら大丈夫」に向けて、公民共創による福祉のまちづくりが一歩一歩前進している。

コミュニティを活性化する「クリン」

栗山町の「福祉のまちづくり」でもう一つの特徴的な試みが、地域通貨（エコマネー）を活用したコミュニティにおける互助意識の醸成だ。

現在、全国３００もの地域で地域通貨の導入が検討され、試みられているが、栗山町は、その参加者数や利用状況において全国で最も進んだ地域の一つだ。栗山町でのエコマネーの取り組みは、平成11年6月、町長が東京栗山会（在京の栗山町出身者の親睦会）に出席したときに、同会のメンバーからその存在を知らされたことが契機となって始まった。町長は、町に帰るとすぐに職員にエコマネーの研究を指示。そして、その年の9月には、町職員やボランティアグループ、介護福祉学校の学生など町民有志24人で構成される「くりやまエコマネー研究会」が発足した。当初、この研究会の事務局は役場内に置かれたが、4人の事務局メンバーは企画、福祉、社会教育などセクション横断的に編成された。これだけでも従来の行政の常識では考えられないことだが、この研究会の熱意と行動力がまた並外れていた。

研究会は、週2回ほどのペースで活発に開催された。そして、研究が進むと机上の検討だけでは物足りないということで、年明けの平成12年2月には実際の流通実験を行ってしまった。流通実験への参加者は、研究会メンバーの家族や友人などせいぜい100人程度との予想に反して、一般公募には250人もの町民が応募してきた。特に、60歳前後の元気な定年退職者の参加が目立ったという。

エコマネーの名称も公募で「クリン」（「くりやま」と「クリーン」をもじって付けられた）と決まり、参加者1人（家族）に2万クリンずつが渡された。また、参加者の「○○ができます」という提供可能なサービスを掲載したメニュー表が作成されて実験が始まった。実験が動き出すと参加希望者がさらに増えたため、実験期間を当初の1カ月から3月末までの2カ月間に延長するほど町民の関心が高いという嬉しい誤算もあった。

事務局は、実験期間中に行った電話調査や実験終了後のアンケート調査で、実験の成果と課題をきっちり整理した。課題としては、メニュー表に掲載されているサービスを利用したくても、見ず知らずの人に依頼の電話をするのは抵抗があること、そして提供サービスをメニュー表として提示するだけではどうしても「依頼待ち」の状態になってしまいサービスの利用率が高まらないこと、などが把握できた。一方、アンケート調査からは、参加者の77％が少なくとも1回はサービスを利用したこともわかった。

流通実験の終了後、町民からの継続要望も多かったため、研究会では実験で出てきた課題を改善したうえで第2次流通実験を行うことを決めた。第2次実験では、課題を踏まえて、①子ども②環境③地域④福祉の4つのテーマが設定された。①「子ども」は、子どもたちの参加を促すことで、「子どもエコマネー探検隊」と称して子どもたちが農産物の収穫や資源ごみの分別の手伝いを体験させたり、商店街の仕事を手伝ったりするプログラムが盛り込まれた。②「環境」では、「エコポイント」という新しいメニューが導入された。これは、協力店（町内の大型店7店が参加）で買い物をする時に買い物袋を持参すると、1回の買い物につき台帳に1つ「エコ」というスタンプを押してもらえる。そして、「エコ」スタンプが10個貯まると「1000クリン」と交換してもらえるという仕組みだ。③「地域」では、南中里町内会をモデル地区として設定し、サービスの利用者と提供者の間に入り、両者を仲介する「コーディネーター」が設置された。とりあえず4人の町内会長がコーディネーター役を買って出た。また、メニュー表にも「○○ができます」というサービスの提供情報だけではなく、「○○をして欲しい」というニーズ情報も掲載することになった。そして④「福祉」では、在宅介護の利用者宅にホームヘルパーと同行して、話し相手

図1・2　提供サービス項目と実際に利用された項目数

サービス項目数	255項目
延べサービス項目数	1745項目
一人最多提供サービス項目数	40項目
一人あたり平均提供数	6.98項目
実際に利用されたサービス項目数	53項目
一回以上クリンを利用した人	192人
総利用回数	524回
一人あたり平均利用回数	2.7回

資料：1次実験アンケート調査より（『クリン』第2号 H12・9・15 くりやまエコマネー研究会）

KURIYAMA ECOMONEY
KURIYAMA ECOMONEY
500クリン
(30分)
KURIYAMA ECOMONEY
1000クリン
(60分)
てまがえ倶楽部

栗山町が発行しているエコマネー「クリン」

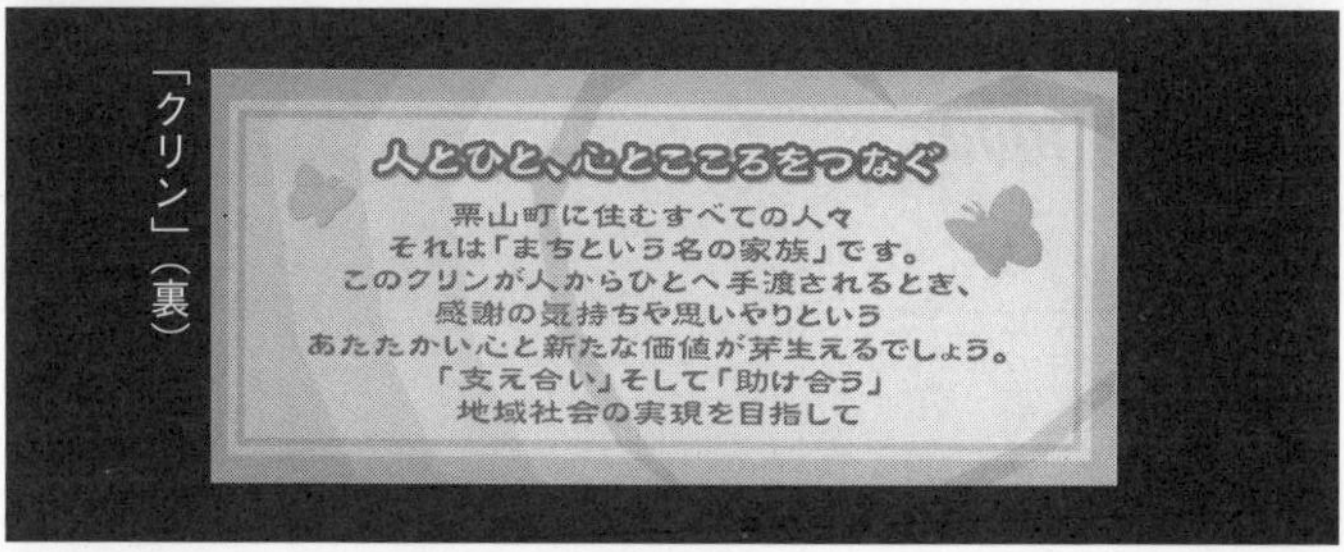
人とひと、心とこころをつなぐ
栗山町に住むすべての人々
それは「まちという名の家族」です。
このクリンが人からひとへ手渡されるとき、
感謝の気持ちや思いやりという
あたたかい心と新たな価値が芽生えるでしょう。
「支え合い」そして「助け合う」
地域社会の実現を目指して

「クリン」（裏）

やガラス拭きなど介護保険の適用外のサービスをすることなどが盛り込まれた。

第2次実験は平成12年9月から11月までの3カ月のスケジュールで行われたが、参加者は第1次実験の2倍以上の553人に増え、メニュー表も「GIVE」が5507件、「TAKE」が3242件におよび、660ページと電話帳ほどの厚さになった。

第2次実験の結果は、12月にアンケート調査が実施され、買物時の「エコポイント」の利用が非常に活発であったこと、「コーディネーター」が有効に機能し、クリンの交換が活発化したことなどが把握された。また、参加者50人を対象に実験中に行った電話調査では、「GIVE」の項目ではエコ・フェスティバル（エコマネーの体験イベント）などの「イベント協力」、「肩もみ」、「車での近距離送迎」などが多いこと、一方「TAKE」の項目では同じく「イベント協力」、「蕎麦打ち」、「車での近距離送迎」などが多いことが把握された。

続いて平成13年9月から平成15年3月まで第3次実験が行われた。この実験では、実用化を意識してさまざまな改善が加えられた。まず、依頼方式は参加者相互間の相対依頼方式を止め、すべてコーディネーターが仲介する方式にした。また、参加者の「GIVE」と「TAKE」の情報をデーターベース化した「地域通貨運用支援システム（運用支援システム）」を導入することで、サービスのやり取りを記録する交換手帳と電話帳のように分厚くなったサービスメニュー表は廃止された。運用支援システムにより、コーディネーターのマッチング作業負担が軽減されるとともに、参加登録や登録内容の変更が実験期間中いつでもできるようになり、メニュー表を作成するコスト削減、サービスのやり取りの履

図1・3　栗山町でのエコマネー流通実験の経過（栗山町HPより抜粋）

	実施期間	参加者数	運用方法	参加者配布ツール
第1次試験流通	平成12年2月1日～3月31日	256名	交換基準／1サービス=1000クリン 依頼方法／相対直接依頼方式	クリン紙幣 交換手帳 サービスメニュー表
第2次試験流通	平成12年9月1日～11月30日	553名	交換基準／時間単位（1000クリン=60分、500クリン=30分、100クリン=自由） 依頼方法／相対直接依頼方式、コーディネーター制（一部）	クリン紙幣 交換手帳 サービスメニュー表
第3次試験流通	平成13年9月29日～平成15年3月31日	767名	交換基準／時間単位（1000クリン=60分、500クリン=30分、100クリン=自由） 依頼方法／コーディネーター制	クリン紙幣 エコポイントカード

歴やクリンの所持額の管理が容易になるなどさまざまな運用面の改善が実現できた。ちなみに、この運用支援システムは、（株）日立製作所が社会貢献活動として無償で開発に協力したものだ。

エコポイント制度も支援手帳からエコポイントカードに変えられ、クリンとの交換も前回の「10ポイント→100クリン」から「5ポイント→500クリン」とすることで流通と交換を促進する工夫もされた。参加店舗も、地元商店街が参加したことで前回の7店舗（スーパーマーケットのみ）から約60店舗へと大幅に増えた。また、第3次流通実験では協賛店による独自のポイントメニューの開発、協賛店から1ポイントにつき2円の「緑の基金」の寄付が行われ、エコマネーを通して行われる環境美化活動なども新たに取り組まれた。

さらに、第3次流通実験では民間介護事業者（3カ所）の協力を得て、介護保険で賄えないサービスをエコマネーでサポートする取り組み、クリンの循環を促進するためのカルチャースクールの開催など多様な新メニューが盛り込まれた。

栗山町のエコマネーを推進してきた「くりやまエコマネー研究会」は、平成15年5月からの地域通貨・クリンの本格運用開始にあわせて「NPO法人・くりやまコミュニティネットワーク」として再スタートを切った。NPO法人は、クリンの活動とともに、クリンの流通実験の中から生まれた事業アイデアを具体化していく計画である。一つは元気な高齢者リーダーの育成により高齢者が社会参加するフィールドを拡大する「シニアネットワーク事業」だ。

まず、モデル事業として、市場に流通しない規格外野菜などの販売を行う直売所「くりやま野菜マーケット」の運営が始まった。また、子育て支援を軸に家庭の生活支援をコミュニティビジネスにより行う「ファミリーサポート事業」なども事業化へ向けた調査研究が行われている。

このように、地域通貨は高齢者福祉にかかわる活動からスタートしたが、地域のさまざまな生活課題へと活動分野は広がりを持ちはじめている。これは、地域の暮らしの内容や地域通貨の性質を考えれば当然の発展プロセスと言える。また、同じように行政、民間企業、コミュニティビジネス、生活者など多様な主体間の連携を促し、そしてなによりもコミュニティ内の生活者相互の関係性を強めていくことでコミュニティ「力」は着実に醸成されていくだろう。

栗山町の地域マネジメントから学ぶこと

「栗山なら大丈夫」を合言葉に、当初は行政が牽引役となってスタートした栗山町の「福祉のまちづくり」だが、10数年を経過したいま、活動は幅広い層の住民を巻き込んだ形に発展している。さらに、エコマネーという互助精神を育む仕組みを導入したことにより、活動の幅も広がりコミュニティ「力」は大きく成長しようとしている。

なぜ、人口1万5000人ほどのこの小さな町で、公民共創型地域マネジメントの試みが他地域に先行して動きだしたのだろうか?

一つには、NPO法人の事務局メンバーがいみじくも言っているように、小さな町だからこそ動きだせたという面があるのかも知れない。

そして、二つめは、高齢化が先行する地方で、地域の切実な課題である高齢者介護の問題をまちづくりのテーマに据え、早い時期から積極的に政策展開してきた首長の先見性とリーダーシップも重要な要素であったと言える。

また、当時の首長をはじめ、政策を推進した中核メンバー(福祉課長、社会教育主事)がいずれも社会教育分野の出身であったことも幸いしているようだ。つまり、初期の段階から町民を上手に巻き込み、いつの間にか主体的に活動するようにもっていく「ツボ」を心得ていたように思われる。さらに、なによりも先に町立の福祉専門学校を建設し、人材の養成に着手したことも的を射た政策判断であった。前述のように、開校から10年余りを経過したいま、在校生を含む同校の出身者が質、量ともに豊かな人的ストックとして、同町の福祉政策を支える重要な存在になっている。

もう一つ、栗山町で特徴的なことは、エコマネーの流通実験でも見られるように、町内会や商店会などの既存の地域組織が新しい地域マネジメントの仕組み作りにも参加し、重要な役割を果たすという柔軟性を持っていることが挙げられる。

これらは、旧エコマネー研究会への参加者が70人近くにもおよび、それも老若男女、職業や肩書きにかかわらず、あるときには意見を戦わせ、あるときには一致協力し、ワイガヤ精神を基本としながらも主体的に地域にかかわっていることにも見て取れる。生活者を巻き込んだ「福祉のまちづくり」が始まって10年余り、栗山町の生活者は自らも積極的に関与することで、より安心で、楽しく、暮らしやすい町がつくれることを身をもって体験し、少しずつ変わりはじめた。その事実の意味するところは非常に大きい。町には、まだまだ対応を迫られる生活課題も多いが、行政とNPO法人、そして生活者が協力して知恵を絞り、汗を流すことで見つかる解も少なくなさそうだ。そして栗山町を見ていると、21世紀の地域マネジメントのモデルは、まさに地方の小さな町から生まれるような気がしてならない。

4　全国のモデルは過疎の町
——住民が変われば行政も議会も変わりだす

もう一つ、「福祉のまちづくり」で全国のモデルとなっている町がある。それも秋田県北部の片田舎にある小さな過疎の町が全国の最先端を走っていることでも注目されている。「福祉のまちづくり」を契機とする新しい地域マネジメントの仕組み作りにチャレンジする3番目の事例として、秋田県鷹巣町を取り上げることにする。

はじめに、鷹巣町の概要を説明しておこう。鷹巣町は、秋田市から奥羽本線の特急で約1時間30分、能代で日本海に流れ込む米代川のちょうど中流域に位置する。町の人口は約2万2千人、高齢化率は約26％、そして町面積の4分の3が森林、主産業は農業という典型的な中山間地域の農村だ。

この町の何が注目されているかといえば、生活者の提言を取り入れ、全国に先駆けて実現した24時間訪問介護体制、国の基準の2倍を超える広さを持つ全個室の居室、入居者とほぼ同数の介護職員が対応する高齢者福祉施設「ケアタウンたかのす」など数々ある。しかし、それらの施設やサービス体制もさることながら、本当に注目したいのはそれを実現したプロセスである。鷹巣町の取り組みをトレースしてみると、生活者が主体的に動きだしさえすれば、行政を変え、政治も変えて、小さな過疎の町でもこれだけのことができるということがわかる。その意味では、過疎と高齢化で悩む全国の中山間地域の町村に、元気と、勇気を与える事例だ。

いま鷹巣町、特に「ケアタウンたかのす」には全国から視察者が引きも切らずに訪れる。視察者には施設だけでなく、是非、そのプロセス、特に生活者参加型の地域マネジメントの仕組みやその運営方法を学んでほしい。そのような意識から、ここでは〈実況放送〉的にまちづくりのプロセスや動向に焦点を当ててみたい。

若き町長の当選から町は変わりはじめた

以前の鷹巣町は、空港整備など社会資本の充実に熱心な、どこにでもある普通の町だった。高齢者福祉も、８人部屋の特別養護老人ホームが一つあるだけで、ホームヘルパーも7人しかいなかった。

そんな町が変わりはじめたのは、前町長の岩川徹氏が初当選した平成3年からだ。岩川氏は選挙準備で町内を回る中で、高齢者介護問題の深刻さを実感し、「福祉のまちづくり」を選挙公約に掲げた。そして、当選した弱冠42歳の若き町長は、持ち前の行動力で動きはじめる。まず、福祉の先進国デンマークへ視察に出かけるなど、自身が高齢者福祉について猛勉強を開始した。それと同時に、福祉の専門家を集めた「懇話会」や町の広報で町民に参加を呼びかけ、公募型の「ワーキンググループ（WG）」を設置するなど、具体的な「福祉のまちづくり」の検討も始めた。

このWGの活動が、町民の意識を目覚めさせ、その後のさまざまな福祉政策の実施や施策における基本的な視座の形成に大きな影響をおよぼすことになる。

常に利用者側から発想する

WGは、初年度は公募に応じた約60人のメンバーでスタートした。まず、取り組むテーマを決めて、メンバーの希望により5～6人程度を1グループにして調査研究が開始された。当初は、テーマによってはメンバーが1人だけということもあったが、その後メンバー数も約160人に増え、10の小グループに分かれて活発な活動が展開されている（図1・4）。

「住宅改善グループ」を例にとって、具体的な活動内容を紹介してみよう。メンバーには建築士や大工さんなど建築のプロもいるが、建築にはまったくの素人という人もいる。このグループでは、一つは、自宅で生活したい、あるいは在宅で介護を受けたいという高齢者のための住宅リフォームに関する研究や具体的なアドバイスを行っている。住宅リフォ

図1・4　ワーキンググループ（WG）とそのテーマ（平成12年度）

No	テーマ	具体的な活動内容
1	ボランティア活動	ボランティア活動に参加するための研修を行う
2	福祉行政について	福祉情報の発信と福祉行政のチェックなどを行う
3	住宅環境について	住宅改善の啓蒙と建築材料のリサイクルなど
4	在宅介護について	在宅福祉サービスの成果、効果の評価、改善案の提示
5	補助器具の研究	高齢者･身障者の快適生活と社会参加の実現
6	ケアタウンの運営	ケアタウン運営へのボランティアの参加
7	身障者プランについて	身障者の声を反映した福祉プランの作成
8	子育てエンゼルプラン	具体的なプランの作成
9	介護保険について	問題点、課題の抽出と改善提案
10	バリアフリーまちづくり	車椅子に乗り、町内をチェック

ームといっても、大がかりな改築からちょっとした部分改修までさまざまだが、このグループでは改築そのものにかかわるとともに、「手すり取り付け隊」と称するユニークな活動も行っている。これは、文字通り高齢者宅などに手摺を取り付けるボランティア活動だが、現場に出ると素人の出番も少なくない。というのは、現場で一番重要なのは改築宅の家族とのコミュニケーションだからだ。つまり、WGのメンバーが専門家の言葉を一般の人たちにも理解できる言葉に翻訳して説明することで、改築宅の家族も改築の必要性や取り付けた器具の上手な使い方を理解することができる。

また、WGでは、福祉の拠点施設「ケアタウンたかのす」について、基本計画の段階から積極的にかかわり、さまざまな提案を行った。そして、施設の建設着工後も「ケアタウン探検隊」と称する見学会を催し、自分たちの提案、要望がどのように活かされているかを細かくチェックした。この見学会には実に700人を超える生活者が参加して、90項目近い改良提案が出されたが、後日それをまたチェックするというように、町と生活者が膨大な時間とエネルギーをかけて共同で施設を作り上げた。その結果、広く、ゆったりとした一人部屋で入居者が仏壇やたんすも持ち込める居室、障子や木を基調としているため柔らかく、落ち着いた雰囲気の施設内部、畳と囲炉裏が設置され、家庭にいるようにくつろげる談話室など、随所に利用者の視点に立ったきめの細かい配慮や工夫が施されている。

これらを見てわかることは、WGの価値基準は常に「利用者の快適性や利便性」に置かれている。これは、施設のハード面だけではなく、その運営やサービスの提供にも貫かれている。「ケアタウンたかのす」では、入居者の起床、食事、入浴などの時間は決められていない。各自が、自分のペースで生活することができるように運営されている。職員は、入居者が自由な生活を送れるようにサポートするのが仕事という認識だ。そのために、入居者とマン・ツー・マンで対応できる人員体制を採っているのだ。ちなみに、このような「ケアタウンたかのす」における運営の基本原則は、モデルとしてきたデンマークの高齢者ケア3原則「自己決定、生活の継続性、残存能力の活用」を取り入れたものだ。

高齢者ケアに限らず、当たり前に思えるこの「利用者の視点」というのが、従来の公共施設やサービスでは不足していた点だ。「お役所仕事」という言葉に代表されるように、提供する側の都合や論理が、意識、無意識のうちに優先されてきたのが実情だ。しかし、鷹巣町での取り組みは、生活者が自ら主体的に動きだせば、それらを変えられるということを実証して見せた。その意味は非常に大きいと言えそうだ。

責任と負担を自覚する住民

とはいえ、住民の意見や要望が、いつでも簡単に行政に採り入れられるわけではない。鷹巣町の場合、町長が町政への生活者参加を呼びかけてWGが組織されたため、もともと

落ち着いた雰囲気のリビングスペース

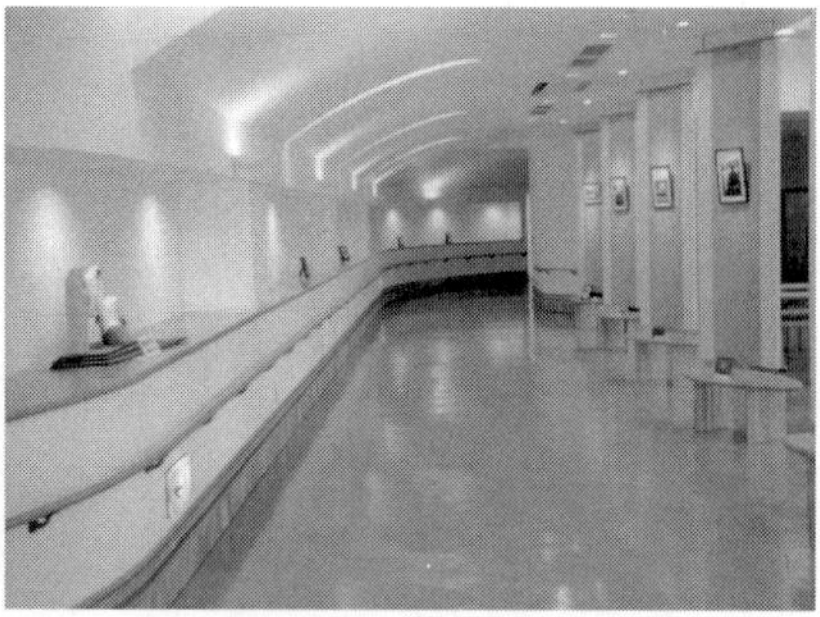
内部には入居者の作品などが展示されている

行政側に生活者の意見を取り入れるスタンスがあったことは事実である。また、年1回開催されるWGの全体会議には、町長も必ず出席し、生活者と同じテーブルについて議論する。そこで、町長が実施を約束した施策は、どうすれば実施できるかを考えるのが町職員の役割ということになる。

一方、生活者の側も自分たちの意見が行政に取り入れられ、施策に具体的に反映されるようになると発言、提案に対して責任を自覚するようになる。その結果、生活者は以前にも増して熱心に学習するようになり、行政と生活者間の知識や情報量の差が埋まり、対等な議論ができるようになる。鷹巣町では、WGメンバーの学習に対する支援にも積極的であり、町が費用の半額を援助して、これまでに100人以上の町民を福祉の先進地デンマークへの視察に出している。

学習して知識を身に付け、責任も自覚した生活者たちは、介護保険事業計画の策定にも加わる。介護保険制度の導入に当たって町が募集した計画策定メンバーに、約100人もの町民が応募し、参加した。ここでも、一貫して生活者の目指す目標は「高齢者にとって暮らしやすいまちづくり」に置かれ、そのための望ましいサービス水準のあり方が検討された。その結果、必要なサービスを提供する体制を整えるには、65歳以上の支払う保険料が月額5000円程度になるということがわかった。この金額では支払えない人が出るため、町が上乗せサービスに対する1000円あまりを負担することになり、結局、保険料は3800円とすることが決められた。この金額でも、全国平均と比べると1000円ほど高い保険料だが、メンバーは「サービス水準を落とすべきではないので、妥当な金額だ」とした。この計画作りの審議内容は、町民に対してすべて公開された。町民の中には、やはり保険料が高いという声もあったが、町職員とWGメンバーが精力的な説明会を開き、なぜ高くなったのかの事情やサービス水準の高さなどを説明して、ほとんどの町民は納得して負担を受け入れた。

このように鷹巣町の生活者は、政策決定のプロセスに参加し、行政との協働作業により暮らしやすい町をつくるために時間やエネルギーの負担はいとわない。むしろそれが当たり前になりつつある。また、それだけでなく、必要であれば応分のコスト負担をすることも受け入れる。つまり、自分たちが参加して、十分議論して決めたことであり、制度の仕組みや町の財政事情も承知した上で、地域の構成員として、いま何が必要か、優先すべきかを総合的に判断できるようになってきている。これを見ても、鷹巣町では、すでに公民共創型の地域マネジメントが実践されつつあるといえる。

議会も行政も変わりはじめた

ここまで読むと、鷹巣町の「福祉のまちづくり」が順調に展開されてきたような印象を受けるかもしれないが、決してそんなことはない。

若い前町長が、従来の土建自治体から福祉自治体へと大きく舵を切るに当たっては、ご多分に漏れず議会をはじめとする抵抗が大きく、紆余曲折も少なくなかった。例えば、これまでの「福祉のまちづくり」における最大のハードルは、「ケアタウンたかのす」建設にかかわる予算案を巡る議会との攻防だった。同予算案は「この町の財政規模や財政事情からみて金がかかり過ぎる」として2度までも議会で否決され、そのつど、計画は暗礁に乗り上げた。確かに、27億円という建設費は、100億円弱の同町の予算規模からすれば小さい金額ではない。しかし、岩川前町長は「小中学校を2校建てる程度の金額であり、町にとってどうしても必要な支出だ」と主張して譲らなかった。

しかし、最後にこの危機を救ったのは町民であった。予算案が議会で2度目に否決された後、WGのメンバーが中心となり、たった5日間で有権者の65%に当たる数の署名を集め、議会に建設実現を訴えた。さらに、議会をたびたび傍聴し、建設賛成派の議員を積極的に支援した。その結果、議会の反応も少しずつ変わりはじめ、最終的には1票差で建設計画は議会で承認された。とはいうものの町長と議会との緊張状態は続いた。

生活者参加でプラン作りを進めた施設について議会が反対したことへの町民の憤りは大きく、この一件を契機に、町民は「自分たちの声を聞いてくれる人を選ばなくてはダメだ」と強く感じ、政治への関心を強めるようになった。そして、その後の町長選、町議選などでは、誰を選べば自分たちの考えが理解してもらえ、町が変わるかを見極めて、自らの一票の力を再認識し、行使するようになった。生活者が町政に対して関心を強めたことで変わりはじめたのは議会だけではない。行政も、介護施設に勤務する職員も変わらざるを得ない。例えば、「ケアタウンたかのす」では、入居者一人一人の状況を総合的に把握し、必要な専門職員がチームを組んで対応する「チームアプローチ」という考え方が採られている。また、各職員は自分の専門領域はもちろん、その場に居合わせた職員が臨機応変にケア業務ができるようにある程度専門外の業務にも対応できるよう日ごろから研修が行われている。

また、行政も生活者の声や提案を実施することを前提に受け止める。簡単なようで、このようなことができている自治体や施設はほかにはほとんどないのではないか。これも生活者が町政への関心を高め、福祉を中心に学習し、情報武装したことが、行政に与えたよい意味の副次効果だと言えそうだ。

「福祉のまちづくり」の経済収支

このように議会や行政が変わりはじめたこと以外にも、「福祉のまちづくり」の実践が町にもたらしたものは少なくない。

一つは、雇用面である。まず、拠点施設の「ケアタウンたかのす」だけでも100人以上が働いているが、そのうちの約7割が地元からの雇用である。同職員には若い人も多い。鷹巣町の若者たちは、日ごろから「福祉のまちづくり」を目の当たりにし、福祉の関係で町がマスコミに登場したり、年間500件にもおよぶ他地域からの視察があるなどで町に誇りを持っている。また、町内の高校では、福祉施設でデイサービスや介護体験をする「ボランティア教室」なども定期的に実施されている。そのため、福祉関係の学校へ進学したり、福祉の仕事に就くことを希望する人も多いという。また、介護の専門職員の中には、町の福祉に対する姿勢や施設の運営方針に共感して、他地域の病院や高齢者介護施設から転職してきた若い人たちも何人かいる。

さらに、鷹巣町では、町内にある7つの小学校区ごとにデイサービスやヘルパーステーションなどの機能を持った「サテライト施設」の整備を進めたり、前述した24時間対応型の訪問介護を実施しているため、福祉関係全体の雇用者数は約300人におよび、町内最大の雇用機会を生み出している。これらの福祉関係者には、デンマーク研修をはじめ、さまざまな研修プログラムが用意されており、ケアのプロとして十分な知識と技能を身に付けられるように考えられている。

また、町が実施する公共事業についても、従来型の道路整備などの土木予算は減少しているものの、福祉関係の建設工事などの公共事業が増えたため、町内の建設関連業界の仕事量は逆に年平均2億5000万円も増加している。そのため、最近は町内の土木関連業者なども「福祉のまちづくり」に理解を示すようになってきたと言われる。

一方、福祉関係の財政支出は、これだけの体制を整え、サービスを提供しているため、徐々に増えてきている。町の福祉関連を含めた民生費は約30億円で、これは町の総予算額の30％強に当たる。町では、さまざまな補助金を見直したり、行政改革を進めることで、なんとかやりくりをしている。また、これだけ充実した施設と体制を備えた「ケアタウンたかのす」のランニングコストも、国の基準に上乗せしたサービスに対する町の負担分は年間2億円程度、総予算の2％強である。

高齢者が安心して暮らせるまちづくりが、関連施設の建設などの公共事業を生み、それらの施設の運営を中心に福祉関連で働く人たちの雇用の場を提供する。さらに、それらの雇用者に支払われる賃金が消費行動を通して町内の商店やサービス産業を潤す。このような経済的な循環を考えると、「福祉のまちづくり」にかかわる財政支出は決して高い投資ではないと思われる。

正念場を迎える生活者参加のまちづくり

ここまで、前町長の強力なリーダーシップで始まった鷹巣町の「福祉のまちづくり」の経過をみてきたが、その活動が10年を経過したいま、鷹巣町では生活者参加のまちづくりが当たり前のことになってきているように見える。町民の最大の関心事である高齢者介護から始まったWG方式の活動は、その後ほかの分野にも拡大し、いまではごみ問題、町営住宅改築、ふれあい通院バス、町営スキー場ヒュッテ建設、地区づくり予算など10グループを数えるまでになり、WGに参加する町民は700人にもおよんでいる。

例えば、町営スキー場の運営を考えるWGでは、利用者が使いやすいヒュッテを提案したり、スキー場全体の活用、振興策が検討された。ここでも、利用者の視点から施設のディテールにまでおよぶアイデアがたくさん出され、設計や運営に活かされている。

鷹巣町では、町の主役、まちづくりの主体が、そこで暮らす生活者であるという、当たり前のことを改めて実感する。そして、生活者自身もそう認識するようになってきた。町の関係者は、「福祉のまちづくりを通して一番変わったのは町民だ」と言うが、まさにその通りのような気がする。暮らしやすい町をつくるには、自らが主体的に動く以外にないことに生活者たちは気がついた。そして、動きだした生活者が、熱心に学習し、積極的に発言し、それが行政や議会を変え、そして町そのものを変えてきた。

「福祉のまちづくり」の成果とでも言えるエピソードを一つ紹介しよう。それは、ある大学が都会への「呼び寄せ老人」の実態調査で鷹巣町を調査したときのことだ。一人の高齢者が、「もし身体が動かなくなったら、娘さんの世話になりますか」との問いに、「いや、私は町役場の世話になります」と、きっぱり答えたそうだ。また、鷹巣町では、ほとんどの高齢者が「頑張って、鷹巣町に住み続けたい」と答えた。まさに、「遠くの子どもより、近くのコミュニティ」ということだが、住み慣れた地域を離れて見知らぬ土地で暮らす「呼び寄せ老人」は、孤独な生活を強いられ、痴呆に進むケースも多いと言われる。高齢者が最期まで住み続けたいと思う町は、誰にでも暮らしやすい町であることは間違いなさそうだ。

このような福祉のまちづくりから生活者参加型の新しい地域マネジメント構築に向けた実験を進めてきた鷹巣町が、いま一つの正念場を迎えている。それは、平成15年4月の町長選挙で「福祉のまちづくり」を強力に進めてきた岩川町長が落選してしまったからだ。

今回の選挙の争点は、市町村合併問題と福祉政策であった。従来の町独自路線を継承し、市町村合併には消極的だった前町長は、合併推進の大きな流れを止められなかった。また、福祉政策に関しても町予算の3割強を注ぎ込む政策運営は、財政規模の小さな町では商工業、農業など他分野の予算を削ることにならざるを得ず、他分野の関係者には「福祉偏重」との反感が燻っていたという。実際、福祉関係以外の分野では雇用環境の悪化や商店街の衰退などを問題視する声も少なくなかった。また、WGなどの住民参加方式も12年間の間にメンバーの固定化などが進んでいたと言われる。

岸部新町長は、いま「福祉偏重」政策からの転換を急速に進めている。従来の政策の象徴である「ケアタウンたかのす」については運営補助金を一気に4割削減し、サービス水準を含めて施設の運営内容を大きく見直す考えである。

このように、岩川前町長の下で、最も切実な課題である高齢者介護をテーマに生活者参加型の新しい地域マネジメントシステムが根付いたかに見えた鷹巣町も、実際は地域の利害関係の微妙なバランスの上に成り立っていたということだ。今回の町長選の結果を見ても、首長のリーダーシップへの依存が大きく、まだまだ「公民共創型」の地域マネジメントを担うには生活者サイドの成熟度が不十分だったようだ。新町長の下、地域マネジメントシステムが旧来の行政依存型へと戻ってしまうのか、WGを中心にこれまで反省点も踏まえながら公民共創型を継続できるのか、今後の数年が正念場と言えそうだ。

第2章

コミュニティ「力《パワー》」で育む地域の教育・保育

教育、保育も極めて今日的な生活課題だ。高齢化に伴う介護問題もさることながら、少子化も日本の経済、社会にとって非常に深刻な問題になりそうだ。

平成14年に生まれた赤ちゃんは115万人、同合計特殊出生率（1人の女性が生涯で産む子どもの数）は1・32と、戦後最低を更新し、一向に少子化に歯止めがかかる様子はない。これは、30年前の第2次ベビーブームと言われた昭和48年（出生数209万人、合計特殊出生率2・14）を出生数で約95万人下回る数だが、このまま推移すると2100年に日本の人口は現在の約半分の6000万人強にまで減少すると予測されている。

少子化は、労働人口の減少や社会保障負担の増加で経済に与える影響も大きいため、国もさまざまな対策に動き出している。具体的な施策はエンゼルプランと呼ばれ、「仕事と子育ての両立のための雇用環境の整備」「子育てのための住宅および生活環境の整備」「ゆとりある教育の実現と健全教育の推進」などが基本的な内容として挙げられている。

エンゼルプランの施策内容を見ても、少子化の原因が非常に多岐にわたり、少子化対策が一筋縄ではいかないことがわかる。要は、いまの日本の社会に安心して子どもを生み、育てていくための環境が整っていないということだ。この原因の一つは地域の教育、保育機能の喪失にもありそうだ。核家族化や女性の社会進出などで家庭の教育、保育機能が低下する中では、学校などの教育、保育機関とともに地域の機能がますます重要になってくるはずだ。国のアンケート調査でも地域の教育機能に対する期待は大きい。教育という面では、高齢社会では生涯教育も重要な課題である。仕事をリタイアした後の有り余る時間をどのように活用し、充実した生活を送るのか。特に、アクティブシニアと呼ばれる60歳代の元気な高齢者の趣味や文化教養面の学習意欲は非常に高いものがある。

この章では、このような生活者の教育、保育ニーズにコミュニティとして積極的に取り組んでいる地域の事例を紹介したい。地域での取り組みは、学校などの公的機関や民間サービスでは埋めきれない部分をカバーして、まさに「かゆいところに手が届く」サービスを提供している。それは、利用者自らが徹底的に利用者の視点からサービス内容や運営の仕組みを組み立てているからにほかならない。ここでも、コミュニティ「力」を醸成、活用することが最大のポイントになっている。

1 ご近所ネットワークが働くお母さんを支える
――家庭保育ネットワーク「エスク」

自治体などの認可を受けた保育所は、全国に2万2000カ所強設置されているが、現状では需要に十分対応できていない。入園させたくても定員オーバーで順番を待っている「待機児童」が2万6000人強もいる。特に、ゼロ歳から1歳の低年齢児の受け入れ、夜間・休日の受け入れなど、利用者側のニーズにフレキシブルに対応してくれる施設は大幅に不足している。そのため、親の急病など緊急事態に対応する一時保育、突然の残業などに対応する夜10時までの夜間保育などの多様なサービスメニューを提供する保育所にはどこも定員の10倍を超える応募がある。また、保育所などの施設整備率が高い自治体には、周辺の整備率の低い自治体から小さな子どもを抱える共稼ぎの夫婦が引っ越してくる「保育移住」も珍しいことではない。平成10年4月に児童福祉法が改正施行され、親が子どもを預ける保育所を指定できるようになった。保育所のサービス向上を目的とするこれらの制度改正も、利用者側のニーズに対応できる保育所そのものが圧倒的に不足する現状では、選択肢がないのが実態だ。保育移住やサービス水準の高い特定施設への応募者の集中は、いかに従来型の保育サービスと利用者のニーズが乖離《かいり》しているか、働くお母さんたちが切羽詰った状態にあるかを物語っている。

そんな働くお母さんたちを、地域のお母さんたちのネットワークで支え合おうという発想で生まれたのがここで紹介する「家庭保育ネットワーク・エスク」である。同じ子どもを持つ一人の主婦の想いからはじまったサービスが、30年間続き、広がり、いまでは全国に約3万世帯の会員を持つネットワークに成長している。

生みやすく、育てやすく、働きやすい、21世紀のために

家庭保育ネットワーク・エスク（以下、エスク）は昭和48年、東京都目黒区に誕生した。きっかけは、子どもを持つ一人の主婦が、当時、社会問題化していたベビーホテルの報道を見て、同じ母親としてその劣悪な環境に大きな憤りを感じ、自分の周りのできることから動きだしたことではじまった。その一人の主婦が、現在のエスク代表を務める名木純子氏だ。彼女の「子育てをしていると、誰だってほんのちょっと手を貸して欲しいときがある」「助けられて嬉しいと思うのも、みな同じ」「ささやかでも人の役に立てて良かったと思うのも、みな同じ」というごく当たり前の想いがベースになっている。

まず、幼稚園の送り迎えで顔馴染みになった近所の主婦どうしで、困ったときには「おやつ代くらいでお互いに子どもを預けられる」関係づくりを試みた。外出する用事ができたり、体調の悪いときに、数時間だけでも子どもを預けられる関係ができることで、子育てに気持ちの余裕ができるようになったという。また、おやつ代程度ではあるが現金を支払うことで、預ける側、預かる側双方が対等な関係で接することができ、単なる友達どうしの関係を一歩進めることができた。

そして、このような小さな関係づくりが新聞で紹介されると、ほんの数行の小さな記事であったにもかかわらず、全国の同じ悩みを持つお母さんたちの反響は大きく、共鳴、激励の手紙がたくさん届いた。そして、それらの手紙の中に「子どもを預かることで、社会の役に立ちたい」というお母さんたちの声が多いことに驚かされるとともに、そのとき、近所で試験的に動きだした仕組みを広げていける感触を得たという。そこで、名木さんは「預けたいお母さん」と「預かりたいお母さん」のニーズを一件ずつ結びつけながら、家庭保育の仕組みを作り上げていった。自宅を事務所代わりに開放し、現在のエスクの前身が誕生した。それから30年、家庭保育のネットワークは全国に広がり、働くお母さんを各地で支えている。

家庭保育ネットワークの仕組み

それでは、エスクがどのような仕組みで運営されているのかを見ていこう。

エスクは、会員制の組織で、預ける側も預かる側も会員登録し、両会員による「血縁だ

けではない新しいファミリーづくり」が基本的な仕組みとなっている。（図2・1）

まず、預ける側がエスク案内資料を取り寄せ、内容を理解し、納得したら具体的な相談が始まる。最初は、預ける側（D会員）の曜日、時間、預ける家庭の条件などの保育希望をヒヤリングする。希望にマッチする預かる側（R会員）の会員がいれば、仮登録後、エスクが仲介して会員間のお見合いへと進む。

預かる側（R会員）については、事前に家族構成、子育てに関する考え方、住宅の間取りなどの調査、面接が行われ、会員として受け入れるかどうかを判断する。判断に当たっての基本的な評価項目は、①子育て経験の有無、②家族全員が家庭保育に賛成しているか、③家族の一員として世話をしてもらえるか、の3点である。これまで、R会員の〈合格率〉は50～60％ということだ。家庭保育の仕組みでは、預かる側の考え方や対応に品質が規定される部分が大きいため、R会員の登録に当たっては細かいチェックと厳しい評価が行われる。ちなみに、現在、R会員は全国で約２０００世帯、東京都内で約３５０世帯が登録されている。

両会員のお見合いの場で、保育時間、食事内容などの細かい打ち合わせが行われ、実際の家庭保育が開始される。最初の打ち合わせで基本的な保育内容は決められるが、預かる側の対応は非常にフレキシブルだ。もちろん、事前の話し合いによる了解が前提であるが、突発的な仕事の発生による保育時間の変更にも応じてくれる。また、休日の保育や宿泊、子どもが風邪などで少々具合が悪くても預かってもらえる。さらに、預ける側のお母さんが下の子を出産した後や病気で動けないときには、子どもの家に出向く出張保育などにも

図2・1　エスクの会員区分

区　分	会員名称	内　容
預ける側	D会員	子どもを預ける会員
	E会員	高齢者の身の回りのお世話を受ける会員
	G会員	グループ·団体·企業向けの保育プログラム会員
	OB会員	D会員·E会員の資格を持っていて、ある一定の条件を満たした場合に、半永久会員扱いとなる場合の会員
預かる側	R会員	子どもの保育や高齢者の身の回りのお世話をする会員
	CA会員	R会員の活動を手伝う本部付きアシスタント会員

応じてくれる。

このように、預ける側の事情を考慮して自由度の高いサービスを提供してくれる一方、保育費用は昼食代込みで平日が1時間750円（うち100円がエスク本部の経費として支払われる）、月極めで1カ月7万9200円（昼間週5日、1日9時間まで）とリーズナブルだ。つまり、両会員間の対等感と責任意識を担保するため有償という形は採るが、家庭保育はあくまでもボランティアとしてお母さんどうしの支え合いの仕組みなのだ。

また、会員間のトラブルが発生した場合などには、専門の相談員が間に入って調整役を果たしたり、もちろん子どものケガなどの場合も想定して特約保険にも加入している。これらは、30年間の活動の中で一つひとつ蓄積され、改良されてきたもので、エスクの貴重なノウハウだ。

コミュニティで育児を支え合う

このようなサービス以外にも、家庭保育では預ける側のお母さんたちにとって非常に嬉しいことがある。それは、預かる側のお母さんが「連絡帳」という形で子どもたちの日々の様子や行動を細かく記録してくれることだ。そして、その中に自分の子育て経験に基づいたアドバイスなども適宜織り交ぜてもらえる。初めて子どもを育てる若いお母さんなどにとって、このような経験者のアドバイスほどありがたいものはない。核家族化で失われたおばあちゃんからお母さんへの子育てに関する情報や知恵の伝達を、コミュニティの中で新しい形で再生しようというものだ。

また、家庭保育は預かる側の会員にとってのメリットも少なくない。例えば、預かる側の家庭が一人っ子の場合などは、兄弟のような家族が増えることで、さまざまな教育効果が期待できる。自分より小さい子を預かる場合などには、小さい子の面倒をみることで自立性などを養うことにもつながる。

「先輩の母親として話し相手になってあげれば、働くお母さんもゆとりができ、子どもにも良い状態で接することができる。反対に、受け入れ家庭にも働く女性を通じて社会の風が吹き込み、刺激になる」とは代表の名木さんの言葉だが、家庭保育はまさに地域のお母さんどうしによる2人3脚の子育てネットワークだと言える。

国のファミリーサポート事業のモデルに

このようなエスクの活動は、設立当初からマスコミでもたびたび報道された。そして、それが全国の働くお母さん、子育てを支援したいお母さんたちを動かした。昭和60年代に入り、岡山を皮切りに、福岡、関西、佐賀などで支部が発足し、いまでは全国に20カ所以上の支部を持つ、まさに全国ネットワークに成長している。

さらに、このエスクの家庭保育の仕組みをモデルとして誕生した厚生労働省のファミリ

図2・2　ファミリーサポートセンター事業の概要（大阪市ファミリーサポートセンター事業HPより作成）

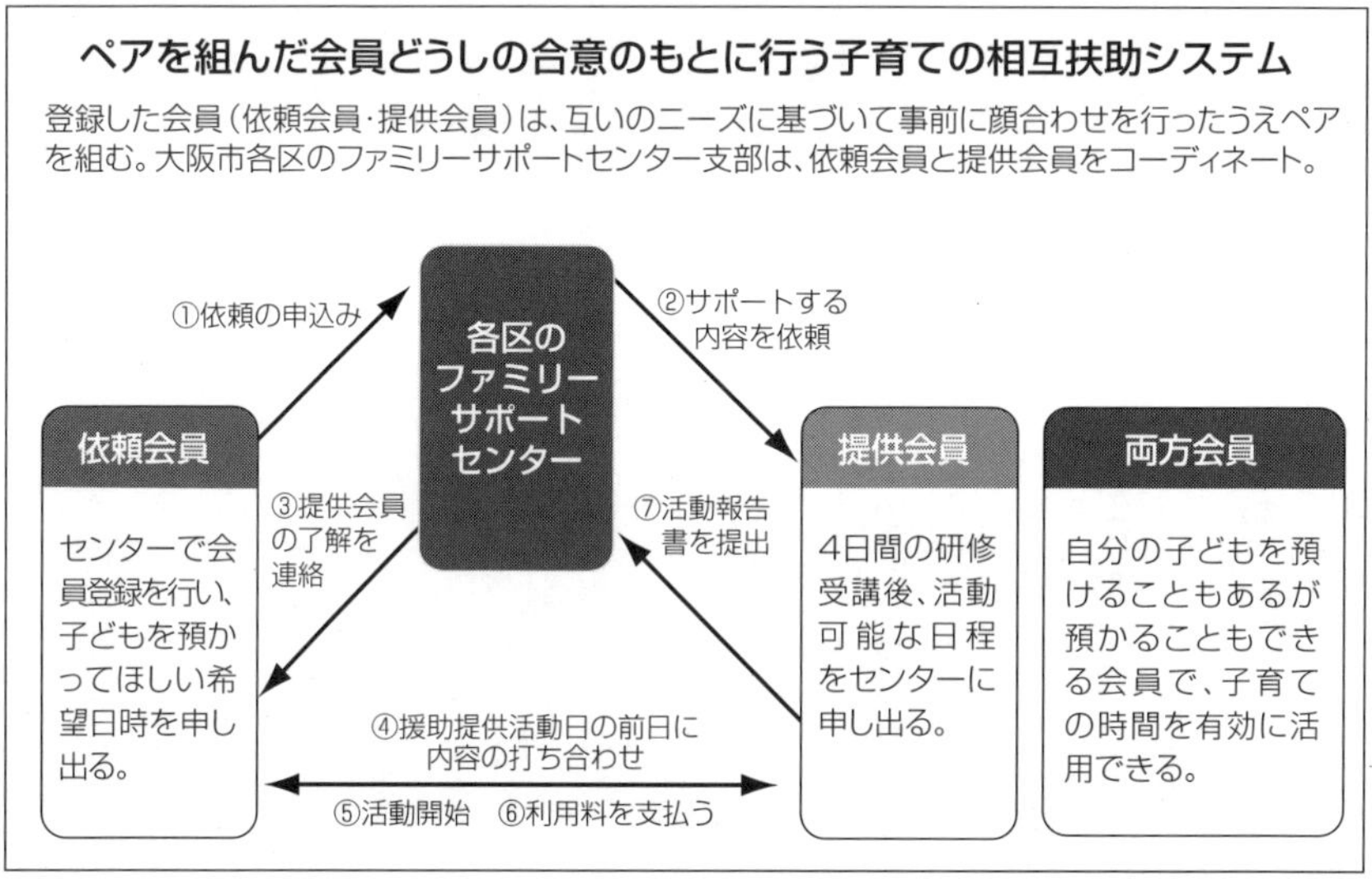
ペアを組んだ会員どうしの合意のもとに行う子育ての相互扶助システム
登録した会員（依頼会員・提供会員）は、互いのニーズに基づいて事前に顔合わせを行ったうえペアを組む。大阪市各区のファミリーサポートセンター支部は、依頼会員と提供会員をコーディネート。
各区のファミリーサポートセンター
①依頼の申込み
②サポートする内容を依頼
③提供会員の了解を連絡
⑦活動報告書を提出
④援助提供活動日の前日に内容の打ち合わせ
⑤活動開始　⑥利用料を支払う
依頼会員
センターで会員登録を行い、子どもを預かってほしい希望日時を申し出る。
提供会員
4日間の研修受講後、活動可能な日程をセンターに申し出る。
両方会員
自分の子どもを預けることもあるが預かることもできる会員で、子育ての時間を有効に活用できる。

図2・3　ファミリーサポートセンターの活動状況（資料：（財）女性労働協会調査）

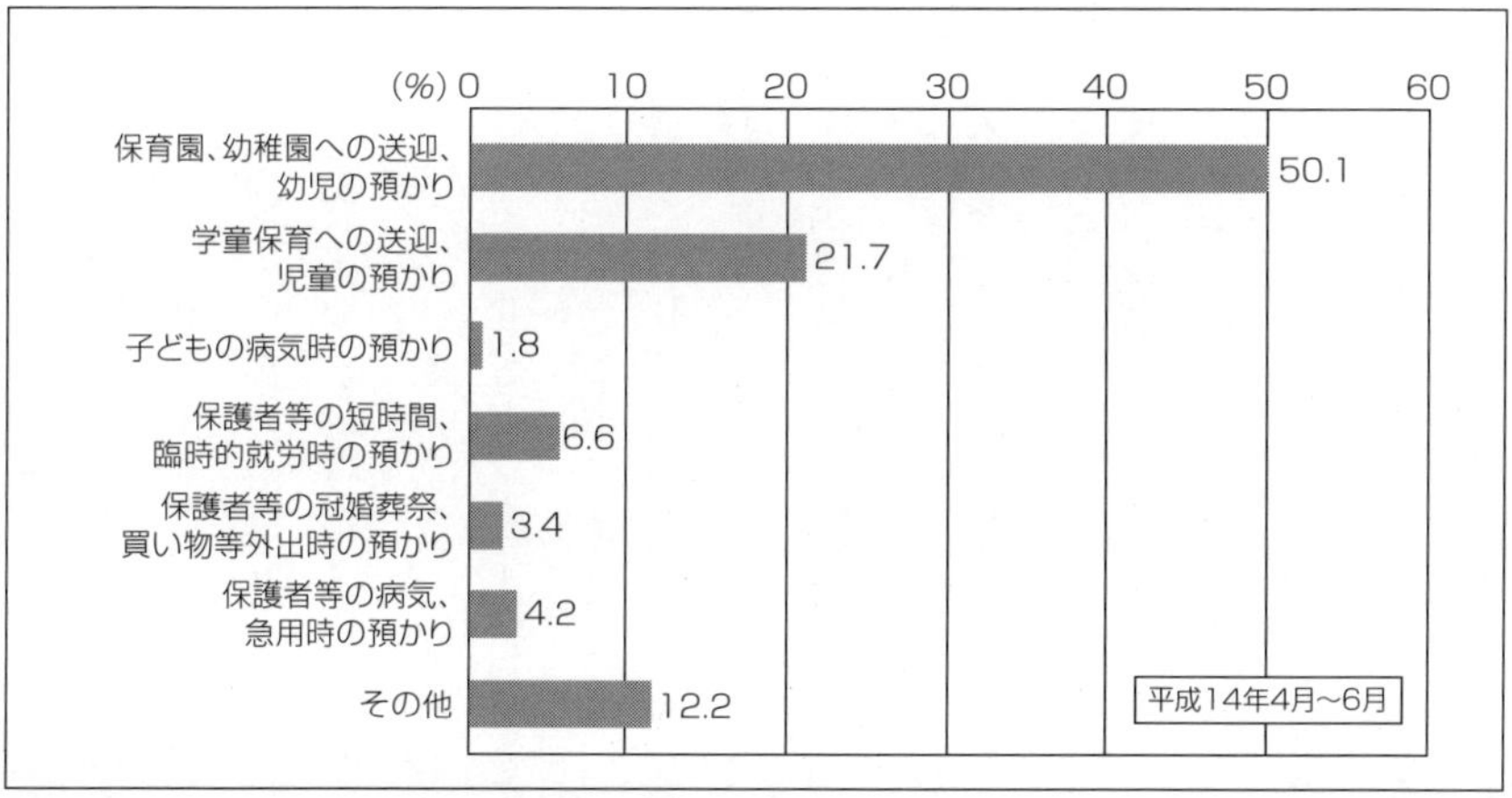
(%) 0 10 20 30 40 50 60
保育園、幼稚園への送迎、幼児の預かり 50.1
学童保育への送迎、児童の預かり 21.7
子どもの病気時の預かり 1.8
保護者等の短時間、臨時的就労時の預かり 6.6
保護者等の冠婚葬祭、買い物等外出時の預かり 3.4
保護者等の病気、急用時の預かり 4.2
その他 12.2
平成14年4月〜6月

ーサポート事業が平成6年から実施されている。ファミリーサポート事業は、エスクの家庭保育の仕組み、ノウハウを旧厚生省が徹底的に調査して、ほぼ同様の内容でスタートしたものだ。同事業により、人口5万人以上の自治体にファミリーサポートセンター（FSセンター）が設置されることになった。そして、平成11年の「少子化対策推進基本方針」の中にもFSセンターの拡充が盛り込まれ、重点的に実施すべき少子化対策（新エンゼルプラン）として平成16年度までに全国で180カ所のFSセンターを設置することが目標とされた。家庭保育に対する働くお母さんたちのニーズは強く、FSセンターは目標を上回るスピードで整備が進み、平成13年度末には全国で193カ所が設置され、センターの登録会員数は、預ける側（依頼会員）、預かる側（提供会員）合わせて10万人弱（平成14年7月現在）に達している。そして、「保育園や幼稚園、学童保育への送り、迎え」「幼児、学童預かり」など、平成14年4～6月の3カ月で1センター当たり656回と非常に活発な活動が展開されている。

このように家庭保育は、30年前の一人の普通の主婦の気づきと行動に各地のお母さんたちが共鳴し、全国に広がり、多くの働くお母さんたちの力強い支えとなってきた。そして、それが国の事業のモデルとして採用され、さらに大きな広がりをみせている。

エスクには、「以前自分が仕事を持っているときに家庭保育に支えてもらった恩返しに、仕事を辞めたいまは働くお母さんを支援したい」という会員、親子二代にわたって利用する会員などもいる。エスクの活動を見ていると、名木さんの「育児も大きな社会参加」という言葉が実感できる。

2 学校を拠点にコミュニティが動きだした——活動の主役はお父さんたち

新潟県の中山間地域のある町では、生徒数8人の小学校の存続をめぐって父兄でもある地域おこし活動のメンバーたちが知恵を絞っている。人口が2500人を割り、高齢化率が40%を超える町では、市町村合併を控えて、雪深い冬に統合先の小学校への子どもたちの送迎方法や学校跡地の活用などについて議論が続いている。

このような中山間の過疎の町だけではなく、生徒数の減少による学校の統廃合や空き教室の増大は、大都市やその周辺部でもいま普通に起こっている現象だ。そして、それを契機に、いじめや登校拒否の問題も含めて地域としての教育へのかかわり方、あるいは完全週休2日制が実施されたいま、コミュニティの核施設としての学校を地域でどのように活用していくのかなど、学校をめぐる議論が活発化している。

ここで紹介する千葉県習志野市の秋津小学校の事例は、学校を活用してコミュニティ「力」を高め、また、そのコミュニティ「力」を活かして地域の教育機能を引き出しているケースだ。それも、活動の中心になっているのが「お父さん」たちというのも面白い。学校と地域と家庭がどのような役割分担をしながら子どもたちを育てていくのか。さまざまな意味で教育のあり方が問われているいま、秋津小学校での試みはとても多くの示唆に富んでいる。

教育について教師と父兄が本音で話すことから始まった

千葉県習志野市といえば典型的な東京のベッドタウンで、住民の多くは東京へ通勤する「千葉都民」だ。秋津地区も、昭和30年ごろまでは潮干狩でにぎわった海岸を埋め立てて昭和55年に建設されたニュータウンで、高層の住宅棟が建ち並ぶ。いまでも、近くにはラムサール条約に登録された野鳥の楽園「谷津干潟」があったり、かつての谷津遊園の名残りを残す「バラ園」があったりと、海が間近にある潮の香りがする街だ。

その秋津地区で、学校を拠点にする地域活動が始まったそもそものきっかけは、学校で起こった体罰問題だった。自身の子どもの体罰問題を通して、教師と父兄が本音で話し合うことの必要性を痛感した一人のお父さんがPTA会長に立候補し、月1回、「PTA談話室」という話し合いの会を開いたことで父兄の目が学校に向くようになった。

そして、その話し合いを通して、機会さえあれば父兄たちは学校にかかわることを望んでいると知ったそのPTA会長が、その後、父兄を学校の場に引っ張り出す仕掛けを次々に考えていった。

飼育小屋作りがお父さんたちに火をつけた

一つは、学校創立10周年の記念事業として学校の飼育小屋作りを提案して、地域のお父さんたちに活動への参加を呼びかけたことだ。というのも、いま小学校は女性の先生が多くなり力仕事には対応しにくい。また、なにかと業務に多忙な先生たちに雑用をお願いするわけにはいかないので、それらはPTAや地域がサポートすべきだと考えたからだ。声

お父さんたちが作り上げた飼育小屋

をかけてみると思いのほか多くのお父さんたちが喜び勇んで飼育小屋作りに協力してくれた。

お父さんたちの中には、一級建築士もいれば、飼育小屋の材料となる木材や金網を調達してくれる専門家もいた。また、力仕事を買って出るお父さんもいて、4カ月ほどで立派な飼育小屋が完成した。自分のお父さんや近所のおじさんたちが力を合わせて飼育小屋を作ってくれたことで子どもたちは大喜びし、ウサギや鳥たちの世話も一生懸命行うようになった。

これまで仕事優先で学校のことはお母さん任せにしてきたお父さんたちも、飼育小屋作りに参加したことで少しずつ変わりはじめた。ちょうど世の中もバブル経済が終わりかけていたころで、お父さんたちの意識も仕事やお金儲けだけではない何かを模索しはじめていたのだろう。みんなで汗を流して、地域との接点を持つことの〈快感〉を味わったお父さんたちは、「何かほかにもできないか」という眼で学校や地域を見るようになった。また、飼育小屋作りを通して、小さなネットワークもできていた。

空き教室を活用した活発なサークル活動

もう一つは、ちょうどそのころ、秋津小学校が市の「生涯学習研究指定校」になり、その具体的な活動として、先生と生徒、父兄が一体となって約450人が参加するオペレッタが上演されたことだ。

オペレッタは大成功に終わったが、その3カ月におよぶ練習や、衣装（お母さん担当）、大道具（お父さん担当）作りを通じて、父兄や地域の人たちの交流が進んだ。そして、それを契機に地域に劇団が作られ、公民館を使った練習も活発に行われるようになった。

PTA会長は、せっかく盛り上がったそれら地域の活動を学校に呼び込めないかと考えた。しかし、成功裡に終わったオペレッタも学校の先生たちにとっては、非常に不満の多いものであった。つまり、ただでさえ忙しいところへもってきて、地域の人たちの活動にまでお付き合いするのは時間的にも、労力的にも負担が大きすぎる、というものだ。そこで、先生たちには負担をかけずに、地域のさまざまな活動の拠点として学校を活用するにはどうすればよいかを考えた。

そして、地域の住民が一切の運営管理に責任を持つということを条件に空き教室の開放を学校と教育委員会にお願いすることにした。秋津ニュータウンも街ができて15年程が経ち、小学生の数が減少したことで、ぽつぽつ空き教室が出はじめていた。そして、従来の熱心な父兄の活動実績が認められて、平成7年に社会教育振興を目的に4つの空き教室が地域に開放されることになった。

ただ、空き教室の利用には、当初は制約も少なくなかった。最大の問題は、日曜・祭日

観察園と校舎の1階部分がコミュニティルーム

コミュニティルーム入口の鍵は住民で管理

など地域活動が活発に行われる日に限って学校が休みのため、校舎が使えないことだ。そこで、学校と交渉して、空き教室がある部分の校舎に専用の入り口を設置し、また、利用者が空き教室以外には立ち入れないようにほかの教室との境にはシャッターを取り付けてもらった。そして、入り口の鍵は7個だけにして地域の住民の自主管理を徹底することで、ようやく「秋津コミュニティルーム」は誕生した。

コミュニティルームは、土日も含めた毎日、朝9時から夜9時まで利用できる。場所も住区の中心だから、徒歩や自転車で気軽に来れるので便利だ。そのため、開放後から地域のさまざまなサークルやクラブが活発に利用しており、いまでは40を超える団体が利用している。その内容も、ママさんコーラス、ハングル語講座、パソコン教室、ロックバンド、陶芸教室と実に多様だ。利用者も延べ1万6000人にまで拡大してきており、まさに地域のコミュニティの拠点になっている。

コミュニティルームで地域の大人と子どもたちが交流

コミュニティルームに大人たちが日常的に出入りするようになると、自然に子どもたちとの交流も行われるようになる。例えば、休み時間には子どもたちがサークル活動に参加することもあるし、土曜日の3~4時間目、必修クラブの時間には父兄や地域住民が子どもたちと一緒に料理や陶芸、スポーツなどを楽しむなど授業との融合もさまざまな形で進んでいる。

そして、料理クラブでは包丁も使うが、住民が参加することで先生1人では全員の安全にまで目が行き届かないところをサポートできる。また、サークル活動は、地域のさまざまな専門家がリーダーとなっているが、その専門家が先生役を務めるため、子どもたちが吸収できる知識や技能の幅を広げることができる。先生たちも、生徒と一緒にそられの専門家からいろいろなことを学ぶことができる。

例えば、パソコンクラブの活動には先生たちも参加して、デジカメで撮影した写真入り学級だよりの作り方をクラブのメンバーから教わったりもしている。このような生徒や先生との交流のプログラムもそれぞれのサークル活動のリーダーたちが先生と相談しながら活動の中に盛り込んで計画している。さらに、秋津地区では小学校の運動会や校内音楽会も学校と地域の共同開催だ。地域の母親サークルが子どもたちに紙芝居や本の読み聞かせを行う「学校おはなし会」のような住民提案型の行事も生まれている。

これら小学校をベースにしたさまざまな活動をまとめ、学校と地域の交流を促す取り組みを企画、調整しているのが「秋津コミュニティ」。約30人のメンバーの中心的な役割を果たすのは30～60歳代のお父さんたちだ。この組織のモットーは、「楽しく、ゆっくり、無理をしない」ことだそうで、できる人が、できるときに参加する方式が長続きする秘訣らしい。

また、組織の運営もワンマンのリーダーが引っ張るのではなく、何事も合議制で行われる。これらは、日ごろ、会社や仕事で揉まれているお父さんたちが自然に身につけた〈間合い〉のように思われる。

2年がかりで校庭に自然観察園作り

このようなお父さんたちのパワーは、次には教室から飛び出して校庭へ向かった。学校創立20周年、秋津コミュニティの活動10周年を記念して、校庭に自然観察園、いわゆるビオトープを作ろうということになった。これも井戸を掘り、池の設計から工事まで、地域にいる専門家がサポートしながら、住民が中心になって作ろうというものだ。ここでも前述の「楽しく、ゆっくり……」のモットーにのっとって、2年がかりで取り組み、平日は生徒たちが学級活動で、土日は父兄が汗を流してようやく完成した。

出来上がった自然観察園は、子どもたちにとっての格好の遊び場であり、団地ではなかなか触れることができなくなった自然を観察できる環境学習教材でもある。また、地域住民にとっては生活に潤いをもたらし、自由に散策ができる公園的な機能を持っている。

つまり、自分たちが積極的に参画することで、学校を学校、地域双方にとってメリットのある施設として活用しようというものだが、この例は財政難で新たな施設の建設がままならない現在、仕組みさえ作れば学校をコミュニティ施設として有効利用できるということを実証してみせた。

学校の週休2日制が実施されたいま、学校は年間の半分近くの165日が休みとなる。教室、体育館、校庭など、コミュニティの貴重な施設資源としての学校を使わない手はない。

居場所を見つけたお父さんたち

秋津コミュニティのお父さんたちを中心とする一連の取り組みによって、地域における学校の位置づけが変わり、学校を核にしたコミュニティ活動が活発に展開されるようになった。そして、子どもたちや先生だけでなく、地域も徐々に変わりだした。

しかし、この取り組みで最も変わったのは当の「お父さん」たちだ。というのも、それまで「千葉都民」のお父さんたちは、平日は仕事漬け、休日は家でゴロゴロするか、接待ゴルフが関の山。地域には、親しい友人もいなければ、居場所がないというのが実態だった。それが、飼育小屋や自然観察園作りでは自分たちの力が地域で必要とされていることを実感し、仕事で培った経験や自分の特技を活かしてサークル活動のリーダー役を務めることもでき、自信がついた。それにも増して、地域の人たち、あるいは子どもたちと一緒に活動することの楽しさを知った。

最近は、土曜日のサークル活動が終了した後、お父さんたちがビールやおつまみを持ち寄る「懇親会」が恒例になっている。懇親会では、サークル活動や次のイベント企画などの話題が中心になるが、ときには教育論や生き甲斐論にまで話がおよぶ。この懇親会の常連である一人のお父さんは「仕事関係ではなく、地域に集まれる場所と、一緒に汗をかき、ビールを飲みながら楽しく話ができる仲間がいることは、さまざまな意味で大きな支えになっている」という。また、この活動を引っ張ってきた秋津コミュニティの会長も「最初、引っ越してきたころは、秋津は正直言ってただ寝るだけの場所だった。しかし、小学校が地域に開かれた場所へと変わり、学校を核に地域のさまざまな人間関係ができてくると、

校庭の自然観察園（ビオトープ）で遊ぶ子どもたち

秋津がはじめて暮らす場所になってきた。

いまは、活動を通じて知り合った仲間たちとここで楽しい老後が送れそうです」と、活動を通して自分自身の意識と暮らし方が大きく変わったことを改めて実感しているようだ。

学校と地域が融合することの意味は大きい

このように副産物として、地域のお父さんたちに仕事人間のときには味わえなかった地域活動の楽しみと元気を与えた秋津コミュニティの活動だが、学校を地域に開放し、住民サイドからコミュニティの核として学校を再構築したことのもたらした成果は多岐にわたる。

一つは、家庭内での親子関係が良くなったことだ。コミュニティルームでのサークル活動や自然観察園作りなどで活躍したお父さん、お母さんたちは、家庭で子どもたちから改めて尊敬された。

また、一緒に遊んだり、汗を流して働いたことで会話が増え、家庭が明るくなったという。仕事一筋の時代にはなかった親子の団欒《だんらん》が復活したという家庭も少なくないようだ。

二つめは、教師や自分の親だけでなく、地域のさまざまな大人と接する機会が増えたことで、子どもたちはいろいろな刺激を受け、視野が広がったことである。また、地域の人たちの暖かさに触れることを通じて、良い人間教育の場にもなっているとのことだ。一方、学校にかかわりはじめた大人たちも自分の子ども以外の子どもたちにも関心を持ち、目が行き届くようになってきた。これは、言葉を換えればコミュニティ「力」の向上により、地域としての教育力が高まったということだ。

三つめは、学校での活動と地域のさまざまな活動との連携が始まったことである。例えば、高齢者ケアのボランティア活動グループや既存のまちづくり組織などとタイアップして教育以外の地域の問題への取り組みも増えてきた。そして、そのことで秋津コミュニティの活動自体が広がりをもつとともに、大きな視野から学校や教育の問題を捉えられるようになってきている。これは、まさに学校を核にした活動が地域全体を視野に入れたコミュニティ活動へと発展しつつあることを示している。このような展開を見ても、地域のコミュニティ「力」が確実に高まり、それにより地域の課題対応力が厚みを増していることがわかる。

一方、学校サイドからも、学校を地域に開くことの意義が徐々に認められるようになってきている。コミュニティルームが作られた当初、秋津小学校の校長を務めていた先生の言葉に、そのあたりの意識がよく表れている。すなわち、学校を地域に開くことの利点は、

①地域や家庭が教育の大切さを考えてくれるようになる、②父兄や地域の人たちに学校内での先生たちの努力を理解してもらえるようになる、③子どもたちが親や先生以外にも気安く相談できる大人が増える、という3点を挙げている。

教育を巡る問題は依然として難しいものがあるが、学校を地域に開放することで展開されるさまざまな活動を通して地域のコミュニティ「力」が高まり、大人たちが元気を取り戻すことで、地域や家庭がもう一度その教育機能を再構築することにもつながっていることは確かなようだ。

3 コミュニティ「力」で冒険遊び場作り
――羽根木プレーパークの実践

いま、子どもたちの生活は多忙を極めている。塾やお稽古ごとをいくつもこなすため、放課後に予定が入っていない日を探すのが難しい子どもも少なくない。長引く不況にもかかわらず、子どもたちの教育にかけられる費用は伸び続けている。家庭の収入は明らかに減少しているが、「可愛い孫のお勉強のためなら、塾やお稽古ごとの費用くらいは、おじいちゃん、おばあちゃんが払ってあげる」というケースも少なくない。少子化で子どもが少なくなった分、少数の子どもや孫に期待が集中するため子どもたちも大変だ。

こんな忙しい生活を送っている子どもたちは、放課後、友達と遊ぶ暇もない。友達どうしで時間が合わないので、ひとり遊びにならざるを得ない。ひとり遊びは子どもを狙った犯罪や交通事故が心配なので、ＴＶゲームやインターネットなど家の中での遊びが中心になる。そのため、友達との交流はせいぜい携帯電話でメールのやり取りをしたり、塾の行き帰りに話をするのが学校以外での数少ないコミュニケーションになっている。

かつて、子どもたちは地域での遊びを通して遊びのルールや道具の使い方、また、年齢の違う子どもたちの集団の中で社会性を身につけた。それがいまは、兄弟も少なく、地域の遊び集団も失われ、学校という管理された集団生活の経験しか持たずに大きくなる。

仲間がいないだけではない。地域には遊び場も存在しない。行政が設置する児童公園などは四角四面の設計基準で作られるため魅力に乏しく、禁止事項だらけで子どもたちの自由な想像力や好奇心を満たすものではない。

そのような子どもたちの地域での遊び環境を改善し、遊びを通した創造性や社会性の発達に父兄を中心に地域で取り組もうとしているのがここで紹介する東京・世田谷区のプレーパーク（冒険遊び場）作りの事例である。

ヨーロッパ生まれの冒険遊び場

冒険遊び場は、１９４０年代にデンマークで生まれ、まずイギリスで市民権を得、その後ヨーロッパ全体で作られるようになった新しいタイプの遊び場だ。当初は、文字通り「廃材遊び場」と呼ばれていた。一般の児童公園のように、きちんと設計、整備された遊び場ではなく、廃材や古タイヤなどを材料にした手作りの砦や隠れ家、遊具などが雑然と置かれ、穴ぼこだらけで子どもたちのお気に入りの原っぱや雑木林といった感じだ。

また、遊んでいる子どもたちを見ても、木登り、焚き火、水かけっこ、泥んこ遊びなど、一般の公園では禁止されている遊びを自由に楽しんでいる。また、砦の周りでは金槌で釘を打ち付けたり、のこぎりで拾ってきた廃材を切っている子どももいる。そう、冒険遊び場は「自分の責任で自由に遊ぶ」が唯一のルールである公園だ。

日本では、昭和54年、国際児童年の年に世田谷区の羽根木プレーパークが第一号として誕生した。都区部では比較的空き地や畑などが残っていた世田谷区でも、昭和40年代後半になると空き地はマンションや駐車場に変わり、緑も少なくなって、子どもたちが遊ぶ場所は児童公園くらいしかなくなっていた。その児童公園も、高い地価が災いして数が圧倒的に不足していただけでなく、禁止事項が多く子どもたちにとっては遊びたくなる場所ではなかった。また、子どもたちも前述のように塾や稽古ごとが忙しくなり、遊びといえばTVゲームという状況になりつつあった。

ちょうどそのころ、「遊ばなくなった子どもたち」を心配して、都市計画プランナーや公園の設計を担当する造園プランナーなどからヨーロッパで盛んに作られていた冒険遊び場を紹介し、日本にも導入しようという提案が行われるようになった。しかし、児童公園などの公園整備を担当する行政は、事故が起こる危険性やその責任問題を心配してなかなか具体的な取り組みには進展しなかった。

住民有志の取り組みが行政を動かした

子どもたちの遊びをめぐる環境が悪化する中で、子どもの親たちの中からも子どもを自由に遊ばせることができる場所が欲しいという声が高まってきた。世田谷区でも、当初は行政に対して子どもの遊び場の確保、整備についてさまざまな要求を出していた。しかし、要望を出された行政も、公園整備の予算は限られており、簡単には状況は改善されなかった。

そのようなとき、冒険遊び場を日本に紹介した造園プランナーが世田谷区内に住んでいたこともあり、子どもの親たちも含めて地域の住民が冒険遊び場について勉強をするようになった。とはいえ、冒険遊び場作りを行政に提案しても、前例のないことには慎重で、リスクを先に考える行政が冒険遊び場作りに積極的に動くことはなかった。

そこで、子どもの親や冒険遊び場に関心を持つ地域の有志が、昭和50年に、夏休みだけに期間を限って手作りの冒険遊び場を区内の空き地で開設した。「こども天国」と名付けられたその遊び場は、面積も狭く、遊具類も揃っているわけではなかったが、日ごろの遊び不足の欲求不満を解消するかのように連日多くの子どもたちがやってきた。最初のうちは、一般の公園とは勝手が違うため、「自由に遊べ」と言われてもどんな遊びをしてよいのかわからず戸惑っていた子どもたちも、慣れるにしたがって本領を発揮して元気に「自由」を楽しんだ。

期間限定の「こども天国」が終了した後も、住民たちは粘り強く冒険遊び場作りの実現を行政に働きかけていった。住民の熱意と、「こども天国」での子どもたちの元気で創造性豊かな遊びを目の当たりにしたことで、行政マンも徐々に考え方を変えていった。そして、最終的には、地域の住民と行政が役割分担をはっきりさせることで実現へ向けて話が前進

図2・4　羽根木プレーパークの運営の仕組み

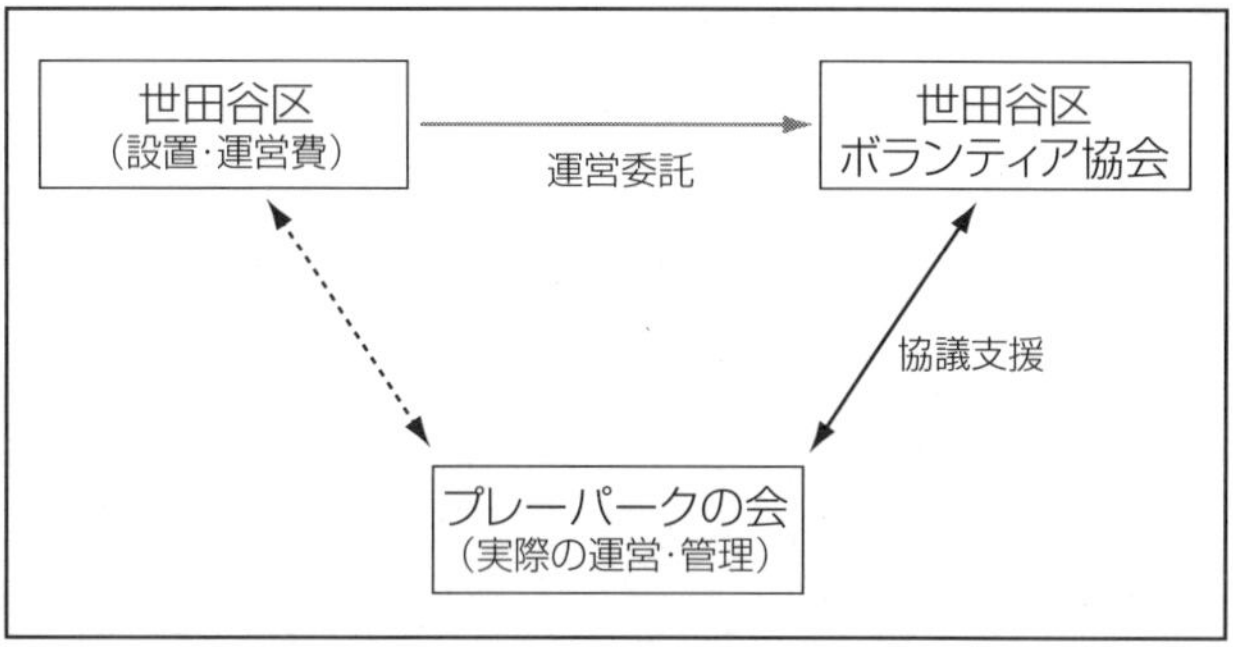

し、国際児童年の昭和54年、区の羽根木公園の一角に約３０００平方メートルのスペースを確保して、日本で初めての常設の冒険遊び場「羽根木プレーパーク」が誕生した。

当初は、遊びに来る子どもたちも少なかったが、遊具を一緒に手作りしたり、餅つきなどのイベントを行うなどで徐々に父兄にも定着して、子どもたちが集まるようになった。現在は、週一日の休園日以外は毎日オープンしており、就学前のチビッ子から中学生くらいまで一日平均２００人程度が利用するようになっている。

羽根木プレーパークの運営システム

それでは、羽根木プレーパークがどのような仕組みで運営されているのかを見てみよう。

羽根木プレーパークは、図２・４のように行政、区のボランティア協会、子どもの親や地域の住民で構成するプレーパークの会の３者がかかわって運営されている。

まず、行政では、プレーパーク事業は児童健全育成事業の中に位置づけられているため、主管課は福祉部児童課児童育成係となっている。また、公園課や社会教育課などの関係課も運営に携わっている。行政の役割は、場所および毎年の運営資金の提供だ。ちなみに、現在、行政からの助成金は区内４

つのプレーパークに対して3500万円となっている。運営は、行政から社会福祉法人世田谷区ボランティア協会に委託する形態をとっている。

運営を委託されている世田谷区ボランティア協会は、区内のさまざまな分野のボランティア活動の交流や支援を行う目的で昭和56年に設立された民間のボランティア推進機関であるが、その中にプレーパーク事業担当が設けられている。ここが、区からのプレーパーク運営の受託窓口となっているが、ボランティア協会は調整役としてさまざまな形で活動を支援するものの実際の運営は「プレーパークの会」と4つのプレーパークの連絡協議会がほとんどすべてを担っている。

プレーパークでは、子どもたちの親や地域の有志で構成される運営組織としての「プレーパークの会」の役割が非常に大きい。プレーパークの会は、世話人会を中心に運営され、月1回プレーパーク内のリーダーハウスで開催される会議でプレーパークの運営にかかわるあらゆることが議論される。プレーパーク利用の原則として入り口に掲げられている「自分の責任で自由に遊ぶ」、「事故は自分の責任」というルールも、かつて遊び場内で起こった骨折などの事故のたびに一つひとつみんなで議論して決めてきた。

このように、冒険遊び場では子どもたちの親を中心に地域の人たちが、自ら積極的にかかわって地域での子どもたちの遊びを見守っていこうとしている。自分たちが行動を起こさなければ子どもたちの地域での遊びが守れない。また、自分たちが決めたルールで運営する以上、運営上の責任は行政をはじめ他人に転嫁することはできず、自分たちで解決せざるを得ない。まさに、コミュニティ「力」を結集して、遊びを通して子どもたちを育てるという考え方が背景にある。そして、ある意味ではこのような活動を通して、コミュニティがもともと持っていた「教育力」を再生してきているようにも見える。

プレーリーダーは子どもたちの遊びをサポート

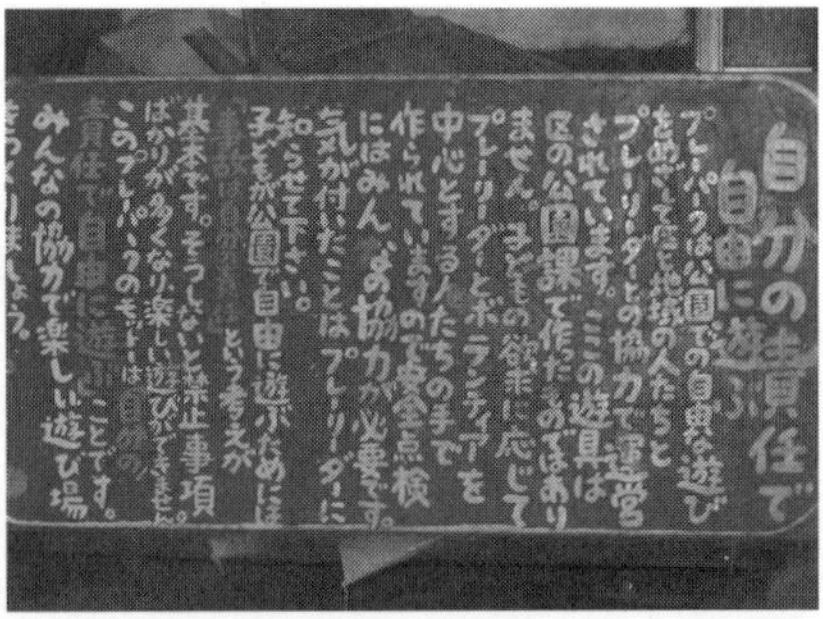

「遊びのルール」を書いた看板

大きい「プレーリーダー」の役割

プレーパークでは、「プレーリーダー」と呼ばれる大人が常に公園にいて、子どもたちの遊びのサポートをしている。プレーリーダーは、世話人会が直接面接をして「この人ならば」という人を選んでいる。現在、羽根木プレーパークには2人のプレーリーダーがいて、プーレーパークの会のメンバーと協力して、遊びをサポートしている。プレーリーダーは、子どもたちが生きいきと遊べるように、遊び道具を用意したり、遊具の整備をしたり、子どもたちの遊びの相談に乗ったりと、一緒に遊びを創り出すという感じだ。プレーリーダーも自ら言っているように、決して「遊びの管理者や遊びの指導者」ではない。

羽根木プレーパークの会では、区の補助金を受けて、プレーリーダーに一人当たり月17万円前後の給与を支払っている。プレーリーダーの役割や仕事内容を考えると、この金額は決して十分ではない。それでも、プレーパークの会の財政事情は厳しく、募金活動やバザーの収益金で補填しているのが現状だ。冒険遊び場の本場イギリスでは、子どもの遊びをサポートする専門職としてプレーリーダーが社会的に認知されており、大学や地域にプレーリーダーの養成機関も設置されている。

そして、それらの養成機関を卒業して資格を得たプレーリーダーは、学校の教員並みの処遇を得ているケースも少なくないという。日本では、まだまだ冒険遊び場自体がようやく普及しはじめた段階で、世田谷区のように有償のプレーリーダーを設置している事例のほうが珍しい。そのため、プレーリーダーの社会的な認知は進んでおらず、多くのプレーリーダーはアルバイトで生活費の不足を補っているというのが実態だ。このこと一つをとっても、いま、遊びを通した子どもたちの創造性や社会性を育むことの重要性やそれを地域として担保していくことの必要性を、地域が、そして日本の社会が改めて問われているような気がする。

全国で冒険遊び場の試みが始まった

とはいえ、いじめや不登校、あるいは犯罪年齢の低下などの社会問題を背景に、子どもたちの遊び、地域の教育機能を見直そうとする動きが一方で出てきているのも事実だ。冒険遊び場に関しても、平成に入るころから全国的に関心が高まってきて、平成10年には全国研究集会がはじめて開催され、400人もの参加者があった。そして、翌年の平成11年にはＩＰＡ（子どもの遊ぶ権利のための国際協会）日本支部の一部門として「冒険遊び場情報室」が設置され、冒険遊び場に関する情報交流やプレーリーダーに関する相談窓口として機能している。（平成15年9月にＮＰＯ法人「日本冒険遊び場作り協会」に移行）

遊具作りで道具の使い方を学ぶ

実際の冒険遊び場も、これまでに大小、常設・曜日限定もあわせて100カ所を超えるまでになってきた。特に、ここ2、3年で東京都杉並区、横浜市神奈川区、千葉県松戸市など全国約40カ所で新たにスタートするなど勢いがついている。羽根木プレーパークのような複数のプレーリーダーを置いた常設の冒険遊び場は少ないが、公園や空き地の一角を使った形で月に数回程度の活動が行われるというのが一般的だ。いずれも、子どもの親や地域のボランティアが活動を支えているが、場所や運営資金の確保が共通する課題となっている。

東京都世田谷区以外で、比較的早い時期から冒険遊び場の取り組みが始まっている事例を紹介してみよう。大阪府箕面市では、地域の育児サークルからスタートした「箕面子どもの遊びを考える会（以下、考える会）」が運営主体となって平成6年に市の公園の一角を使って曜日限定（毎月第2土・日曜日の10時〜17時）の冒険遊び場が開設された。専任のプレーリーダーを置いていないため、遊び場の開催日には考える会のメンバーが交代で手作りの遊具や遊び道具の準備をし、子どもたちの遊びを見守る。

当初は6人のメンバーでスタートした考える会だが、子どもが遊び場に来るようになり、それがきっかけで父兄が考える会のメンバーになるなどで、いまではメンバーも50

人近くに増えてきた。また、最初はお母さんたちだけであったが最近はお父さんたちの参加も見られ、遊びのメニューにも幅がでてきており、毎回１００人前後の子どもたちが参加している。運営資金などの課題は多いものの10年近く活動は継続され、地域に根を下ろしている。

ここでも、冒険遊び場にかかわるようになり父兄が自分の子どもだけでなく、地域の子どもたちの遊びや生活環境、さらには広い意味での教育に関心を持つようになってきている。さらに、考える会の活動が、行政の姿勢にも少なからず影響を与えている。すなわち、都市公園の整備のあり方や建設した公園の使い方に関して、行政が一方的に決めるのではなく、使い手としての市民から知恵を出してもらい、それを積極的に取り入れるという方向に変わってきた。現在は、冒険遊び場ということではないが、市内のほかの公園においても就園前の幼児を中心とする子育て活動なども活発に行われるようになってきた。

子どもの活動にかかわることで大人が変わり、地域が変わる

各地の冒険遊び場の運営主体は、どこも場所、資金、人などの課題を抱えつつも、自由な環境の中で生き生きと遊ぶ子どもたちの笑顔を励みに頑張っている。そして、どこの活動でも子どもを取り巻く環境の悪化に危機感を覚えた父兄が動きだすところから活動が始まるのだが、活動を通してむしろ大人たちのほうが大きく変わったようだ。すなわち、子どもと遊びを通して同じ目線でかかわる中で、子どもたちに対する見方が変わり、対応の仕方が変わってきたという。そして、自分の子どもだけではなく、地域の子どもたちにも

関心を持つようになり日常的に声をかけたり、注意をしたりするようになった。それは、すなわち地域の教育機能再生の第一歩と言ってもよいだろう。

また、前述のように行政も活動と対応することで少しずつ変化しはじめている。冒険遊び場を見ていると、なによりも大人たちが昔の自分を思い出すように、子どもたちと楽しく遊んでいる姿が印象的であり、なによりもこれが活動のエネルギーになっていることは間違いないようだ。

4 市民が運営する生涯学習システム
――清見潟大学塾の「遊び心で大学ごっこ」

いま、世の中では従来にも増して〈学習意欲〉が高まっている。不況をよそにカルチャースクールは盛況だし、各地の公民館では多様な講座が開催されている。また、ビジネスマン対象のアフターファイブの資格取得スクールや通信講座には定員をオーバーする人気講座も少なくない。まさに、生涯学習時代の到来を感じさせる。

このような生涯学習意欲の高まりの背景を考えてみよう。いくつかの要因が考えられるが、一つには大失業時代を迎えて、生き残りを懸けたビジネスマンの資格取得ニーズの増大が挙げられる。これは、まさに切羽詰った学習意欲の盛り上がりで、受講する側は真剣そのものだ。英会話に始まり、転職や再就職に有利な資格を取得するための講座が中心だが、最近はＩＴ関連、税務・会計関連、福祉関連などの人気が高い。

二つめは、高齢社会に入り、豊富な余暇時間を持つシニア層が有意義な余暇を過ごすためにさまざまな学習活動に積極的に参加していることが挙げられる。シニア層では、従来からの女性たちに加えて、サラリーマン時代にはできなかった趣味や関心テーマについて、定年退職で時間ができた男性たちが学習するというケースも多い。シニア層の関心テーマは多岐にわたるが、なかでもパソコン関連や資産の運用・管理、カルチャー関連の受講が多いようだ。

三つめは、環境問題や食品の安全性、IT化の動向などのように「現代的課題」が非常に多様化しており、また変化が激しいため、世代を問わず新しい情報を日常的に収集し、知識を蓄えておくことが世の中の動きの全体像を捉えるためにも必要になってきていることが挙げられる。

生涯学習の多くは、地域の公民館やコミュニティ施設などで開催される。また、テーマとして地域の生活課題やまちづくりにかかわるものが取り上げられる機会も少なくない。そのため、参加者が身近な地域の問題と触れ合う機会も増えてくる。余暇の増大で自宅や近隣で過ごす時間が増えれば、自ずと自分の住む地域や日常生活にかかわる問題への関心が高まるため、講座への参加をきっかけに地域活動に加わるというケースも増えている。

市場原理の導入で行政システムの限界を超える

さて、これらの生涯学習は、ビジネスマン向けの資格取得講座や民間のカルチャースクールなどを除くと、行政が社会教育事業として運営している場合が多い。行政の実施する社会教育事業は、幅広い対象に向けた動機づけという意味では有効なものの、予算的な制約や時間的な制約を伴うことは避けられず、学ぶ側の要請に十分応えきれないのもまた事実である。

それであれば、市民の手で、学ぶ側のニーズを基本にした生涯学習システムを作ろうということで始まったのが、静岡県清水市（現静岡市）の「清見潟大学塾」である。同塾は、清水市高齢者教育促進会議の提言を受けて、昭和60年に市の教育委員会によって設立された。つまり、最初は行政が設置したものであった。

しかし、市は従来から実施されてきた公民館主体の生涯学習はそのまま継続させながら、それらと並行して市民主導型の生涯学習システムの構築が可能かどうかの実験を行うことを目的としていた。ちなみに、塾の名称となっている「清見潟」とは、清水港の東海岸の古称で万葉集にもその名前が登場する。また、古くから東西を結ぶ軍事的要衝として位置づけられ、天武天皇の御代には「清見関」が置かれたと伝えられる地名に由来している。

それでは住民主導の清見潟大学塾は、行政の実施する生涯学習システムとはどこが、どのように違うのかを見ていこう。

まずはじめに、最大の違いは先生（教授）を公募制にしたことだ。市の『広報・しみず』に「自らの趣味・職業上の知識経験等、なんでも結構。市民に教えることを自らの生涯学習、または生き甲斐としたい方はハガキで申し込みください」という内容の募集案内を載せて、市民に配布した。当然、応募してくるのはほとんどが市内在住の一般市民の素人教授だ。もちろん、長年の趣味や仕事で培ったその実力は玄人跣《はだし》であり、かつ自分の特技を生かしてなんらかの社会的な貢献をしたいという意志を持っている人たちだ。

教授に立候補した人に対する資格審査などはなく、応募ハガキを見て一応の書面選考はするものの、特定の政党・宗教に偏るもの、営業性の強いもの以外は受理するのが原則だ。応募があると簡単なオリエンテーションを行ったうえで、納得がいけば正式な申し込み書類を提出してもらうことになるが、最初の募集では16人の市民から応募があった。

しかし、この段階ではまだ正式な教授にはなれない。市民の厳格な審査が待っている。すなわち、教授候補が決まると、教授募集とまったく同じ要領で、『広報・しみず』を使って今度は生徒（塾生）を募集することになる。そして、5人以上（現在は10人以上）の塾生が集まって初めて教授になれ、講座が成立することになる。このようなプロセスを経て、初年度は結局12の講座が成立し、塾生100人ほどで大学塾はスタートを切った。

講座はすべて有料で、授業料は開催回数による「2プライス制」を採用している。すなわち、月1回開催の講座であれば年間5000円、月2回開催であれば同1万円と単純明快で非常にわかりやすい。塾生は、授業料と後述する運営費（1講座年間1000〜1500円）を開講時（10月）に支払う。開催回数を月1回にするか、2回にするかは教授の裁量に任され、授業料は基本的に教授の報酬となる。つまり、魅力的な授業をする教授の講座には生徒がたくさん集まり、教授の報酬も増えるが、そうでない教授は講座の維持さえおぼつかない。というのは、清見潟大学塾では、開塾当初から「クーリングオフ制度」を実施しているからだ。「塾生募集のパンフレットを見て面白そうだからと受講してみたら、授業が期待はずれでガッカリした」などという場合には、講座に参加して2カ月以内であれば、事務局にその旨を申請して受講をキャンセルできる。授業料も全額返却される、というシステムだ。

まさに、〈市場原理〉が導入されたこの仕組みでは、教授は手抜きが許されない。常に、生徒を満足させる水準の授業をすることが求められる。まさに、教えながら自らも学ぶ姿勢が不可欠だ。事実、図や絵入りの自作テキストを用意したり、授業以外にニュースレターを制作して生徒に配ったりと工夫を凝らす熱心な教授もいる。また、クリスマスパーティや視察旅行を開催するなどで、楽しい雰囲気作りに気を配るなど、塾は常に活性化している。市場原理などと言うとやや無味乾燥ではあるが、要するにこの塾では「学ぶ生き甲斐」と「教える生き甲斐」の両方をうまく合致させることに成功しており、それがすべての基本になっていると言えよう。

例えば、元銀行の役員であった大石前塾長に話を聞くと、成功の秘訣はなによりも「この市場原理を導入したことに尽きる」とのことだが、大石氏自身も若いころから趣味で研究してきた文献考古学の知識を活かして4つの講座を担当する教授である。

ちなみに、大石氏の講義には4講座で200人もの生徒が集まる塾の看板講座の一つになっている。そして、講義用の資料はすべて手作りで、その枚数はこの17年間で優に1000枚を超えるが、毎年新しく発見した知識を盛り込んでテキストを改訂している。大石氏の「教授になったことで、自分が長年研究してきたことをまとめるよい機会になった。と同時に、いっそう勉強する意欲もわいた」という言葉がすべてを語っているような気がする。

大手カルチャーセンター顔負けの充実した講座内容

だからこそ、塾は開塾以来、17年も右肩上がりで継続され、いまでは教授数109名、講座数155、塾生数3180人（平成13年9月現在）と大手カルチャーセンター並の規模にまで拡大している。ちなみに、現状の講座は、作品発表部門で書道、絵画、写真などの講座から構成される第一学部、ステージ部門で音楽、ダンス、劇団などの講座から構成される第二学部、そして文化教養部門で古典、歴史、茶華道などの講座から構成される第三学部の3学部から構成され、内容は実に多様だ。また、教授の募集を行うと、毎年30前後（うち3分の1程度が新任教授）もの講座が増えるという。

講座の中から特徴的なものをいくつか紹介してみよう。まず、開講以来、人気が高いのが「ピアノ講座」だ。なんでも、指先を動かすピアノ演奏はボケ防止に効果があるということが人気の秘密らしい。少し前から受講者を50歳以上に限定しているとのことだが、それでも毎年、ピアノ講座だけでも10クラスは下らないということだ。中には、70歳を過ぎてからピアノを習いはじめ、ボケるどころか毎年の発表会のステージに上がり、作曲までするほどに上達した女性もいるとのことだ。

同じく塾生の年齢制限を設けている講座に「60歳から始める英会話」がある。これは、この年代の人たちは戦時中に敵性言語ということで学校で英語が習えなかったため、英語教育が当たり前で育った世代とは一緒に学び難いという特殊な事情によるものだ。この講座では、教授が元劇団員ということで、授業は演劇形式、内容は実用的な海外旅行での会話が中心のため人気講座の一つになっている。「体で覚えるから、楽しく、身に付きやすい」

劇団「清見潟」

と好評だ。

塾生の年齢については、これらの一部の講座を除くと制限は設けていない。そのため、塾生は8歳の小学生から96歳のおばあちゃんまでと実に幅が広く、最近は50歳代以下のウェイトも少しずつ高まっている。しかし、60歳代と70歳代で約3分の2を占めるシニア層の比率が高い。また、男女比率では女性が80％弱と、圧倒的に女性の参加が多い。

そこで、男性の参加を促そうという目的もあって企画されたのが「清見潟セミナー」である。こちらは、月1回、本物の大学教授を招いて行われる講座だ。そして、このセミナーは地元企業から1口2万円の後援会費を募って開催されているのも特徴だ。これは、地元企業に対して、社員の定年後の準備として40歳代くらいからさまざまな趣味を見つけたり、地域とかかわることの必要性を説いて後援をお願いしているとのことだ。

後援企業の社員は4名まで運営費1000円のみの負担でセミナーに参加できるため、セミナーのみでは男性の比率が55％に達している。このような後援企業が、いままでは

37社に達しており、塾と地域との接点も広がりはじめている。

市民のボランタリーな活動に支えられた自主運営

清見潟大学塾は、当初は広報、会場の確保と無料提供、事務作業については行政が担当し、塾自体の運営はすべて教授会を中心に自主的に行うこととされた。そして、行政からは事務経費として20万円を予算化してもらった。しかし、開講3年目になり塾生が３００人を超えると、もはや行政の人員と予算では対応できなくなってしまった。

そこで、行政の担当を社会教育課から中央公民館に移管し、事務と会場確保の業務を公民館長の管轄下に置いた。また、この時点から塾の運営費として１人１講座当たり５００円を塾生から徴収することになった。その後、塾生の運営費負担額は１０００円（月１回講座）～１５００円（同2回講座）に値上げされている。

運営費の話が出たついでに塾全体の予算について見ると、行政からの20万円の補助金は塾生数が32倍になった現在、逆に17・8万円に減額されている。いずれにしろ、運営費用は前述の塾生負担金と教授から塾生１人につき２００～４００円を徴収している教授負担運営費で賄われている。その結果、同塾の年間運営予算は総額５００万円強ということになるが、ボランタリーな市民の活動に支えられているからこそできる話で、従来の行政主導型の仕組みでは少なく見積もってもこの10倍はかかっていただろう。

さらに、市の財政が厳しくなってきたため、当初は市の職員2名にお願いしていた事務作業も、現在は教授陣の中から塾長が委嘱した事務長と女子職員１人（人件費は塾で負担）

講座発表会

幅広い年齢層が参加

で行うようになっている。そして、実際には教授陣と塾生が企画・運営から実際の事務作業まで、それぞれができることをできる範囲で行っている。また、それが参加者の張り合いにもなっている。

このように、現状では塾の実質的な運営は、費用面でも、事務作業面でもほとんどすべてが市民の手による自主運営だと言ってよいだろう。もちろん、行政からは事務局のスペースとして中央公民館の一室を無償で借用したり、各講座の会場として市内に14カ所ある公民館や運動施設等をこれも無償で提供してもらうなど、さまざまな面で支援を受けているからこそできる事業ではある。そのため、行政と塾、それぞれ3人ずつのメンバーで構成される「清見潟大学塾連絡協議会」を設けて、不定期であるが協議事項が生じたときには調整を行っている。

内閣総理大臣賞受賞とさまざまな周年事業の実施

これらの市民の自主運営による活動が評価されて、清見潟大学塾は平成2年度に「ふるさとづくりコンクール」（あしたの日本を創る協会主催）の内閣総理大臣賞（大賞）を受賞した。以後、この受賞を記念して、毎年3月に「ときめき記念日」として講演会や市内の公園で園遊会が開催されている。

また、清見潟大学塾は、平成15年で創立18年目を迎えているが、10周年、15周年などの区切りの年にはさまざまな記念事業が開催されてきた。例えば、

10周年目の平成7年には「自立型高齢社会へのアプローチ」をテーマに記念・全国フォーラムを開催。同時に、(財)日本視聴覚教材センターによる塾の活動を紹介するビデオ『生涯学習で自立・共生』の制作、さらに記念事業の一環として戦争を体験した市民の文集『いま書き残したいことがある』の発刊も行われた。

旧清水市は、戦時中に空襲や艦砲射撃を受けたことから、少年・少女時代に戦争を体験した市民も少なくない。そこで、戦後50年を経過して、「いまだから書いておきたい」という作文を公募したところ、55編が集まった。文集は、それらを5部構成に編集したものだが、空襲で被災した体験(第一部)、終戦後の満州からの引き上げどきの悲惨な出来事(第二部)、終戦前後の軍隊の様子(第三、四部)、戦場で散った父兄への鎮魂と平和への祈り(第五部)などが収められている。この文集の作成は、塾生が総出でワープロ入力から編集、構成を手伝って完成した。まさに、みんなで作り上げた記念文集になった。

15周年記念(平成12年)には「生涯学習のまちサミットin清水」を開催し、全国から集まった約500人の関係者と「よりよい生涯学習」をテーマに事例発表やパネルディスカッションを行った。このサミットでも、多くの教授や塾生たちが裏方で大活躍し、成功裡に終わった。

このように清見潟大学塾では、毎年の発表会や展覧会などとともに、区切りの年ごとに活動の成果を広く情報発信するとともに、それらを自分たちの手で、活動の軌跡としてしっかり残している。それがまた、教授陣や塾生の励みになるとともに活動のレベルを維持することにも繋がっているようだ。

春の園遊会に女装して登場した大石前塾長

コミュニティ「力」で生き甲斐づくり

清見潟大学塾の活動は、市民が自主的に運営することで行政が用意するシステムではどうしても生じる制約を打ち破り、学ぶ側のニーズを中心に組み立てた、まさに痒いところに手が届く生涯学習の仕組みを作りあげた。

また、自分たちで自主的に運営することで、「めだかの学校」的な親密感がある。つまり、教授と塾生が同じ市民として一体感を持ってさまざまな活動ができている。学ぶ側も、教える側もお互いに塾の活動に生き甲斐を感じて参加している。

また、そもそもが「遊び心の大学ごっこ」と表現されるように、随所に〈遊び心〉が散りばめられている。例えば、大学塾では年間の授業数の3分の2以上出席すれば修了証書が受けられる。そして、これを1単位として、15単位以上取得すると「博士号」が授与される。すでに、博士が200人以上いて、「博士会」なるパーティも開催されているということだ。これなども制度自体にユーモアが溢れている。このように楽しみながら、好きなことを無理なく続けることがすべての基本になっている。

そして、清見潟大学塾では「とことん健康に生きて、少し臥せって、あっさり死ぬ」が合言葉になっているが、塾に参加する高齢者は生き甲斐をもって学び、教え、張り合いのある生活を送っているので元気だ。また、頭も使っているのでボケない。塾長の話では、実際に大学塾を続けている人には長患いで寝たきりになるケースは少ないということだ。医療費や介護費用の増大が問題になっている昨今、大学塾はこれらのコスト削減に大いに貢献していることは確かなようだ。

第3章

コミュニティ「力《パワー》」が守る地域環境と潤いのあるまちづくり

日本の住宅供給は、新築着工件数が最近のピーク時（平成8年）の163万戸から30％近く減少しているものの平成14年でも年間115万戸弱が建設されている。また、住宅ストック総数は5300万戸に達しており、これを現状の世帯数約4700万世帯で割ると1・13戸／世帯となる。つまり、日本の住宅は量的な面に限ればすでに充足している。

問題は、「ウサギ小屋」と揶揄されるその質だ。また、住宅だけではなく、公園、緑地、さらに河川や里山などまで含めた地域の環境ということになると、せっかくの気候、風土に恵まれた豊かな自然環境を活かせないだけでなく、それら貴重な地域の資源を無頓着に潰しているケースも少なくない。自然環境だけではなく、町並みや景観、さらには歴史的建造物など地域の環境資源は実に多様だ。

さらに、中山間地域などでは農業や林業の衰退と後継者不足、高齢化の進展などで過疎化が進み、農林業と一体となった従来の地域管理、環境保全の仕組み自体が機能しなくなってきている。これらの地域では、まったく新しい環境や国土保全のための仕組み作りが必要だ。

1 コミュニティ「力」で都市に潤いを
——つくばアーバンガーデニングのまちづくり

最初の事例は、ニュータウンに移り住んだ生活者が、最新の都市計画理論に基づいて建設されたものの人工的で、どこか冷たい、生活感に乏しい地域を自らの手で変えていこうというつくば学園都市における活動である。また、その取り組みのプロセスで地域のコミュニティそのものが形成され、コミュニティ「力」が醸成されていく。

昭和38年、わが国の研究・教育の一大拠点を整備する国家プロジェクトとして、国の試験研究機関と筑波大学を中核とする筑波研究学園都市（以下、研究学園都市）の開発がスタートした。東京都心から約60キロメートル、茨城県南部のつくば市と茎崎市にまたがる2万8400ヘクタールの広大な土地に、当時の都市計画の粋を結集して建設された新都市はゆったりとした敷地に施設が点在し、研究活動にはもってこいの環境であった。

しかし、研究関係者やその家族が日常を過ごす生活の場として見た場合には、冷たいコンクリートの構造物が建ち並ぶ人工的な町並みは、極めて評判が悪かった。その冷たさが災いしてか、研究学園都市は自殺者が多い町としても有名になってしまった。

戦後の住宅政策で各地に登場したニュータウンは、どこも近代的なその外観とは裏腹に、生活環境としてはどこか無機質で、冷たい感じがぬぐえなかった。また、そこに暮らす住民は、縁もゆかりもない人々が各地から移り住み、まったく新しいコミュニティを形成することになる。近所付き合いはおろか、隣人がどのような人で、どんな仕事をしているのかさえも知らないというケースも珍しいことではなかった。

さらに、ニュータウンに越してきた大量の「新住民」と地元に古くから住む「旧住民」とでは、職業、価値観、そして生活スタイルがまったく異なるのが普通だ。そのため、ニュータウンの立地する地域では、施設整備や行政サービスの水準などを巡って、新旧住民間でなにかと軋轢《あつれき》を生じることも多い。

子どもを持つ母親たちの活動から地域が動きはじめた

ここで紹介する研究学園都市も、当初はそのような課題を多く抱える典型的なニュータウン地域であった。そして、これも多くのニュータウンと同じように、子どもを持つ母親たちが、子どもにかかわる活動をはじめるところから地域は動きだした。例えば、雨の日にぬかるむ通学路の舗装を要望することや子どもたち向けのお話し会の開催、さらに自然が多い環境を利用して子どもたちを野外で遊ばせる自主保育活動などだ。それらの活動を通して、動きだした住民たちは地域に同じ悩みや考え方を持つ人たちがたくさんいること、また、それらの人たちを巻き込んでスクラムを組まないと地域は変わらないことを痛感する。そして、それらの経験を通して、さまざまな活動を行うグループ間の人的なネットワークも形成され、活動は幅と広がりを持ちはじめる。

また、80年代になると「自分たちが暮らしを楽しむ地域社会づくりを、従来のボランティアではないやり方で取り組みたい」というグループも登場する。これは、筑波への移住で「心ならずも専業主婦にならざるを得なかった」女性たちが、子育ても一段落したときに、単なるビジネスではなく、社会とかかわりをもった活動がしたいという意識がベースになっていた。研究学園都市は概成から20年が経ち、現在は国・民間あわせて約300の研究機関、企業が集積することで、約19万人が働き、暮らす街となった。

また、居住環境としてみても街路樹や公園の木々も枝葉を茂らせ、地域の風景もすっかり落ち着いてきた。それとともに、住民たちも住み慣れた地域に愛着を持ち、教育、福祉、文化など多様な分野で活動するグループやサークルが数多く誕生している。そしていま、それらさまざまな活動がベースとなって、つくばでは「花と緑」をキーワードとするまちづくりが活発に展開されている。

「女性ガーデナー」の誕生

研究学園都市で「花と緑のまちづくり」が起こるきっかけとなったのは、平成2年につくば市内の造園会社が主婦感覚を持った女性ガーデナーを養成することを目的に「女性庭師講座」を開催したことである。この講座は、地域活動の中から生まれた女性たちの企画会社（「暮らしの企画舎」井口百合香代表）が、造園会社から新しい事業の相談を持ちかけられた際に提案したものである。専門的な知識の不足から自分の庭の手入れもままならない家庭が多いこと、つまり地域に多くのニーズが存在することを企画会社の女性たちは見抜いていた。なぜなら自分たちが、まさにその問題で困っていたからだ。また、社会性を持つ仕事をしたいと考える女性が多いことも、同様の理由で把握していた。

同講座は募集人数を大きく上回る受講者があり、また、講座内容も非常に好評で、研究学園都市の女性たちにガーデニングによるまちづくりへの参加意識を大いに醸成した。参加者たちは「自分のやりたいことをして社会にかかわり、なおかつそれで街がきれいになる」ことに達成感を覚えたからだ。また、受講者OBの中には、講座の主催者である造園会社の社員になって身に付けたガーデニングの知識や技能を活かす人、庭師の親方に弟子入りして、さらに専門的な知識を身につけてプロを目指す人などもいた。

いずれにしろ、同講座を契機に、地域の環境美化やまちづくりに積極的に参加したいという意識が芽生え、継続的な活動を望む声が強まったことから、平成4年に「花と緑のまちづくりを女性庭師たちの手で委員会」が結成された。その後、暮らしの企画舎は同委員会の事務局活動を担当することになるが、中心メンバーたちはまちづくり活動には行政を巻き込み、想いを形にする仕組み作りとより広いネットワークの必要性を感じはじめていた。

「つくばアーバンガーデニング委員会（TUG）」発足へ

ちょうどそのころ、研究学園都市の整備事業が完了し、住宅・都市整備公団（現・都市基盤整備公団、以下「公団」）から学園都市の管理業務が地元のつくば市に移管されたことで、行政も都市の管理のあり方を模索していた。また、つくば国際会議場が竣工し、国際会議も数多く開催されることから、海外を含む会議への参加者を迎えるのに相応しい環境づくりも課題となっていた。そこで、平成9年、つくば市は〈学園都市の顔〉とも言えるセンター地区を「花と緑あふれる温かい場所にしよう」をテーマに、行政、公団、センター地区周辺で営業する民間企業など27団体により構成される「つくばアーバンガーデニング実行委員会（TUG・通称「タグ」）を組織した。そして、その中核となる事務局を、これまでの活動の実績が買われて前述の「花と緑のまちづくりを女性庭師たちの手で委員会」が担うことになった。

ここから、女性たちの想いを形にする具体的な活動が、従来にも増して活発に展開されることになる。まず、これまで培ってきたガーデニングの専門知識を活かして、雑草が伸び放題で、花壇すらほとんどなかったセンター地区の再整備に取りかかる。そして、これらの活動に、徐々に市民ボランティアやシルバー人材センターのお年寄りたちも上手に巻き込んでいく。このようなネットワーク作りや組織化のノウハウは、従来の市民活動で身に付けてきたものだ。人的資源という点では、研究学園都市は実に多様、かつ多彩な人材や組織が存在し、またそれぞれのレベルが高いことがほかの地域にはない最大の特徴だ。まず、筑波大学には、都市計画、環境デザインなどの専門家が揃っているし、国のさまざまな研究機関も農学系、環境系、工学系と実に多種多様だ。ＴＵＧでは、これら研究機関の専門家の協力、参加も仰ぎながら、生活者を核に、行政、民間企業の3者がパートナーシップを組む、英国で盛んなグラウンドワーク活動をモデルにした運営が行われている。なお、ＴＵＧは平成15年3月ＮＰＯ法人格を取得している。

市民による花壇整備の実施風景（写真提供：TUG）

花壇の整備、そして園芸セラピーへ

ＴＵＧは全体の運営こそ事務局が受け持つが、具体的な活動は3つの専門部会で行われている。すなわち、「花壇整備部会」「環境デザイン部会」「交流部会」の3部会である。

まず、花壇整備部会は、ＴＵＧに所属する9人の女性ガーデナー（うち2人は造園施工管理技師の資格を持つ）が中心となり、生活者の参加による花壇の植え替え、手入れ、水やりなど、直接花にかかわる活動を担う。

ガーデナーの植栽計画に基づいて、年4回の花の植え替えと2週間に1回の花の手入れを行っている。この生活者ボランティアにガーデニングの知識や技能を身につけてもらい、花のまちづくりの実戦部隊として活躍してもらう目的で「ボランティア・ガーデナー養成講座」を開催している。毎年開催されるガーデニング実践講座には定員を上回る応募があることからも、生活者のガーデニングや花のまちづくりへの関心の高さがうかがえる。ちなみに、実践講座では男性を対象とした講座も平成13年から開催されているが、こちらもなかなかのにぎわいだということだ。

そして、この講座を受講した後、「ガーデナー研修」を受けるとガーデナーの補佐役として、TUGからジュニア・アーバンガーデナーとして認定される。このように、幅広い生活者がガーデニングの知識をステップアップ方式で習得し、楽しみながらまちづくりに参加してもらえるよう実にきめ細かくプログラムが考えられている。あとはそれぞれの生活者の参加意識次第であるが、ガーデニングブームも手伝って、事務局が感心するほど高い知識と技能を持つ人たちも少なくないという。

もう一つTUGの仕組みでユニークなのが「花守りさん制度」だ。ガーデニング実践講座に参加した市民の中から、身近な花壇の植栽計画を募集し、TUGの花壇整備部会が審査をして計画が採用されると、花壇作りのための苗、肥料、その他必要な経費が支給される。

花守りさんは、自分の計画に沿って整備した花壇の管理状況などを定期的に事務局に報告する。さらに、TUGが整備した花壇の状況報告と手入れを委託する「期間限定型花守

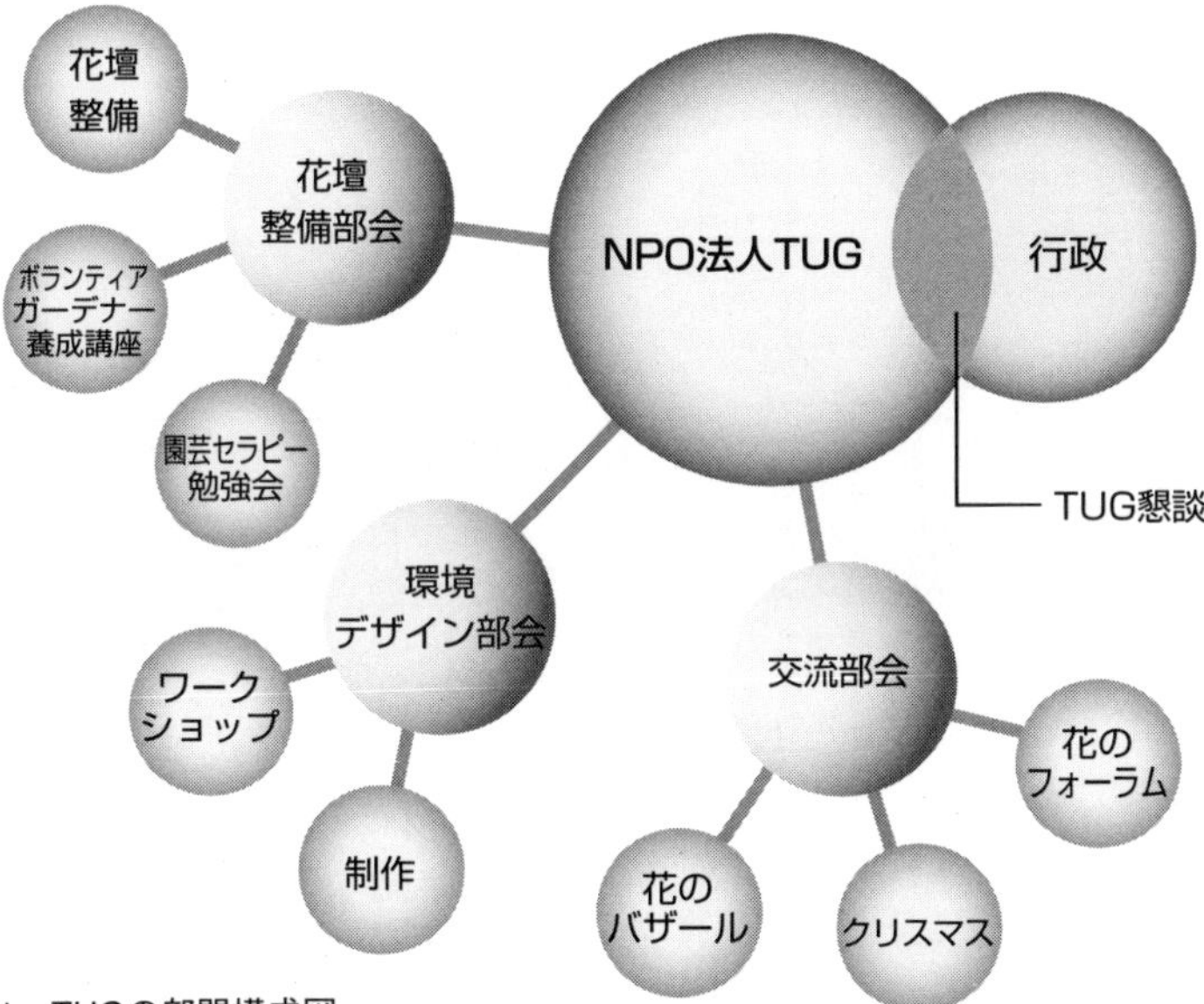

図3・1　TUGの部門構成図

りさん制度」もある。こちらは、2週間ごとに花壇の状況を写真、ビデオなど自分の得意な方法で報告してもらい、必要に応じて手入れを委託するというものだ。

この制度なども、生活者が習得したガーデニング技能を自分の身近なところで日常的に活かしてもらい、生活者のボランタリーな意識を高め、活動への参加の輪を広げようという心憎いばかりの仕組みだ。このような仕組みを通して、花のまちづくりは研究学園都市のなかに少しずつ浸透してきており、また、これらの活動を通して地域のコミュニティ「力」も着実に高まっている。

花壇整備部会が、最近力を入れているのが「園芸セラピー」の活動だ。園芸セラピーとは「人の社会的、教育的、心理的、身体的調整を増進し、体と心と精神を向上させるために、植物と園芸活動を利用するプロセス」で、欧米では園芸療法士という資格もあって高齢者や障害者の治療やリハビリテーションなどにも応用されている。

花壇整備部会では、園芸セラピーの勉強会を月に1

回開催している。勉強会では、園芸療法の専門家の話を聞いたり、地方自治体で園芸療法を初めて導入した岩手県東和町の視察などを行ってきた。

そして、平成11年からは高齢者や障害者が車椅子でも利用でき、草花を観賞したり、ガーデニングを楽しんだりできる場の具体的なプランを、ワークショップ方式で参加者のアイデアを出しながらつくりあげてきた。そして、そのプランが平成12年に(財)都市緑化基金・第一生命保険相互会社主催の第11回緑のデザイン賞で「緑化大賞」を受賞した。その副賞としての施工費の助成を活用して、病院や看護学校が近くにある公園にユニバーサルデザインの「いやしの庭」が平成13年5月にオープンした。

まちを市民の感性でデザインする

次に、環境デザイン部会の活動を紹介しよう。同部会では、「私たちのまちを私たちの感性でデザインしよう」をテーマに各種の活動を行っている。研究学園都市には、著名な建築家やデザイナーが設計した建築やストリートファニチャーなどがたくさんあるが、周辺の環境がそれらと調和していなかったり、硬いイメージで冷たい印象を与えているものもあるなど、必ずしもその価値が活かされていなかった。そこで、生活者の目でそれらを見直したり、新たに生活者手作りのベンチやプランターを加えることで、まちに温もりのある空間を創出し、同時に生活者に街のデザインや景観への関心を高めてもらうことを活動の目的としている。

具体的には、ワークショップ方式で「まちの印象調査」や「つくばの未来イメージづくり」を行ったり、TUGの活動のイメージアップを図るためのシンボルマーク作り（公募方式）などにもかかわってきた。そして、この部会は生活者自らが手を動かして制作にまでかかわるところが最大の特徴で、これまでにシンボルマークを使ったバッジやTシャツ、ジャンパー、花を彩るプランターや「まちの花器」などが制作されている。

ワークショップでは、環境デザイン部会長でもある筑波大学の先生（元日産自動車のカーデザイナー）がコーディネーターとして活躍し、自分たちのアイデアがプランターやストリートファーニチャーとして実際に形になるところが魅力で毎回多数の参加者がある。制作に当たっては、筑波大学芸術系の先生や大学院生、あるいはプロのデザイナーなどがボランティアで指導やアドバイスを行う。さらに、この部会から「市民によるデザインオフィス「DO-TUG（ドゥ-タグ）」」が生まれ、花壇の様子やイベントなどTUGの情報を常に発信できる掲示板のデザインおよび制作なども行っている。

感動の「100本のクリスマスツリー」イベント

三つめの交流部会では、「花をとおしたふれあい」をテーマに花のバザール、クリスマスイベント、花のフォーラムなどの企画、実行を行っている。

交流部会の中心イベントに平成10年から開催されている「つくば100本のクリスマスツリー」がある。このイベントの会場となる「つくばセンター広場」は、著名な建築家・磯崎新氏が設計したつくばセンタービル前の広場で、研究学園都市の顔とも言える空間だ。しかし、このイベントが企画される前は、竣工から15年が経ち、敷石も黒ずみ、冷たい筑

TUGのシンボルマーク

波おろしの吹きぬける冬場は人気のない淋しい場所だった。

「ここをみんなで素敵にしよう」と、TUGが中心になって企画が始まり、手作りの国際色豊かなお祭り「クリスマス1998つくば」を開催することが決まった。まず、夏休み前につくば市内の小中学生全員に学校を通してツリーのアイデア募集のチラシを配布。8月には一般向けの公募も行った結果、9月の締め切りまでに実に335件もの応募があり、その中から小中学生と一般を合わせて60本のツリーが選出された。この60人（グループ）が、12月に向けて、実際にツリーを制作することになるが、制作に当たっては5人の専門家がアドバイザーとして付き、それぞれのグループと面接して応募の絵をもとにオーナメントの決定と材料の準備が行われた。

一方、環境デザイン部会ではワークショップでツリーを植えるプランターをデザインし、材料となる材木は研究学園都市にある森林総合研究所から提供を受けた。そして、実際のプランター作りは、地元のシルバー人材センターの元大工さんが腕をふるった。

さらに、クリスマスツリーとなるモミの木は、地元の花卉農家に手配を依頼するといったように、地元の人材・資源をフル活用して準備が進められた。

また、イベント準備会も、このころからTUG実行委員会に加えて、青年会議所、インターナショナルスクール、シルバークラブなどが参加し、まさに地域を挙げてのイベントに仕立て上げられていった。

12月のイベント開催までには、ツリーの制作会、環境デザイン部会による「みんなが選ぶツリーコンテスト」投票箱のデザインおよび制作、プランターのペンキ塗り、クリスマ

クリスマスツリー・イベントの様子（写真提供：TUG）

スコンサート準備会などがそれぞれの担当者を中心に行われた。

そして、12月12日から2週間にわたって、一般参加の60本に加えて、外国からつくばに来ている家族のツリーや福祉団体、企業のツリーなど合わせて１００本のツリーがセンター広場を飾った。

さらに、小学校の合唱団や市民サークルによるコンサート、さまざまなバザールも開催され、やさしさ、温かさが溢れる感動的なクリスマスイベントは大成功をおさめた。同イベントは、ツリーの審査、表彰を行って26日に幕を閉じたが、モミの木は地元花卉農家の畑で翌年まで栽培管理され、またプランターには協賛企業のネームプレートがさり気なく付けられ季節ごとの花が植えられ1年中広場を飾っている。

この「つくば１００本のクリスマスツリー」は、その後毎年実施されており、すっかり研究学園都市のクリスマスイベントとして定着するとともに、イベントを通してＴＵＧの活動をより広く市民にアピールすることができた。

地元農業との連携

ＴＵＧの進める「花のまちづくり」のもう一つの特徴は、地元農業との連携も意識していることだ。研究学園都市が建設される以前は、開発地域は野菜や果樹、花卉などを生産する農村地域が広がっていた。新都市建設後も、依然として周辺には都市近郊型の農業が展開されており、花卉《かき》栽培農家も少なくない。

ＴＵＧでは、前述のように花壇作りに使う花やクリスマスツリーのモミの木などは、できるだけ地元の花卉農家から調達し、地域農業との連携を意識している。もともと、市の要請に応える形でつくば市花卉生産者連絡協議会が、ＴＵＧ発足時からメンバーに加わっている。現在、同連絡協議会に加盟する生産者のうち、鉢物生産者を中心にＴＵＧの活動に参加している。生産農家にとっても、バブル崩壊後は花の価格が下がり、地元市場を開拓する必要性を感じていたときであったので、地元の生活者にアピールできる絶好のチャンスとしてＴＵＧの活動に参加した。

花苗の価格は、ＴＵＧ事務局と生産者が協議して決めるが、現状では生産者の経済的なメリットは決して大きくない。しかし、生産者側も地域の生活者がＴＵＧの活動をきっかけにガーデニングの楽しさに目覚め、日常的に草花に親しむ機会が増えれば自然に花の消費拡大にもつながるという考え方で、少し長い目で見た対応をしている。さらに、活動を通じて生活者とのコミュニケーションが増えることで、生活者の好みやニーズを実際の生産に活かすことにも役立っているという。また、ＴＵＧ事務局が発行する機関紙で生産者の農場を地図付きで紹介しているため、農場まで花を買いに訪れるガーデニングファンも少しずつ増えてきている。

ＴＵＧでは、県の農業普及センターを仲介役に、事務局、ガーデナー、生産者が集まって、どの品種を、いつ、どれくらいの量栽培するかを決定する「作付け計画検討会」を年3回開いている。普及センターは、事務局側のニーズを聞きながら、品種、農家の経営計画、栽培のしやすさなどを考慮して、アドバイスと全体の調整を行っている。いずれにしろ、ＴＵＧの「花のまちづくり」では、このような形で新旧住民が一体となって活動に参加することで、相互理解が徐々に深まるという副次的な効果もでてきている。

「花のまちづくりコンクール」で最優秀賞を受賞

このような一連の活動が評価されて、ＴＵＧは平成11年に「第9回・花のまちづくりコンクール」で最優秀賞建設大臣賞を受賞した。

受賞にあたっては、「花のデザイン性や空間構成などの質が高く、周辺の建物とうまく調和している」という空間デザインや花を扱う技術面の評価もさることながら、「行政や地域の団体、企業、地元花卉生産者の協力のもとに、専門家を軸に組織が有機的にシステム化され、素人はもとより多くの人々が気軽にボランティア的に参加できるユニークな組織と体制が整っている」という運営面の評価が非常に高かったと聞いている。特に、「花」という誰でもが心を癒されるテーマから入り、女性を中心に、その草の根的なネックワークを活かして「誰でも、いつでも、自分の好きなことに、できる範囲で」参加できる〈窓口〉を用意し、上手にコミュニティ「力」を醸成している点は非常に工夫されており、感心させられる。

そして、それらの仕組みやノウハウは、移住して来た新都市が抱える施設や行政サービスの不備、特に子どもの教育や遊び場問題などをきっかけに取り組んだ長年の市民活動で養ってきたものだ。もちろん、研究学園都市という優れて整備された都市的インフラや豊富な人的資源が存在したという優位性があることは事実であるが、それらをまちづくり活動の場に引き出し、有機的に連携した手法は、他地域の活動が学ぶ点が数多くある。

また、受賞理由にもあるように、「組織は年とともに充実する構造を持っているため、花のまちづくりに限らず、都市部における住民主体の地域活性化活動の優良モデル」として位置づけられる。つまり、どこの地域もさまざまな生活課題を抱えているのが普通であり、まちづくり活動は多くの生活者が関心を持ち、参加しやすいテーマ（ある意味ではそれがその地域、あるいはその時代の要請する重要課題である場合が多いことが理由だが）をきっかけに動きだす場合が多い。

ところが、生活課題自体は相互関連を持つものだが、まちづくり活動の方は人的資源の不足や活動組織間の相性、さらには行政のセクショナリズムなどさまざまな要因が制約となって必ずしも広がりや発展性を持つものとはならない。というよりは、むしろさまざまな活動が有機的に連携し、地域が総合的な課題対応力を身につけるというケースは稀である。その点、ＴＵＧの活動は組織の構成も活動の内容も発展性をもっていることは非常に興味深い。機会があれば、その仕組み作りのノウハウをさらに分析してみたい。

コラム

グラウンドワーク活動について

（財）日本グラウンドワーク協会HPより抜粋

「グラウンドワーク」とは？

グラウンドワーク（GW）とは、1980年代に英国の都市周縁部（アーバンフリンジ）で始まったパートナーシップによる実践的な環境改善活動です。地域を構成する住民、企業、行政の3者が協力して専門組織（グラウンドワーク・トラスト）を作り、身近な環境を見直し、自ら汗を流して地域の環境を改善していくものです。

GWには、自然環境や地域社会における「よりよい明日に向けての環境改善活動」と私たちの生活における「現場での創造活動」という意味が込められています。

英国では、地域の専門組織の設立を認定し、活動支援するためのGW事業団（Groundwork National Office）があり、国の予算補助と企業からの寄付さらに非営利事業による収入などによって運営されています。

グラウンドワークの6つの原則

①困難な地域での活動……GWは、既存の方法がうまく機能しなくなっている問題地域に設立され、新しいアイデアやアプローチを開発し問題解決することを使命とします。そのことが、公共セクターから資金助成を受ける理由です。

②地域コミュニティへの支援……GWの意図するところは、コミュニティ自身の意思決定による地域の自立と持続可能性の支援にあります。そのため、地域の組織、公共事業計画とも連携をとりながら環境の改善、レジャー・レクリエーション機械の提供、ビジネスアドバイス、住民間の対話・協力の推進、トレーニングや教育活動まで、幅広い支援活動を行ってきました。

③パートナーシップ……GWの中核をなす運動理念が「パートナーシップ」です。パートナーシップとは、問題解決に必要な資源（資金、人、モノ、アイデア、実践技術、法的権限など）の効果的な連携を意味します。各地のトラストが地域住民、企業、行政とのパートナーシップを図り、各プロジェクトを実践します。そして、全国に散らばるトラストを統合しサポートする役割を持つ協会が、多様な人材の派遣、政府機関や大手企業とのパートナーシップによる全国規模の資金運用を実現します。

④総合的なアプローチ……GWの目的は、「共同して行う環境改善を通して持続可能なコミュニティを構築」することです。そのために「人々（peoples）」

主なグランドワークの活動と実績

■グラウンドワーク三島
日本で最初に英国のグラウンドワーク手法を導入した地域。環境再生活動によって、ごみ捨て場と化していた川が見事によみがえり、ホタルの光が戻った。

■グラウンドワーク甲良
市民手作りの水路「せせらぎ遊園」や、宮大工の専門技術を活用した、活力ある街づくり。

■グラウンドワーク福岡
不登校児たちによる、養護施設の児童も遊べる遊具作り。専門家と学校の協力で、地域の人々との交流が生まれ、社会参加のきっかけ作りが出来た。

「地域（place）」「繁栄（prosperity）」の3つのPに同時に対応します。GWの中核には「環境」というテーマがありますが、これは地域の関心の高いほかのテーマと密接不可分であり、より広範な社会と経済とのかかわりを引き出す触媒として、保全され再生される地域資源という意味を持っています。

⑤グランドワークトラスト……GWの手法を実践する組織が「トラスト」です。トラストは、地域代表で構成され理事会と、その下の専門スタッフからなります。トラストの成否は、代表である理事会のコミットメントにかかっています。そして、専門スタッフは地域の触媒となって、実際にアイデアやノウハウを提供し、地域合意を獲得、政府、自治体、企業との交渉、資金獲得、プロジェクト実践まで

行います。

これらはボランティアに任せてできるものではなく、人件費をはじめ収入確保のためのフレームワークが欠かせません。

⑥全国ネットワーク……一般的なボランティア活動との大きな違いは、全国各地で次々とプロジェクトを連続展開していく点です。トラスト間の相互学習や連携によるノウハウ集積と波及効果は、時間を経るごとに相乗的に深く広くなっていき、新地域への導入も容易になってゆきます。各地のトラストは、自立していながらGWとしての統一性を保有している、有機的ネットワークとなります。

日本におけるグランドワーク活動

静岡県三島市、滋賀県甲良町、十勝、福岡地域をはじめ、全国各地で市民グループや行政が参加して活発な活動が広がっています。「主体的に協力して実践する」というGWの手法は、「なんとかしなければ……」と動き始めた人々への一つの新しい解答をもたらしました。同時に、日本におけるGWの手法は、各地の実践を通じてさらに独自の進化をとげています。

2 都市生活者と協力して日本人の心の風景「棚田」を守る
――鴨川市棚田農業特区の試み

中山間地域を巡る状況がいよいよ厳しいものとなっている。いまや山村部などでは高齢化比率が50％を超える地域も珍しくない。過疎化と高齢化の決定的な進展で、農山村の基本的な生活単位である集落の維持すら難しくなる地域が出はじめているが、今後さらなる高齢化が進展すれば、社会生活が困難になり廃墟と化す集落や地域が続出する恐れがある。そのため、中山間地域対策は農業政策上の大問題であるだけではなく、国土保全、環境、社会政策など国レベルの重要な政策課題となってきた。

農林水産省も条件不利地域に対する直接支払いという国内では前例のない新しい制度を導入するなど、中山間地域の維持、保全に本腰を入れはじめた。しかし、複雑な問題が絡み合う中山間地域問題への対応は一筋縄では進まない。

中山間地域では、これら行政の支援策とともに地域の生活者と一体となった取り組みが求められる。さらに、過疎化、高齢化が進むこれらの地域では、そこに暮らす生活者のみでは地域の維持や保全が難しくなっている。今後は、地域外の人たちの知恵や力を借りることが必要になろう。中山間地域が、国土保全や水源涵養《かんよう》、さらには環境面でも重要な役割を果たしていることを考えると、同問題はまさに国民的課題といえる。ここでは、地域外の人たちも巻き込み、それらの人たちの協力も得ながら中山間地域の棚田の保全、活性化を進めている千葉県鴨川市の大山千枚田の事例を紹介しよう。コミュニティ「力」の衰退、不足を、地域外の応援団のサポートで乗り切ろうという一つの試みだ。

地域外の人たちからその価値に気づかされた

大山千枚田のある千葉県鴨川市は、外房に位置し、サーフィンや海水浴など海の町として有名だ。だが、房総半島へ出かけた経験のある人ならわかるはずだが、房総半島、特に鴨川市がある南部は海辺まで小高い山が迫る地形で独特の景観を呈している。また、房総半島の山は意外に深く、標高100～400メートル程度の山々が九十九折《つづらおり》に続く様は日本画家・東山魁夷の「残照」にも描かれている。

このような地形のため房総半島には大小さまざまな棚田が存在する。大山千枚田は、房総半島で最も標高が高い愛宕山（標高408メートル）の裾野に広がる房総の棚田でも最大級のもので、その面積3・2ヘクタール、375枚の水田があり、一番上の田んぼと一番下の田んぼの標高差は60メートルにもおよぶ。棚田は、等高線沿いにもともとの地形を上手に利用して作られるため、独特の滑らかな縞模様の景観をつくりだすが、大山千枚田はその広がりと高低差のため美しさには定評があり、日本の棚田百選（農水省平成11年選定）にも選ばれている。

大山千枚田はその美しさから知る人ぞ知る存在で、以前から地域外のファンも多く、写真や絵の愛好家のモチーフになることも少なくなかった。しかし、ほかの地域と同様に、

大山千枚田の風景（写真提供：大山千枚田保存会）

大型機械が入らない作業効率の悪い棚田は真っ先に減反の対象となったり、水田の所有者の高齢化が進むにつれて平成期に入るころから十分な管理作業ができずに荒れる田んぼもところどころに見られるようになってきた。

その棚田で、平成9年に地元の農家が中心になって「大山千枚田保存会」（以下「保存会」）が結成され、さまざまな活動が展開されるようになった。そもそもの活動の始まる契機となったのは、実は地域を訪れた外部の人たちの声だった。

多くの絵や写真の愛好者が大山千枚田を訪れていたことは先にも述べたが、ほかにも棚田の保全をテーマに活動をしている大学の先生やボランティアグループなどからの働きかけもあった。特に、鴨川に移住し、「鴨川自然王国」という農園を経営していた故・藤本敏夫氏、やはり鴨川に移り住み棚田の写真を数限りなく撮影した写真家などから受けた影響は非常に大きかったという。特に藤本氏は、自分の農園で棚田トラストや大豆トラストを保存会より1年先行して実施して、地域外の人たちの力を借りて棚田の保全を進めていた。ともあれ、最初は外部の人たちにその価値を気づかされた地元の人たちも、徐々に活動の輪が広がり、行政にも働きかけて、主体的に動きだした。

棚田オーナー制度発足

保存会では、まず、全国の棚田保存活動の状況を調べ、自分たちの活動の方向性を議論した。幸い、高知県梼原町をはじめ新潟県、長野県など棚田の多い地域では少し前から棚田の保存活動が始まっていた。また、平成7年には、それら全国の棚田保存活動を支援し、各地の情報交流をする目的で「棚田ネットワーク」（現NPO法人「棚田ネットワーク」）というボランタリー組織もできていた。

保存会のメンバーは先行する地域に直接出向いて、活動にかかわる人たちから話を聞くなどをして情報を収集するとともに、人的ネットワーク作りも進めていった。そして、その中で棚田は地域の当事者だけでは守れないこと、地域外の人たちの協力が不可欠であることを再確認し、オーナー制度の導入に取り組みはじめた。

棚田オーナー制度は、都市住民などを対象に地元農家の代わりに農作業をするオーナーを募集する仕組みで、法律上は「特定農地貸付に関する農地法等の特例に関する法律」に基づく、あくまでも特例措置だ。平成4年に高知県梼原町で最初に取り組みが始まり、現在では全国の50を超える自治体で導入されている。保存会では、各地のオーナー制度を参

図3・2　棚田オーナー制度の仕組み（大山千枚田保存会HPより作成）

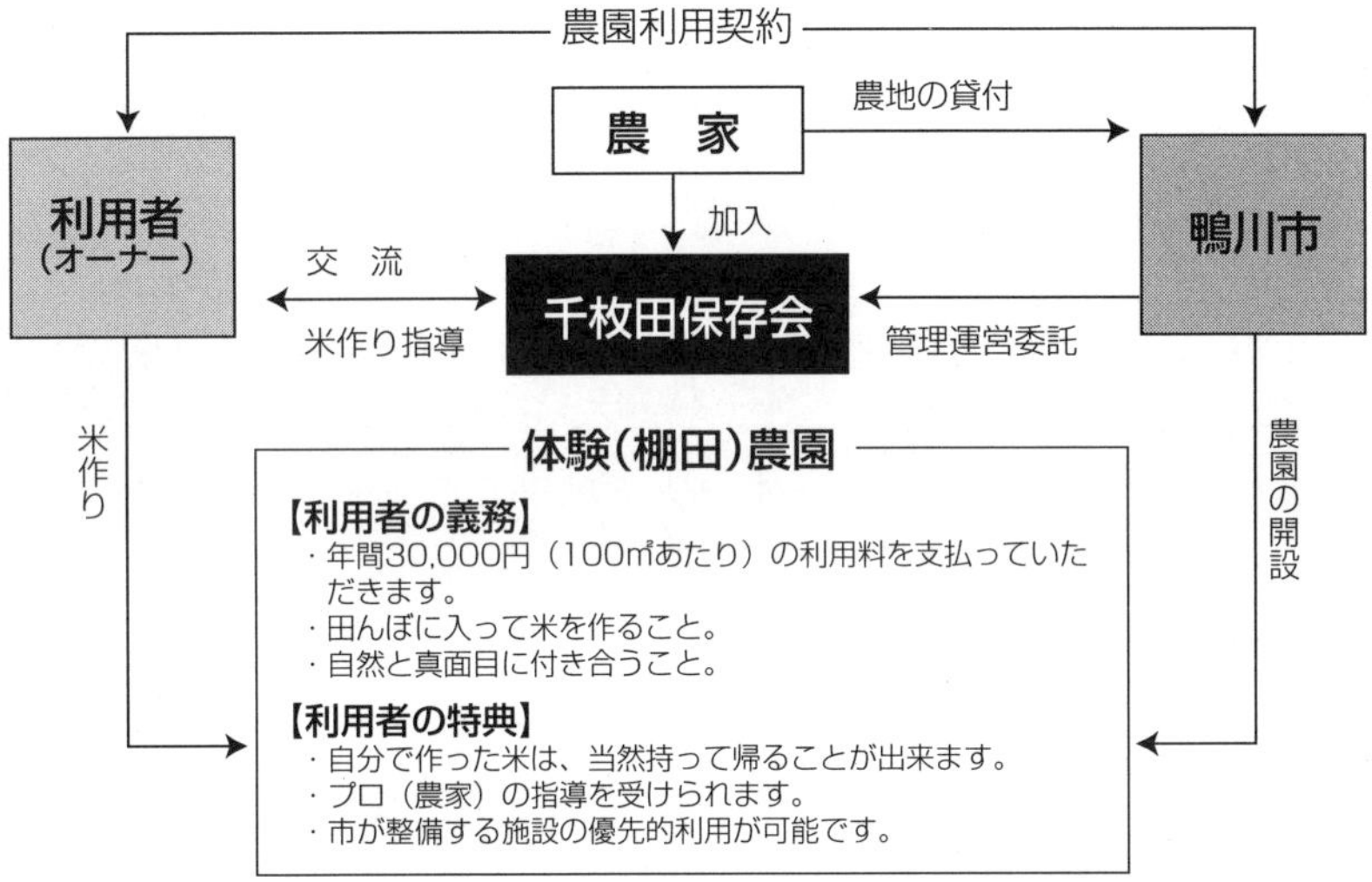
農園利用契約
農　家
農地の貸付
利用者
（オーナー）
加入
鴨川市
交　流
千枚田保存会
米作り指導
管理運営委託
米作り
農園の開設
体験（棚田）農園
【利用者の義務】
・年間30,000円（100㎡あたり）の利用料を支払っていただきます。
・田んぼに入って米を作ること。
・自然と真面目に付き合うこと。
【利用者の特典】
・自分で作った米は、当然持って帰ることが出来ます。
・プロ（農家）の指導を受けられます。
・市が整備する施設の優先的利用が可能です。

考に平成12年度から棚田オーナーの募集を開始した。オーナー制度の枠組みは図3・2に示すとおりであるが、実施主体は鴨川市で、募集事務、利用料金の徴収等は行政が行い、運営管理を保存会に委託する仕組みだ。

4年目を迎えた平成15年度の募集要項を見てみよう。会員との利用契約は1年間で、利用料は一区画（約100平方メートル）が3万円。ただ、棚田は不成形で1枚ずつ大きさが若干ずつ異なるため、利用料はそれぞれ異なる。そして、会員は保存会メンバーの地元農家から指導を受けながら自ら米作りをすることが原則とされる。

オーナーの年間作業スケジュールを見ると、年間作業の打ち合わせ会（3月）、田植え（5月）、田んぼや畦畔の草刈り（3回、6〜8月）、稲刈り、収穫祭（コメの引渡し）がある。これらの主要な作業の後には必ず交流会が行われ、オーナーどうし、さらには地元の農家や保存会のメンバーとの交流がオーナーたちの大きな楽しみとなっている。もちろん、都合によりこれらの作業に参加できない場合は保存会が作業を代行するが、「自宅で農産物が届くのを待つ」方式のオーナー制度とは異なるということだ。また、自分の田んぼで穫れた米はすべて自分のものであるが、1区画の平年作は概《おおむ》ね白米で40キログラムである。さらに、病虫害が発生した場合、農薬を使うかどうかも指導をしてくれる農家と相談するとともに、周りの田んぼのオーナーとも協議をして最終結論を下す。もちろん、自分が田んぼのオーナーだから台風や冷害などで思うように収穫があがらなくても、そのリスクはオーナーが負うということなどが基本的なルールだ。

平成15年度の募集区画は136区画だが、大山千枚田は東京に近いこともあってオーナー希望者が多い。そのため、保存会が実施するアンケート調査による事前審査に通過し、さらに抽選に当らなければオーナーにはなれない状況だ。オーナーになれなかった人でも保存会のメンバーとして田植え、稲刈りなどの作業には参加する人たちも少なくないので、これらの作業はいつも数百人が参加して大にぎわいとなる。ちなみに、平成15年5月に行われたオーナーの田植え作業には640人が参加し、汗を流した。

多様なかかわり方のメニューを用意

保存会では、オーナー抽選で漏れた人、遠方でなかなか参加できない人、農作業はちょっと苦手な人など、自ら農作業を行うオーナーにはなれないが、棚田の保全や農村との交流には関心があり、なんらかの形で活動に参加したいという人たちのために多様なかかわり方のメニューを作っている。

一つは、保存会の会員になる方法だ。これは、1000円の年会費を支払えば誰でも会員になれる。現地へ出かけて作業をするほどの気合はないが棚田の保全は賛成という「気

田植えの様子（写真提供：大山千枚田保存会）

持ちだけの応援団」も参加できる。会員には年4回の会報（『あんご通信』）が送られ、会員は自宅に居ながらにして棚田の様子や活動の状況を知ることができる。

また、「棚田トラスト」「大豆畑トラスト」というトラスト制度もある。「棚田トラスト」は、大山千枚田の周辺にある耕作放棄田を対象にした活動だ。大山千枚田周辺には、小さな棚田も含めるとまだまだ多くの耕作放棄田がある。棚田トラストは、オーナー制度と違い自分の田んぼを持つというのではないが、使われなくなった田んぼをみんなで耕作して交流を深め、農作業を体験しながら田んぼを守り、地域の環境保全をすることが目的とされる。また、将来、棚田オーナーになったり、定年帰農などの形で就農するためのトレーニングなどとしても位置づけられている。希望者は、1口3万円の参加費を払えば、誰でも、何口でも参加できるが、現在の会員数は54人（55口）である。会員になると、棚田トラストで耕作、管理を委託された田んぼで採れた全収穫量を参加口数で割った量のコメがもらえる。ちなみに平年作では1口当り36キログラム程度を受け取ることができる。

一方、「大豆畑トラスト」は、大山千枚田周辺の休耕田を保存会が1反（300坪）単位で借り受け、30口に分けて1口4000円の参加費で会員を募集するものだ。棚田トラストと同様に、誰でも、何口でも参加できる。大豆は、無農薬・無化学肥料で栽培し、一番骨の折れる雑草取りも手作業で行われる。収穫は、借り受けた畑の全収穫量を参加口数で割って均等に配分するが、平年作だと1口当り4キログラム程度を受け取れるが、大豆のまま受け取ることもできるし、委託加工をして味噌（約3キログラム）で受け取ることもできる。

これらのトラスト制度は、オーナー制度の課題を補う意図も含まれている。すなわち、オーナー制度のように農地を一定期間とはいえ第三者に貸し出す方法では、制度的に行政や農協が事業主体とならざるを得ず、保存会として自律的な運営ができにくい。また、オーナー制度では田植え、稲刈りなどのイベント的な作業を除くと、オーナーそれぞれの都合で作業が行われるため、オーナー間の交流が図り難いなどの課題がこれまでの運営の中で挙げられてきた。そこで、トラストでは農地を個人に貸すのではなく、保存会が借り受けてイベント的に作業を行い、会員に農業体験をしてもらおうというものだ。農作業を通じて、生産者と生活者が交流し、都会の生活者に農作業の苦労や喜び、農村の暮らしを知ってもらったり、逆に生産者には生活者のニーズや農業に対する都市住民の見方などを伝え、相互理解を深めることが最大の狙いだ。そのため、作業前夜の交流会の企画など、保存会でも交流のためのさまざまな演出を工夫している。

このほかにも、味噌や豆腐作りの講習会、自然観察会、炭焼き体験などをカリキュラムとする自然学校なども開催されている。自然学校の先生役を勤めるのは、地元農家の人たちなど保存会のスタッフで、ここでも農村と都市の交流と相互理解が活動の基本とされている。

全国棚田（千枚田）サミット開催

平成14年8月30日から3日間にわたって、この大山千枚田保存会が中心となって全国棚田サミットが鴨川市で開催された。棚田サミットは、平成7年に高知県梼原町で第1回が開催されて以来、この鴨川市での開催が第8回となった。保存会では行政とも連携をとりながら、鴨川での開催が決まった2年ほど前から準備をはじめ、さまざまな企画を練ってきた。

まず、初日の午前中は「全国棚田（千枚田）連絡協議会」の理事会、総会が行われ、次回（岐阜県恵那市）と次々回（佐賀県相知町）のサミット開催地が決定した。総会では、市町村合併と棚田保存活動との関連、各地の棚田保存活動との交流機会の拡大などのテーマが出された。午後は、会場を移して棚田サミットの開会式が行われたが、会場入り口には地元の子どもたちが作った約200枚の千枚田の版画が飾られ、参加者を出迎えた。これにには参加者が一応に感動する心憎いばかりの演出だった。

サミットでは、全国棚田連絡協議会会長（石川県輪島市長）の挨拶に続いて、堂本千葉県知事が「たんぼは生物多様性の宝庫」と題する基調講演を行った。また、事例発表では地元大山千枚田保存会の活動のほか、徳島県上勝町、福岡県浮羽町などの報告が行われた。約1000人収容できる会場に立ち見が出るほどの盛況ぶりで、保存会メンバーは棚田保全に対する関心の高さと東京に近い鴨川（大山千枚田）の地の利を改めて実感した。

会議の後は、大型バスに分乗して、大山千枚田の見学会。保存会メンバーや研修活動な

図3・3　第8回全国棚田（千枚田）サミット　分科会テーマ

分　科　会	テ　ー　マ	コーディネーター	所属
第一分科会	オーナー制度の運営と棚田	中島峰広	早稲田大学教授
第二分科会	地域づくりと棚田	千賀裕太郎	東京農工大教授
第三分科会	米流通と棚田米	吉田俊幸	高崎経済大学教授
第四分科会	環境教育と棚田	小泉武栄	東京学芸大学教授
第五分科会	生物多様性と棚田保全	水谷正一	宇都宮大学教授
第六分科会	ボランティアと棚田	岸康彦	農政ジャーナリスト
第七分科会	棚田のほ場整備	木村和彦	信州大学教授
第八分科会	「田舎暮らし」の現実と課題	高野孟	（株）インサイダー編集長
第九分科会	棚田景観の保全と活用	麻生恵	東京農業大学教授
第十分科会	日本農業の再生と棚田	宇根豊	農と自然の研究所代表

どでかかわりがある法政大学の学生などがガイド役を務めた。大型バスが何台も棚田に入るのを見て、地元の人たちも改めて大山千枚田の価値を再認識するとともに、保存会の活動の認知が高まった日でもあった。

二日目は、10の分科会が行われた（図3・3）。それぞれの分科会では興味深い報告、問題提起と参加者の熱心なディスカッションが行われた。そして、午後からは参加者が一堂に会して、各コーディネーターから分科会の報告が行われた後、鴨川市の助役が「2002年全国棚田（千枚田）サミット共同宣言」を読み上げて、閉会式が行われた。

この共同宣言までがいわば行政が主催するオフィシャルな会合という位置づけだが、その夜から翌日3日目の「棚田フェスタ2002たのしくやってケロ」は保存会が主催するイベントで、盛りだくさんのプログラムがにぎやかに繰り広げられた。ちなみに、イベントのいくつかを紹介すると、ふるさとキャラバンのミュージカル映画「走れケッタマシン」の上映、棚田ダンサーズの創作ダンス、ラジオ体操、古典フラダンス「棚田に捧げるフラカヒコ」、全国縦断千枚田ウルトラクイズ、棚田にかかわる学生たちによる「棚田環境大学」な

棚田に捧げるフラカヒコ（「棚田フェスタ2002」、写真提供：大山千枚田保存会）

どだ。どれもが考えられたプログラムで、楽しいだけではなく、棚田や農業、農村生活についての知識を自然に学べるように工夫されている。また、会場では農協や商工会による地元の農水産物、特産品などの販売も行われた。

これらのプログラムは、1年半以上をかけて、保存会メンバーを中心に実にさまざまな人たちがかかわり、役割を担うことで実現した。棚田オーナー、地元商工会、棚田の保全にかかわる大学生、行政など地域の人たちだけではなく、地域外の棚田オーナーや棚田トラストの参加者で大山千枚田を日常的に訪れ、地域の人たちとまさに親戚付き合いのような関係を持っている人たちに支えらた部分も大きい。

このように、中山間地域など過疎や高齢化が進行している地域では、地域外の人たちの応援によりコミュニティ「力」を補完し生活課題に対応する仕組みも考えなければならない段階になっている。

「棚田農業特区」に指定

小泉内閣・構造改革政策の目玉として、地域を限って規制を緩和する構造改革特区の農業分野で、鴨川市・大山千枚田が平成15年4月の第一弾で認定された。

特区に認定されたことで、これまで行政や農協だけだった棚田オーナー制度の契約主体が個別農家（地主）まで広げられた。そして、就農支援や農業指導を行う組織として鴨川市中山間地域等活性化協議会が設けられた。また、これまでは棚田オーナー制度は大山千枚田のみで実施されていたが、募集区画数が136区画と限定されている。そのため、毎年行われるオーナー抽選では落選し、オーナーとしての棚田の保全活動に参加できない希望者が70組以上も存在する。これら落選したオーナー希望者からの要請も強く、また、大山千枚田以外にも耕作放棄田が多いことから、棚田オーナー制度をほかの地区にも拡大することが計画されている。周辺の4つの集落で、集落協議会が窓口となって、それぞれ10組ずつ計40組程度のオーナーを新たに募集することが予定されている。さらに、将来的には棚田オーナー制度や棚田トラストでの交流をきっかけに、地元への定住者を呼び込み、高齢化が進行する地域の担い手になってもらうことも期待されている。

第4章

コミュニティ「力《パワー》」が創る地球に優しい暮らし

いま、われわれは有り余るモノに囲まれ、飽食と言われるほどの美食を極める豊かな時代を謳歌している。それを支えてきたのが大量生産、大量消費の経済、社会システムだ。しかし、21世紀を迎えて、そのような経済、社会システムやライフスタイルに綻びが見えはじめた。

一つが、ごみ問題だ。大量生産、大量消費社会は、裏を返せば大量廃棄社会にほかならない。毎日、大量のごみが廃棄され、ごみ処理場はごみで溢れかえっているが、新たな処分場用地の確保はままならず、大都市のごみ行政は頓挫している。また、ごみ焼却施設から排出されるダイオキシン公害も深刻な問題となっている。

また、現状の経済、社会システムは資源、エネルギー面からも見直さざるを得ない。限りある資源を浪費する社会に持続性があろうはずはない。さらに、次々に開発される化学物質が大気、地下水などを汚染し、同じく農薬や食品添加物などの人体への影響も懸念されている。

これら最近の環境問題の特徴は、温暖化や酸性雨、オゾン層の破壊のように地球規模の問題であることだ。地球人は、生命体としての地球の持続性を維持するために現状の経済、社会システムの見直しを求められている。

そして、問題が地球規模の広がりを持つとしても、その対応は日々の暮らしやライフスタイルの見直しがポイントだ。その意味では、地球環境問題はコミュニティと直結している問題なのだ。まさに、「Think globally' Act locally」がキーワードだ。

図4・1　ごみ排出量の推移（環境省資料）

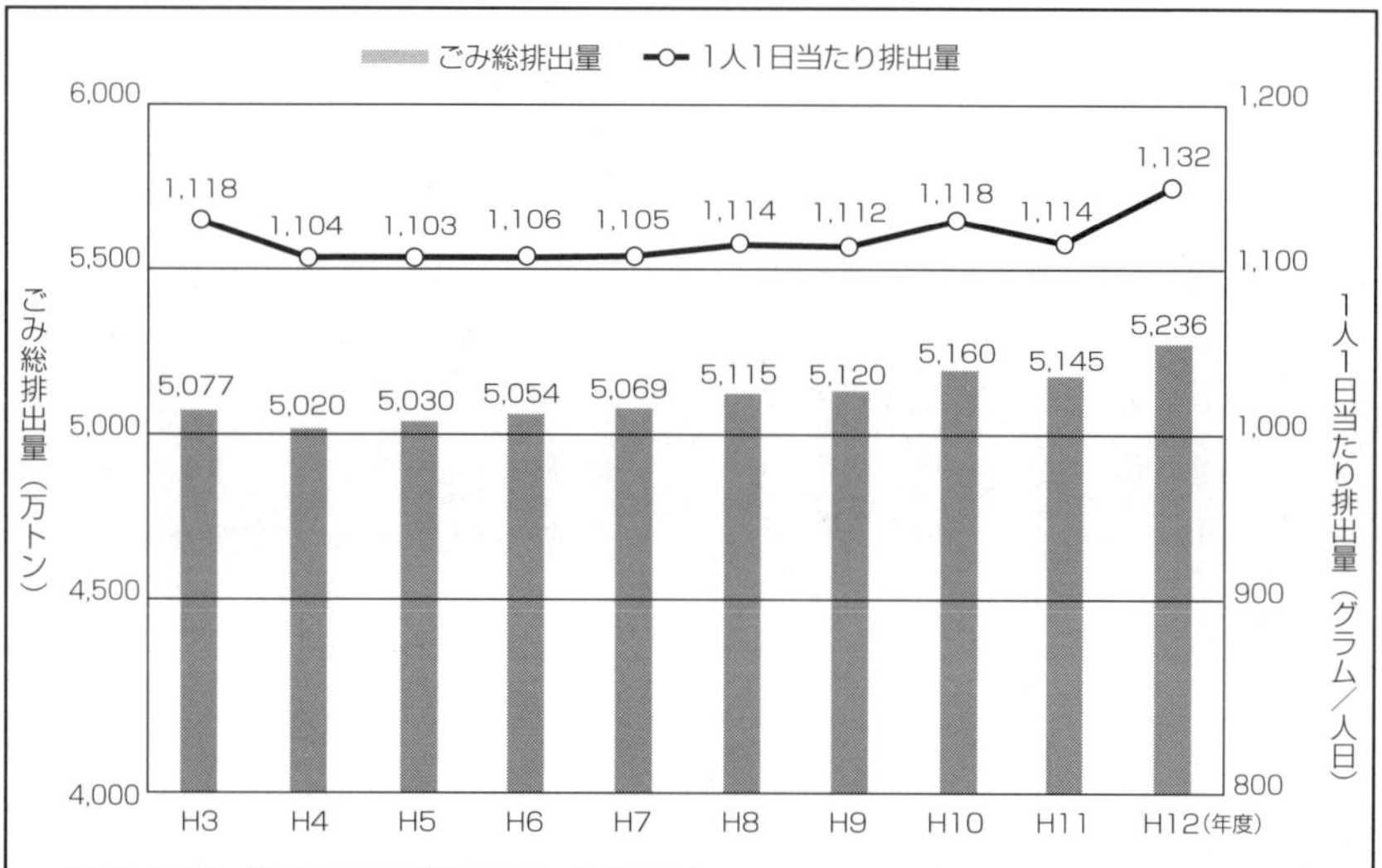

注「ごみ排出量」＝「収集ごみ量＋直接搬入ごみ量＋自家処理量」
廃棄物処理法に基づく「廃棄物の減量その他その適正な処理に関する施策の総合的かつ計画的な推進を図るための基本的な方針」における一般的廃棄物の排出量は、「ごみ排出量」から「自家処理量」を差し引き、資源ごみの「集団回収量」を加算したものと定義しており、この定義による平成12年度の排出量は、5,483トンである。

1　徹底した分別でごみは資源に　——愛知県碧南市の取り組み

都市はいまごみに埋まろうとしている。20世紀の大量生産・大量消費のライフスタイルのツケが回ってきた格好だ。

少し前までは、景気動向とごみの量は相関が見られた。すなわち、不況期にはごみは減少した。ところが、平成期に入るころからこの相関が崩れ、最近の長引く不況にもかかわらず家庭ごみは増加傾向を辿っている。この原因ははっきりつかめていないが、どうもコンビニエンスストア（コンビニ）やファストフードなどに依存する生活スタイルが浸透したことに関係しているようだ。事実、ある実験によると、同じ家族ができるだけ家庭内で調理、飲食をした週と、コンビニやファストフードなどを多用した週では、ごみの嵩《かさ》は後者がずっと多いことがわかった。大都市だけでなく地方も含めて、日本人の生活スタイルは「ごみ多出型」になってきている。

さて、生活系ごみと事業系ごみからなる一般廃棄物は、通常、自治体のごみ焼却施設で焼却されるか、埋め立て処分される。しかし、ごみ排出量が処理施設、特に埋め立て処分場（最終処分場）の受け入れ予想量を大きく上回って増えたことから、計画年次を待たずして処分場が満杯になってしまうケースが相次いでいる。厚生労働省の調査（平成12年）によると、全国に約２０００カ所ある最終処分場の平均余命は12・2年ということだ。

一方、大都市圏の自治体では、新しい処分場の建設は周辺住民の反対運動に遭い、ことごとく暗礁に乗り上げている。処分場が作れないとなれば、あとは再資源化を進めてごみの減量を行うしか手がない。ということで、ここ数年、国もさまざまなリサイクル法の施行を進め、ごみの減量大作戦を開始した。

しかし、一般廃棄物の約半分を占める生活系ごみの資源化、減量化は、「ごみは行政の仕事だ」と行政任せにしていたのでは決して解決しない。生活者の協力が不可欠だ。できるだけごみが出ないような生活を心がけるとともに、ごみの出口の段階、すなわち各家庭において分別を徹底できるか否かが再資源化の進展を決定してしまう。

まさに、「混ざればごみ、分ければ資源」だ。とはわかっていても、なかなか分別が進まないのが現実だ。しかし、一方、ここで紹介する愛知県碧南市のように、町内会を中心とするコミュニティ「力」を動員して32品目という実にきめ細かい分別収集を推進し、ごみの減量と再資源化に大きな成果をあげている自治体もある。この「碧南方式」はごみ政策の一つの方向性を示しており、ごみ問題に悩む自治体だけでなく、これからの都市生活、あるいはライフスタイルのあり方への多くの示唆に富んでいる。

図4・2　碧南市のごみ分別品目（32品目）

No	品　目　名	No	品　目　名	No	品　目　名
1	燃えるゴミ	12	金属類・他	22	折り込みチラシ
2	アルミ缶	13	トレー	23	雑誌
3	スチール缶	14	発泡スチロール	24	紙パック
4	その他の缶	15	ペットボトル	25	段ボール
5	一升瓶	16	硬質プラスチック	26	その他の紙
6	ビール瓶	17	焼却灰	27	布類
7	酢の瓶（5合）	18	陶磁器・ガラスなどの破片	28	電化製品
8	無色の瓶			29	寝具類
9	茶色の瓶	19	蛍光灯	30	家具類
10	青・緑の瓶	20	乾電池・ライター	31	自転車
11	黒色の瓶	21	新聞紙	32	その他の粗大ゴミ

試行錯誤を繰り返しながら分別収集が始まった

碧南市は、愛知県南部の知多湾に面し、自動車部品をはじめとする工業都市として発展してきた。昭和40年代以降、工場の進出に伴って人口が増加し、現在、人口は6万6000人強を数える。人口増は、当然ごみの増加をもたらし、以前からごみ問題は市の悩みの種であった。徹底分別を始める以前、ごみは「燃えるごみ」と「燃えないごみ」の2分別で、ダストボックス方式で収集し、市内の2つの焼却施設（連続燃焼炉）で焼却処理を行っていた。ダストボックス方式では、いつでもごみを捨てられる気安さから至る所でボックスからごみが溢れ、見苦しく、衛生面でも常に問題になっていた。また、平成7年で満杯になる予定の最終処分場の寿命が刻々と近づき、新たな処分場の確保もままならない状況だった。

そこで、平成期に入り、生ごみ堆肥化促進事業（コンポストの設置に対して3000円／基の補助金交付）などに取り組みだしたが、現在のような分別収集による本格的なごみの減量化に動き出すのは平成5年からだ。まず、「碧南市ごみ対策市民懇話会」を開催して、生活者の意見も取り入れながら新しいごみ処理の基本計画を策定した。その中で、家庭ごみの分別収集と再資源化の徹底が方向づけられた。そして、地理的に独立しており、世帯数も中程度である西端地区（約2000世帯）を分別収集のモデル地区に指定し、平成6年8月から同地区の生活者に対する説明会が開始された。

32品目という前例のない徹底した分別を実施することになったため、当初は生活者の戸惑いや不安も大きかった。そのため、説明会が町内会単位で20回にわたって実施されるなど、生活者の理解と協力を促す地道な作業が時間をかけて行われた。説明会は、町内会や婦人会などの単位で行われ、必ず出席簿をつけて、当日の欠席者にはダイレクトメールで次回の説明会の開催日を知らせて出席を促すなど、とにかく粘り強く行われた。

同地区での分別収集は2カ月後の10月から開始された。徹底した事前説明はしたものの、やはり最初のうちは汚れたままのトレーやペットボトルが持ち込まれたり、新聞紙と折込チラシが混ざって出されたりすることなども多かった。特に、プラスチック類は表示の問題もあり、正確な分別が難しかった。そこで、収集日には市の職員がごみステーションで細かく指導をしたり、回収業者にも協力を仰いで対応を進めた。

碧南市では、このモデル地区での分別収集実験の様子を見ながら、それと並行して平成7年2月に「ごみ減量基本計画」を策定した。基本計画では、資源ごみのリサイクルとともに、ごみ発生量の抑制についても計画的に推進する方向性が示された。

そして、モデル地区の分別収集が軌道に乗り出した平成7年6月からは市北部地区に対象区域を広げるために同地区への説明会を開始した。ここでは、モデル地区での反省を踏まえて、説明会はより丁寧に、きめ細かく実施され、その回数は実に73回を数えた。北部地区

ごみステーションでの収集の様子

ごみステーションで待機する分別指導員

も2カ月間で説明会を終了し、分別収集が実施された。また、同様のステップを踏んで平成7年12月からは市南部地区にも対象が広げられ、この時点から32品目の分別収集が市全域で行われることになった。

市全域で分別収集が始まると、分別収集を徹底して、再資源化の成果を挙げるには、当然のことだが行政の職員だけでは対応できなくなってきた。そこで、市は町内会ごとに設置されるごみステーションで分別の指導を行ったり、正しく分別ができているかをチェックする分別指導員制度をスタートさせた。分別指導員は、町内会ごとに1人が選任され、輪番制の立会人（1～2人）と一緒に資源ごみの収集日にごみステーションで目を光らせる。そして、汚れの落ちていないものや間違った分別で不適切なものは再度持ち帰って出し直してもらうという厳しさだ。しかし、これも、再資源化は徹底した分別がなされてはじめて可能になるため、どうしても必要な措置だった。

市内から「ごみ捨て場」が消えた

碧南市では、分別収集の市内全域での実施に合わせて、市内に設置していたダストボックスを全廃した。この時点から、市内には公園などの公共施設に行政の設置するごみ捨て場、ごみ箱が一切なくなった。

生活者は、碧南方式のごみ収集ルールに従わない限り碧南市では暮らせない。では、碧南方式のごみ収集の具体的な中身について説明していこう。

まず、燃えるごみは市指定の専用ごみ袋（45リットル）に入れ、週2回の回収日の朝8時30分までに出す。ただ、ごみを出す場所は特定されているわけではなく、ごみ収集車の回収ルート上の道路であれば沿道のどこへ出しても構わない。そして、出したごみは、必ずその日のうちに収集される。ごみ袋は、1世帯あたり年間120袋までは無料で配布されるが、それで足りなくなるとその理由を説明したうえで1枚100円を支払って購入しなければならない。このような一種のペナルティを課すことで燃えるごみの減量も図られている。ただし、寝たきり老人や2歳未満の乳幼児など紙オムツ使用者がいる世帯や大家族世帯（8人以上）などには年間50枚を割増配布するなど、きめ細かい対応も行われている。さらに一方では、前述のようにコンポスターの購入を助成することで生ごみの減量を図るというインセンティブ手法も組み合わせている。

次に、資源ごみの収集は月2回。概《おおむ》ね町内会単位で市内99カ所に設けられたごみステーションに持ち込まれる。ごみステーションは、町内会が管理するが、常設ではなく神社の境内や公共施設の駐車場などある程度のスペースの取れる場所が使われる。収集日の前日に収集業者が分別のための容器や袋をステーションごとに配って歩く。それらを収集日当日の朝6時ごろから分別指導員や立会人がごみステーションに並べて受け入れ態勢は完了。そして、6時半から8時半までの2時間に各家庭から資源ごみが持ち込まれる。一カ月分をまとめて持ち込む人も多いため、車での搬入も少なくない。また、分別の仕方はマチマチで、ステーションに来てから持ってきたごみを分別する人もいれば、家庭でキッチリと分別してくる人もいる。いずれにしろ、分別収集を開始してから7年が経過しているため、いまではほとんどの人たちが手馴れたもので、手際よく品目別の容器にごみを入れていく。ごみを持ち込んだ人に話を聞くと、分別の種類が多くて最初は戸惑ったが、慣れてしまえば分別自体はそれほど苦にならないそうだ。それよりも、収集日までごみを家庭にストックしておくスペースの確保が大変らしい。収集日に用事があって1回抜けたりすると、もう台所がごみの山になってしまうとのことだ。

ごみステーションに綺麗に分別、整頓されたごみは、業者のトラックやクレーン車がやって来て、これも手際よく積み込んでいく。業者の収集車が去った後には、ごみは跡形もなくなり、元の駐車場や神社の境内に戻る。そして、回収された資源ごみは、そのままリサイクル事業者の工場へと運ばれる。つまり、碧南方式ではごみ箱以外にも要らないものがある。ごみのストックヤードと分別工場だ。これらの施設費、そこで働く人間の人件費など行政費用の節約効果は大きい。

図4・3　資源ごみの売却金額(H14年度・碧南市環境課資料)

No	品　目　名	平成14年度販売額
1	新聞紙	1,037,815
2	雑誌	764,276
3	紙パック	145,470
4	布類	55,965
5	アルミ缶	5,154,950
6	一升瓶	165,695
7	ビール瓶	69,575
8	リターナブル瓶	10,560
	消費税額	378,821
①	**1〜8合計**	**7,956,207**
9	ペットボトル	1,470,114
10	硬質プラスチック	297,160
11	色付きトレー再生品	61,350
	消費税額	91,430
②	**9〜11合計**	**1,920,054**
	還元金合計（①+②）	**9,876,261**

ごみを質の良い資源に

碧南市の分別ごみ32品目のうち26品目が資源ごみだ。この分別品目の設定に当たっては、まず地元の資源ごみの収集業者から情報収集を行い、資源ごみがリサイクルされるルート一つ一つを細かく調査した。つまり、リサイクルの仕組みという出口に対応した入り口（分別）を決めたということで実にわかりやすく、理にかなっている。そのため、資源ごみとして収集される26品目のうち埋め立て処理されるのは焼却灰と陶磁器・ガラス等の破片のみであり、そのほかはすべてリサイクルされている。

分別収集を始める時点で、リサイクルルートの設定で課題となったのがペットボトルと硬質プラスチックの2品目だが、そのうちペットボトルのリサイクルの仕組みがどのように構築されたかを見ていこう。

ペットボトルは、ごみステーションから収集業者の一つである碧南環境事業協同組合に搬入され、そこでフレーク化される。フレーク化することでペットボトルの容積は30分の1程度になり、輸送コストが大幅に節約できるほか、ハンドリング特性もずっと向上する。

ペットボトル・フレークは、安城市にあるクラボウの工場に送られ洋服生地に再生され、さらに縫製工場へ送られリサイクル・ユニホームに加工される。このユニホームは、地元でも販売されており、市民は自分たちが分別したペットボトルがリサイクルされ、具体的な商品に生まれ変わった姿を見ることができる。

ところで、碧南環境協同組合のフレーク化工場には碧南市を含めて5市町村からペットボトルが持ち込まれる。その中で、各家庭できれいに洗浄され、分別が徹底されている碧南市から搬入されるものは質が良いことで定評がある。碧南市から持ち込まれるペットボトルは、一目でほかの自治体からのものと区別がつく。そのため、生地に再生されるクラボウの工場でも碧南市からのものは薄い色の生地に加工できるが、ほかの自治体のものは濃い色の生地にしか使えないとのことだ。

このように洗浄、分別をきっちり行うことで、碧南市のごみが質の良い資源に再生されているのはペットボトルに限らない。碧南市では「ごみをより質の良い資源に」を合言葉に、すべての資源ごみをきれいに洗浄し、分別して出すことが義務づけられている。前述のように、洗浄、分別が不適切であれば、ごみステーションで指導員が目を光らせており、持ち帰って出し直さなければならない。

一方、これだけ厳しい対応をしていることで受けるメリットは多大だ。一つは、碧南市から出される資源ごみの業者引き取り価格は群を抜いて高いということだ。例えば、アルミ缶の場合、通常の業者引き取り価格は10円／キログラム程度であるが、碧南市では同70円にもなる。また、古紙は新聞、チラシ、雑誌などが混ざってしまうと、古紙価格が低下した現在では、回収業者に逆に手間賃を払わなければ持っていってもらうことすら覚束《おぼつか》ない。しかし、碧南市では紙だけでも6種類に厳格に分別しているため、業者も手間が要らないため快く回収してくれるという。

そして、平成14年度には資源ごみの売却金が988万円にもなっている。仮に、現在と同量のごみをまったく分別せずに出していたら、ごみの処理費用だけで少なく見積もっても数億円はかかっているはずだ。生活者の協力によるコストセーブ効果は実に大きなものがある。資源ごみの売却金は、町内会や分別指導員、各世帯に金額としては微々たるものだが手間賃として還元されている。

このようなコストセーブ効果に加えて、分別収集のより大きな成果は焼却、埋め立てに回されるごみの量が、それ以前の半分以下に減少し、設置時には平成7年に満杯になると予想されていた最終処分場が、あと20年以上使えることが確実になった。当然、焼却量が減れば焼却施設の寿命も延びることになる。これらの施設は、生活には不可欠だが、現状では新設が極めて難しい。それを、一人一人の生活者の協力でごみの減量化と資源化を進めて乗り越えた碧南市のチャレンジの意義は非常に大きい。

リサイクルが定着する市民生活

碧南市のごみリサイクルでもう一つ紹介しておきたいのがリサイクルプラザにおける活動だ。この施設の正式名称は「衣浦衛生組合リサイクルプラザ」といい、碧南市だけではなく隣接する高浜市と共同で両市のし尿、ごみ等を処分するために設立された一部事務組合が運営する施設で、平成9年6月にオープンした。

この施設には、リサイクル品の「あげます・ください」情報を交換する「リサイクル情報コーナー」、リサイクルやごみ問題に関心を持って活動しているグループや団体の話し合いや学習の場としての「リサイクル活動室」、家庭の不用品を持ち込んで展示・販売する「リサイクルショップ」、シルバー人材センターのお年寄りたちが修理した家具類などを展示、オークション販売が行われる「再生修理家具等展示コーナー」などがある。

このうちリサイクルショップでは、利用登録をした人（碧南・高浜両市に在住・在勤者）であれば誰でも、家庭で不用になった小物類を持ち込むことができる。ルールは、一度に持ち込めるのは1人20点以内で、施設使用料として10点までは100円、11点以上は200円を支払う。そして、自分で価格を決めて、4週間ショップで展示販売し、売れれば代金は持ち込んだ人のものとなるが、売れなければ4週間後に自分で引き取りに行くというものだ。ちなみに、平成11年度には約1900人の市民から約3万3000点（1人あたり平均17点）の品物が持ち込まれた。そして、そのうちの約2万8000点が販売され、販売率は実に85・3％、販売金額は1100万円近くに達しているというからすごい。

また、再生修理した家具等の展示販売では、粗大ごみとして出された家具、自転車、電化製品などが綺麗に修理され、販売されている。オークション方式なので、毎月第4日曜日に開札が行われ、一番高い価格を付けた人に販売される。こちらも平成11年度には693点が展示され、そのうち634点が販売され、販売率は91％を超えており、販売金額も約255万円に達している。

リサイクルプラザでのこのような活動実績を見ても、徹底的な分別収集を開始して7年目を迎えたいま、碧南市の人々の間にはごみの減量、リサイクル、さらにはごみをできるだけ出さない生活スタイルが定着しつつあるように思う。毎日、家庭でごみを32種類にも分別することは非常に面倒なことだ。しかし、碧南市民はごみ資源化の実践の中で、「混ざればごみ、分ければ資源」を身をもって体験してきた。また、そもそも自分が出すごみは、自分が責任をもって分別、減量に努めるという意識が根付いてきているようだ。

碧南市に引っ越してきた人は、市役所の住民課で転入届を出すとともに環境課ごみ減量係の窓口に立ち寄り専用ごみ袋を受け取らないことには、碧南市での生活が始まらないという。そして、資源ごみの収集日には、町内会の人たちから分別ルールと分別のコツの伝授を受ける。ごみをきちんと出すことができてはじめて、町内会の仲間入りができるといった格好だ。

ごみ問題は、現在、どこの市町村もが抱える難題だ。しかし、ごみの問題ほどコミュニティ「力」が問われるテーマもない。碧南市の取り組みを見ていると、ごみの資源化を通して、コミュニティ「力」が醸成され、市民が環境や資源を大切にする、そして大量廃棄型の社会、生活スタイルを見直すレベルに成長しつつあるように感じられた。

2 生ごみは台所と農業の掛け橋 ——山形県長井市のレインボープランの挑戦

食事の食べ残しや調理くず、さらに食品の製造や流通の過程で排出される食品廃棄物は、毎年2000万トン近くにのぼる。これは廃棄物量全体の5％弱に当たるが、その内訳は食品製造業などから排出される産業廃棄物としての食品廃棄物が約340万トン、一般家庭や流通・外食などの事業者から排出される一般廃棄物扱いのものが約1600万トンとなっている。また、一般廃棄物のうち一般家庭から排出されるものが約1000万トン、流通や外食などの事業系のものが約600万トンである（図4・4）。

これら食品廃棄物の処理、再資源化の状況を見ると、産業廃棄物は約5割が再資源化されているが、一般廃棄物は再資源化率が0・3％と、そのほとんどが焼却、埋め立て処理されているというのが実態である。食品廃棄物の再資源化が遅れている理由は、水分含有量が多く取り扱いが難しいというその廃棄物特性、さらには排出事業者が中小零細企業で

図4・4　食品廃棄物の排出量と再資源化率
（平成8年厚生省資料から推計　※一般廃棄物のうち食品廃棄物の数値は農林水産省推計）

区　　　分	排出量（100万トン）	再資源化率（%）
廃棄物総量	479.0	－
うち産業廃棄物	426.0	42
うち食品廃棄物①	3.4	48
うち一般廃棄物	53.0	10
うち食品廃棄物②	16.0	0.3
うち事業系（流通・外食）③	6.0	－
うち家庭系	10.0	－
事業系食品廃棄物（①＋③）	9.4	17
食品廃棄物計（①＋②）	19.4	9

あるという業界構造などが挙げられる。

しかし、さまざまな課題の存在により再資源化が遅れてきた食品廃棄物に関しても環境意識の高まりやごみ最終処分場の建設難などから再資源化が求められるようになってきた。

そして、平成13年4月からは「食品環境資源の再利用等の促進に関する法律（食品リサイクル法）」が施行されるに至った。食品リサイクル法では、当面は年間排出量が100トンを超える大口排出原である食品製造業や流通、外食事業者を対象に、食品廃棄物の肥料、飼料などへの再資源化率を平成18年度までに20％（現状17％）まで引き上げることが義務づけられた。この目標の達成をはじめ、食品廃棄物の再資源化率の向上にはさまざまな成分が混入する現状の調理済み食品等から一定品質の堆肥を安定して製造する再資源化技術、設備機器の開発やその安定的な運営、さらに再生品（肥料、飼料等）の需給調整や搬送など課題も少なくない。

それでも、食品製造業や流通企業などのうち大口排出者である事業者は、技術力、資本力もあり再資源化への取り組みがまだ行いやすい。問題は、零細な小売店や外食店などの事業者、そして一般家庭から排出される食品廃棄物である。特に、家庭系の廃棄物については、前述した碧南市の取り組みのように家庭での徹底した分別、地域での管理など生活者の協力が不可欠であり、まさにコミュニティを挙げて取り組まなければ解決が難しいテーマである。

次に紹介する山形県長井市は、生活者と農業者が連携して地域の中で「生産と消費が循環する仕組み」を作り上げた事例である。

「まちづくりデザイン会議」への提案がきっかけ

山形県長井市は、山形県の南西部に位置し、市の西部は朝日山系、東部は出羽丘陵地帯の山岳、丘陵に囲まれ、その中央を最上川が流れる長井盆地に市街地が広がる。人口約3万2000人、世帯数9000世帯のこの町では、平成9年2月から家庭から出される生ごみの分別回収を開始した。回収された生ごみは、畜産農家から出される畜糞尿、農協のカントリーエレベーターや農家から出される籾殻などと混ぜられ、堆肥に変えられて農家に販売される。そして、農家がその堆肥で土作りを行い、できるだけ農薬や化学肥料を使わずに生産した農産物は、市内の学校や病院、あるいは一般家庭などで消費される、まさに地域内循環が実現している。

「20世紀から21世紀へ、食の作り手と食べ手が新しい希望の輪でつながること」を願って「レインボープラン」と名付けられたこの取り組みは、昭和63年に行政が長井市の今後のまちづくりのあり方を議論、検討してもらうための場として設置した「まちづくりデザイン会議」に端を発している。

同会議には、さまざまな立場の市民97人がメンバーとして委嘱され、農業、工業、女性と都市、市街地活性化、周辺開発の5つの分科会が設置され、活発な議論が展開された。まちづくりデザイン会議で議論、提言された内容は、その後設置された「いいまち快里デザイン研究所」により平成3年10月に「いいまち快里デザイン計画（まちに恋して）」としてまとめられた。

デザイン会議の農業分科会では、「農業は文化」という基本視点のもと、長井市農業のテーマを「自然と対話する農業」と設定した。そして、環境と調和した持続性のある農業を実現するために以下の5つの基本姿勢が提言された。すなわち、

①長井の農業は未来につながる長井市民の共有財産
②地域の自給を高める
③農産物の地域ブランドを確立する
④地域の環境保全と結びついた長井の農業
⑤みんなで取り組む地域有機農業

である。

また、これらの基本姿勢を踏まえて、メンバーの一人で専業農家（稲作・鶏卵経営）の菅野芳秀氏から提案された「生活者と農家が連携する地域循環型農業」（＝レインボープランの原型となる考え方）が快里デザイン計画に盛り込まれた。地域循環型農業は、菅野氏が仲間の農家とたびたび議論し、長年温めてきた持論であるが、それをデザイン会議の場で異業種の人たちや生活者に提案したものだ。

さまざまな協力者をつくる

菅野氏は、長年温めてきたプランだけに、単なる提案に終わらせたくなかったという。そこで、地域循環型農業に関心を持ってもらえそうな婦人会、商工会議所、医師などを精力的に廻り、プランを説明して理解を得るとともに、はじめは皆が参加しやすいようにプランの実現可能性を調査することを目的とする検討会の設置を提案した。なぜ、菅野氏がこれら直接農業とは関係のない人たちに声をかけたかということが興味深い。まず、婦人会に声をかけたのは、「レインボープランは命の資源にかかわるプロジェクト。男たちは、命の資源を壊し、いろいろな歪みを作ってきた。その歪みを正すことができるのは女性たちで、だからこそレインボープランを本質的に理解してもらえると思った。」というのがその理由らしい。そして、家族の食を預かる主婦たちに「台所と暮らしの知恵を、まちづくりに活用してほしい」と提案した。

商工会議所では、話を聞いた会頭が理解者になってくれた。レインボープランは、「長井で暮らすことが安らぎ、喜び、誇りになる。大量消費、大量廃棄の慌しい暮らしではなく、落ち着いた、質素だが品位のある生き方をこの地域から取り戻していきたい。そして、そのような暮らしを次の世代につないでいきたい」というエールをもって協力を約束してくれたという。

また、地域の食と健康を再構築するレインボープランには医師の協力が不可欠だと考えた。そこで、市内の総合病院を訪ね、「地域でさまざまな野菜が作られているのに、青果物の自給率は10%に過ぎない。その結果、田舎でありながら田舎の豊かさが享受できず、アトピーのような都会病が起きている。地域の食と健康の再構築に専門家として知恵を貸してほしい」と訴えた。

これらの生活者や専門家の協力を取り付けた後、ごみ処理の直接の窓口である行政を口説き落としに出かけた。これも菅野氏の持論だが、まちづくりは市民主導で始めて、そこへ行政が加わって官民が協働で進める。そのため、行政が最後になったのだ。市のごみ処理を担う生活環境課長は提案を聞いて、「レインボープランは、ごみ処理ではなく、地域の有機資源の活用で、ごみ処理行政の理想の形だ」として、市民レベルでさまざまな人たちが参加するプロジェクトへの行政の協力も取り付けることができた。そして、最後に農業に直接かかわる市の農林課や農協も参加することになった。

そして、平成3年6月に協力を依頼した主婦、医師、商工会議所、農協、農業者などをメンバーとする調査委員会が設置された。調査委員会では、このプランを「台所と農業をつなぐながい計画（通称レインボープラン）」と名付け、市の生活環境課が捻出した50万円の調査費を使って、レインボープランの実現可能性の検討が始まった。

時間をかけて、市民主導で検討を重ねる

調査委員会では、生ごみ堆肥化の先進地である長野県臼田町などを視察したり、プラン実現に向けての議論が繰り返し行われた。そして、平成4年3月、調査結果を答申書という形で市長に提出したが、ここにも一つ仕掛けがあった。すなわち、答申内容はプレス発表され、長井市で循環型まちづくり（レインボープラン）が動きだすことがマスコミで

大々的に報じられることで行政にも後に引けない状況を作りだした。

調査委員会は、メンバーは変わらずに平成4年11月から「台所と農業をつなぐながい計画推進委員会」に改められ、より具体的な検討を進めることになった。同時に、市役所に「レインボープラン推進係」が設置され、プランの具体化に向けた体制が徐々に整えられていった。

計画推進委員会には、生ごみ収集システム開発部会、堆肥流通部会、施設管理部会、流通開発部会の4つの専門部会が設置され、各部会ともほぼ月1回のペースで計50回以上開催され、活発に活動した。各部会での検討内容は図4・6のとおりである。

モデル地区での実験を経て、レインボープランがスタート

このような検討を経て、平成5年から7年にかけて市内中央地区の25町会（600世帯）をモデル地区として、実際に生ごみを分別収集する実験事業が行われた。実験に当っては、市職員とレインボープラン推進委員会のメンバーがペアを組んで対象地区を回り、生ごみの分別方法や家庭からの排出方法、収集場所、コンテナの回収方法などを細かく説明して生活者の理解を得ることに努めた。

しかし、いざ実験が始まると、ラップやアルミホイール、薬の容器、野菜の結束テープ、乾燥剤などが生ごみに混ざって排出されてしまう。推進委員会では、その都度、実施の注意事項に盛り込んで、地道に分別の徹底を進めていった。

また、実験終了後は対象世帯の生ごみ分別収集に対する評価や意見を聞くためにアンケ

図4・5　調査委員会の答申内容

「台所と農業をつなぐながい計画」
3つの柱

①安全な食べ物を生産し、消費する地域づくり
②生ごみと農産物が循環する地域づくり
③地域ブランドの確立

プラン実現のための6つの施策

①生ごみの資源化、市民による分別の徹底
②堆肥センターの建設
③長井市独自の農産物生産基準の確立
④農産物の市内供給システムの検討
⑤農産物の販売と市場開拓
⑥上記の事業を統括する機関の設立

図4・6　専門部会での検討内容

部　会　名	具体的な検討内容
生ごみ収集システム開発部会	◎家庭での分別方法、家庭からの搬出方法、搬出された生ごみの収集方法の検討 ◎紙袋方式かバケツコンテナ方式かが大きな検討課題となる。結果的に視察事例や分別収集モデル事業、アンケート調査結果などからバケツコンテナ方式の採用
堆肥流通部会	◎堆肥センターで生産される堆肥の利用方法、管理等の検討 ◎堆肥を利用して生産される農産物の認証を行うための有機農産物認証制度の内容の検討
施設管理部会	◎堆肥センターの設備についての検討、建設候補地の検討 ◎機械設備については、生ごみの収集方法とも関連するため、相互に情報交換を実施
流通開発部会	◎生産される農産物の流通について検討 ◎「域産域消」というレインボープランの考え方に沿った流通のあり方を重視しながら、卸売市場関係者などとも協議

ート調査を実施した。アンケート調査では、「燃えるごみの量を減らすことができて大変よい」「収集所がきれいになる」「大変だと思ったが、やってみるとやさしかった」などの前向きな意見とともに、「面倒だからいまのままでよい」「臭いが気になる」「これ以上の分別は大変だ。足の踏み場もなくなる」など後ろ向きな意見も出された。しかし、全体としては、生ごみの分別収集の考え方や目的に対する生活者の理解が予想以上に高く、「早く本格稼動してほしい」との声もあり、推進委員会は本格実施に向けて自信を深めた。

一方、堆肥を使った農産物の生産についても、平成6年から有機農産物栽培研究事業として実施された。最初は、県内立川町から原料の供給を受け、8軒の農家が無理のない範囲でそれぞれが独自に減農薬・減化学肥料栽培からスタートすることにした。しかし、中には無理をして無農薬栽培に挑戦し、収穫がまったくなくなってしまう農家も出てしまった。そのようなこともあり、レインボープラン農産物の栽培マニュアルや認証基準作りの必要性が認識され、栽培基準作りへと結びついていくことになる。

生産物は、各農家の栽培面積が数アール程度と小さく、各農家が季節ごとに得意な品目を生産するということで量、品目とも限られていた。生産物は、無人販売所で直売したり、市場へ出荷したりした。生産に当っては、先進地を参考にして管理記録簿、防除記録簿を作成するとともに、出荷時には生産者名とともに農産物表示表（作物名、施肥・防除記録を記入）を添付することとした。購入者の評判は上々で、安定した生産体制ができれば生活者に受け入れられることも確認できた。

このような実験事業を実施して、生活者、生産者双方の評価や意見も聞き、課題の整理

図4・7　レインボープランの基本的な仕組み

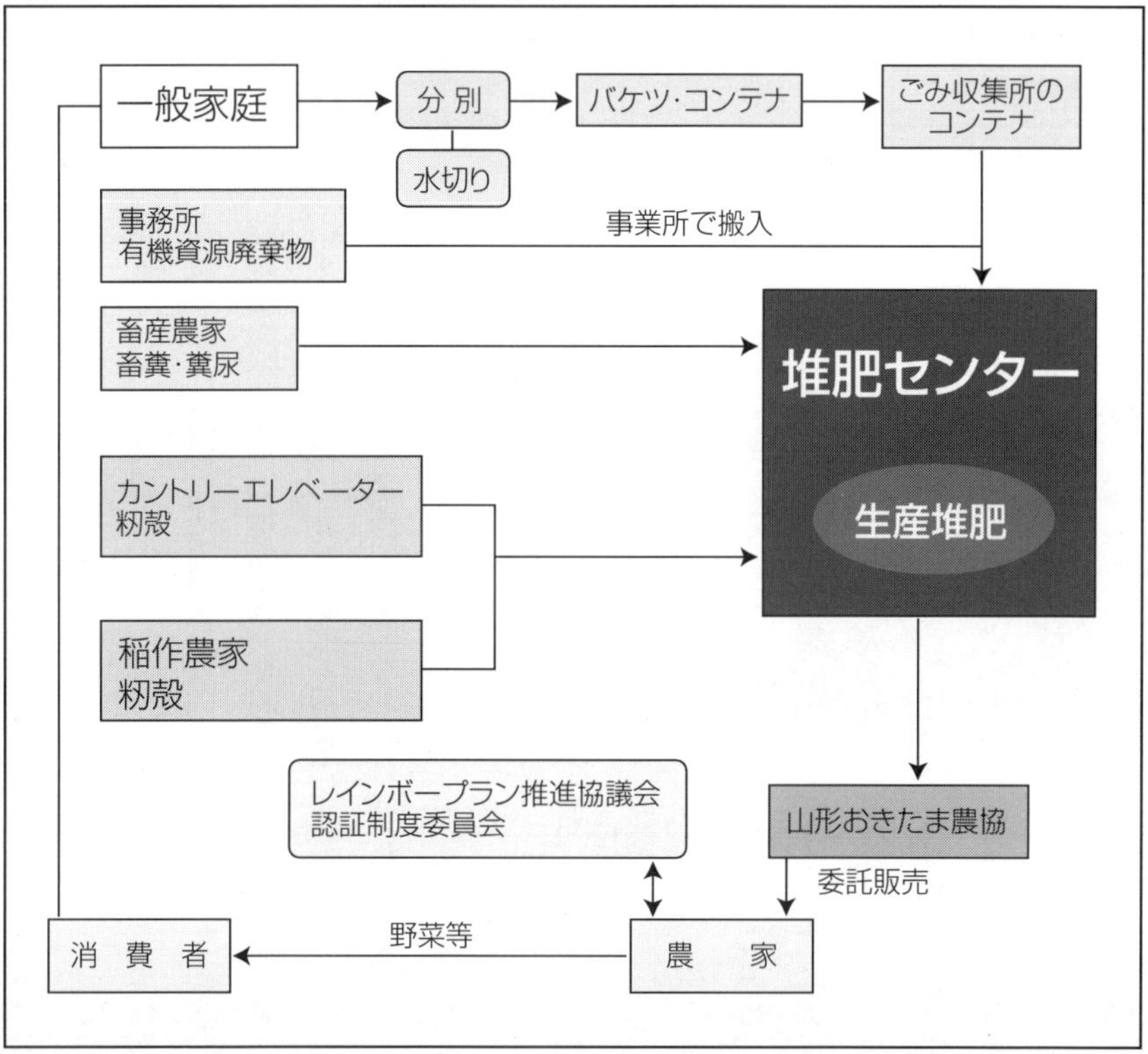

図4・8　廃棄物種類別の搬入量および処理手数料（平成14年度）

廃棄物種類	家庭生ごみ	畜糞	畜尿	その他有機資源	籾殻
搬入量（t／年）	1,500	500		－	500
処理手数料（円／10kg）	0	5	10	70	0

図4・9　コンポスト（堆肥）の成分

成　分	窒　素	りん酸	カリウム	炭素率
含有率（%）	2.20	1.10	2.50	14.0～15.0

もした上で平成9年3月に生ごみの分別収集が本格スタートした。また、レインボープランの本格スタートに当って、レインボープラン全体を統括する機能を持った組織として「レインボープラン推進協議会（以下、推進協議会）」が設立された。同協議会には、企画開発、生産流通、コンポストセンター、認証制度の4つの専門委員会が設置され、生産者組織の結成・運営、レインボープラン独自の認証制度と農地・栽培管理、生産者と生活者の交流を目的とした「市《いち》」の企画・運営などが行われている。

ここで、レインボープラン＝台所と農業をつなぐながい計画の仕組みとモノの流れを確認してみよう。

各家庭で分別され、異物を除去された生ごみは専用のバケツコンテナにストックされる。

バケツコンテナは、ザル状になっており、生ごみを入れると水切りができるようになっている。家庭で分別された生ごみは、週2回の生ごみ収集日の朝、各家庭ごとにごみ収集所の大型コンテナ（容量約70リットル、ごみ重量で約40キログラム）に搬入される。現在、生ごみの分別収集が行われている中央地区（約5000世帯）には220カ所のごみ収集所が設けられており、収集所1カ所に2～3個ずつ大型コンテナが配置されている。収集所の大型コンテナは、収集を委託している業者によって堆肥センターに運ばれる。

堆肥センターは農水省の補助金を導入して建設された施設で日量9トンの

コンポストセンターでの生ごみ投入作業

バケツコンテナの回収

処理能力を持つ。ここで、生ごみは酪農や畜産農家から排出される畜糞尿、農協のカントリーエレベーターなどから排出される籾殻（水分調整材）と混ぜられ、70～80日かけて3次発酵処理までされ、完熟堆肥が作られる。ちなみに、堆肥原料となる有機物は、生ごみが年間1500トン程度、畜糞と籾殻がそれぞれ500トンとなっている。畜糞は、畜産農家単位で貯留され、堆肥センターが必要とする量（約2・3トン／日）がコンスタントに搬入されるよう関係団体と話し合いがなされた結果、現状では週4回程度搬入されている。また、籾殻はカントリーエレベーターや個々の農家から堆肥センターのトラックで収集し、無料で搬入している。ちなみに、処理手数料は図4・8に示す通りである。

独自の認証基準によるレインボープラン農産物の生産

堆肥センターへ搬入されたこれらの有機廃棄物は、約40日間かけて発酵させられコンポスト（堆肥）にされる。ちなみに、平成14年度には搬入された約2500トンの有機廃棄物から450～500トンの堆肥が生産されている。そして、生産された堆肥は、山形おきたま農協に販売委託しているが、販売価格は5キログラム袋が170円、同15キログラムが320円、バラ売り（計量販売）の場合には4000円／トンとなっている。堆肥の成分（乾物値）は、図4・9の通りであるが、分別が完全に行われており、完熟状態でハンドリング性も良いため、農家の評判も上々とのこと。毎年完売しており、供給が追いつかない状態のようだ。

さて、それでは堆肥を使った農産物の生産は、どのような形で行われているのだろうか。長井市では、平成11年に「レインボープラン農産物認証制度」を作り、同基準に基づいて生産者および農地を登録している。そして、それらの生産者が生産した農産物は「レインボープラン農産物」として認証されるが、これらの一連の作業は、推進協議会によって行われている。

生産者および農地の登録、農産物の認証などは、以下のような手続きで行われる。まず、生産者、農地登録をしたい生産者は、推進協議会が委嘱した「レインボープラン農産物栽培推進員(以下、推進員)」を介して、推進協議会に申請を行う。推進員は、生産者と推進協議会の間に入り、実際に生産者、農地の状況を調査して意見添付をしたうえで申請、認定の通知などを行う。登録された農地には、一目で登録農地であることがわかるようにプレートが設置される。同様に農産物の認定は、生産者の栽培計画、栽培管理記録簿が推進員を通して推進協議会に申請される。申請を受けると認証制度委員会が現地調査を実施する。なお、認証制度委員会は、県農業普及課、市農林課、農協、農業委員会、消費者代表、レインボープラン各専門委員会代表で構成される。

現地調査では、申請された農地が登録農地であるか、栽培方法が認証基準に適合しているかどうか、すなわち、①レインボープランコンポストの利用、②有機質肥料の利用(50%以上)、③使用農薬、防除回数、④除草剤、土壌消毒の禁止などが審査され、推進協

図4・10　レインボープラン農産物の認定

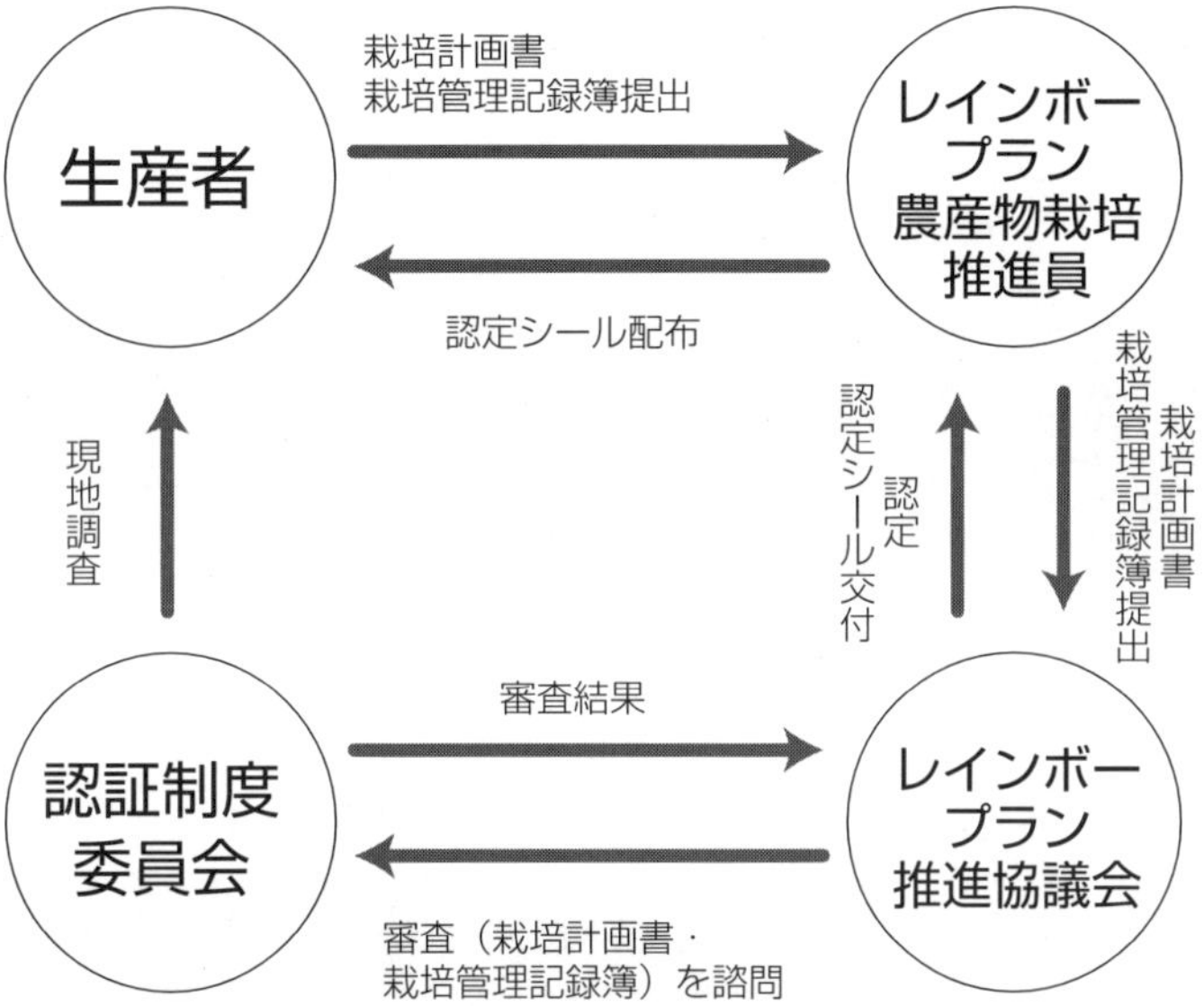

図4・11　レインボープラン農産物の認証基準

農地の認定基準	農地の認定区分	過去における農地の管理状況		
		土壌消毒剤/除草剤	土づくり（堆肥投入）	
	A	3年以上不使用	3年以上の農地	
	B	—	3年以上の農地	
生産管理の認定基準	管理の認定区分	土壌消毒剤 除草剤	化学肥料	合成化学農薬 （防除回数）
	A	不使用	不使用	不使用
	B	不使用 （水稲は1回のみ）	3要素施用成分 総量の50%以下	慣行防除の 1/2以下
総合認定区分	総合認定区分		生産管理の認定区分	農地の認定区分
	A		A	A
	B		B	A
			A	B
			B	B

議会に審査結果が報告される。審査結果が認証基準に適合していれば、晴れて「レインボープラン農産物」として認証され、認定シール（生産者の費用負担、@1・5円）が交付される。生産者は、生産物に認証シールを貼って出荷することができる（図4・10）。

ちなみに、現在、市内の80軒の農家、17・6ヘクタールの農地が登録されており、約40品目の農産物がレインボープラン農産物として出荷されている。平成13年度の生産実績は、米（約44トン）、野菜類（約67トン）を中心に合計120・4トンとなっている。

なお、レインボープラン農産物の認証基準は、図4・11に示す通りである。

台所と農業が循環しはじめた

レインボープラン農産物は、現在、学校給食に使用されているほか、市内の小売店、直売所などで販売されている。現状では、学校給食向けが約4割、残りの6割が一般消費者向けで、いずれも卸売市場経由で出荷されているということだ。

学校給食用では、6軒の専業農家が栽培するレインボープラン認証米（「はえぬき」の1等米）が週3回、子どもたちのお昼の食卓に供される。また、野菜類も農家によって粗選別されたものがコンテナ形態で出荷され、卸売市場、納入組合を経由して、学校給食共同調理場に納入される。さらに、最近は市内の幼稚園でも定期的にレインボープラン農産物の利用が始まっている。

一方、一般消費者向けの米は市内の生産者グループがコシヒカリ、あきたこまちの栽培に取り組んでいる。また、野菜類も品目、数量ともに徐々にではあるが拡大してきている。

日曜市でのレインボープラン認定農産物の販売

実際の販売では、平成14年までは農家と生活者の交流の場である「日曜市（7～11月の毎日曜日に開催）」が大きな役割を果たしていた。また、現在は平成15年7月にオープンした農協主体の直売所（通年営業）など市内に10カ所程度ある直売所を中心に販売されている。

レインボープラン認定農産物は、前述のようにまだまだ生産量が限定されているが、自分たちが分別して出した生ごみが地域の農場の土を豊かにし、地域の農家によってできるだけ農薬などを使わずに生産された安全、安心な米や野菜のファンは増えてきている。また、有機質をたっぷり投入した田んぼや畑で作られる農産物は味も美味しいようである。おまけに、地場流通で新鮮なものを直売所で買うことができるのだから人気がある。

このように、長井市ではレインボープランによって家庭の台所と地域の農地、農業が結びついたわけだが、それは「生ごみ」→「堆肥」→「農産物」というモノの循環や結びつきもさることながら、むしろ生活者と農業者、農業との意識的な結びつきや一体感の醸成が地域にとって大きな意味を持つと考えられる。

レインボープランの思想をまちづくりに活かす

レインボープランは、最初に「まちづくりデザイン会議」分科会で、そのコンセプト提案がなされてから15年が経過している。その間の経過と、現状までの成果は前述した通りである。全体から見れば、現状の数量はまだまだ小さなものだが、台所と農場、生活者と生産者が物質的にも、精神的にも有機的に繋がったことが一番大きな成果だろう。

長井市では、平成13年度からレインボープランの取り組みが第二期に入っている。第二期に当る10年間（平成13～23年度）では以下のような取り組みテーマが設定されている。

一つは、有機資源循環の範囲、そして量的な拡大である。現在、生ごみの分別収集を実施しているのは中央地区の５０００世帯で、全世帯の半分程度に過ぎない。市の周辺地区では人口密度が低く、家庭から収集所への排出やバケツコンテナの収集作業などの効率が悪い地区も存在する。また、周辺地区の農家などでは生ごみの自家処理、堆肥化をしているところもある。

しかし、コンポストの需要に供給が追いつかない現状では、レインボープランの有機資源循環サイクルに乗せられる資源はできるだけ拡大すべきであろう。地区内有機資源の有効活用ということでは、畜産廃棄物は地区内から排出される約１００トンの90％近くは活用されており、不足する分を地域外から購入している。その量が約１２０トンと地区内排出量を上回っているのが現状だ。そこで、地域内での資源循環ということで活用を計画しているのがダム伐採材などの森林資源である。市域の約7割を森林が占める長井市では、堆肥利用が見込める木材資源（非有価材）が3万立方メートル近くも存在する。それらを堆肥化すると、今後10年間で1万1000トンものの堆肥ができる計算になる。木材資源は、山からの搬出やチップ化などの技術面、コスト面の課題も少なくないが、地域に豊富に存在する有機資源として活用が期待される。

一方、有機資源を活用した環境保全型農業の拡大も大きなテーマである。レインボープランは、農業生産の最も基本である「土作り」に主眼を置いて推進されてきた。このような土作りと環境に配慮した有機農業を地域に普及し、次代にも継承していくために農業技術だけではなく、環境保全にも深い見識を持つ人材を「マイスター」として認定する制度も計画されている。

二つめのテーマは、これらの有機堆肥の製造と農業利用というベースを整備したうえで、レインボープラン認証農産物の流通面を強化することである。認証農産物は、前述のように学校給食や一般消費者向けの販売が行われているほか、煎餅やケーキなどの菓子、蕎麦、清酒などレインボープランを冠した加工食品なども登場するなど、地域の食品製造業との連携も始まっている。しかし、それらは認証農産物の生産量自体が少ないこともあり、いまだ緒についたばかりである。推進協議会では、認証農産物の生産、流通をより活発にするために、生活者や需要者のニーズを発掘、収集して生産者に伝えたり、契約栽培を含めて受発注のコーディネート機能を果たすとともに、一方で生活者向けの食育、環境に優しい暮らし作りのための情報発信機能を担う「農産物のステーション」作りを計画している。

そして、これらの有機資源による土作りと農作物の循環に加えて、第二期ではより広がりを持った活動、すなわち、地域そのものを循環型へと転換することが展望されている。

これは、レインボープランの理念をまちづくり全体へ波及、応用させようという考え方である。すなわち、レインボープランの取り組みは、活動を通して市民が「食」や「環境」を自らの問題として再認識し、従来の仕組みの中では同じ地域に暮らしながら遠い存在となってしまっていた生活者と生産者が連携、協働して、今日的な生活課題への対応を進めてきた。また、そのプロセスで行政と市民が役割分担をしながら課題への対応と新しい仕組みを作り上げてきた。これは、まさにコミュニティ「力」の醸成による地域づくり活動にほかならない。

レインボープランの取り組みで醸成されたこのようなコミュニティ「力」を教育、福祉、文化などほかの今日的な生活課題の対応にも活用していこうというものだ。具体的には、食農教育や障害者・不登校児などを対象としたアグリセラピー活動、新規就農者の育成とそれらによる耕作放棄地の再生が動きだしている。さらには、農と商の連携により市内の中心商店街に残る建物を交流空間として再生し、活性化を図る「レインボープランの風が吹くまち・もとまち」プロジェクト、商工会議所工業部会による生ごみ乾燥処理機の商品開発や製造業同士がそれぞれの廃棄物を再利用して新製品を開発する資源循環型のモノづくりなども動きだしている。また、これらの活動の推進母体としてのＮＰＯ法人の立ち上げも計画されており、レインボープランは活動のテーマや体制が幅も奥行きも広がり、新しいステージで動きだしているようだ。

第5章

コミュニティ「力《パワー》」で守る地域の「食」と「農」、そして「農村」

平成13年4月23日、政府はネギ、生シイタケ、畳表を対象とする期間200日の暫定的な緊急輸入制限措置（セーフガード）を発動した。これら3品目は、中国などからの安価な商品の輸入急増により市況が大幅に下落し、国内産地が甚大な影響を被っているとの判断に基づく措置であった。

セーフガードの対象となった3品目以外にも、生鮮野菜では、従来からたまねぎ、かぼちゃ、ブロッコリーなどはすでに相当量が輸入されており、また、最近はトマト、ピーマンなど国産野菜の主力品目も開発輸入などによる輸入量が増大している。

日本のセーフガード発動に対して、中国が日本製の自動車、移動電話などに高率関税をかける報復措置を実施したこともあり、問題は農業にとどまらず日本の産業に広範な影響をおよぼしている。そのため、同年11月に予定されていたセーフガードの本発動実施は一応見送られ、中国との話し合いによる解決に向けた交渉に切り替えられた。

このセーフガード騒動がいみじくも突きつけた本質的な問題は、生鮮野菜までが大量に輸入される状況下で、将来にわたるわが国の食料供給ビジョンをどのように描くかということである。21世紀には人口増大や環境問題など、世界の食料需給における不安定要因が増大することが懸念されている。そのような背景もあり、平成12年3月に閣議決定された食料・農業・農村基本計画では、食料安全保障の観点から食料自給率の引き上げが決定され、そのための具体的な施策が盛り込まれた。

政策的な食料自給率の引き上げが可能かどうかは別にしても、将来にわたる国民食料の安定的確保は食料輸入大国・日本の最も重要な政策課題の一つであることは言うまでもな

図５・１　生野菜の輸入量と消費者価格
（資料：大蔵省「日本貿易統計」 総務省「消費者物価指数」）

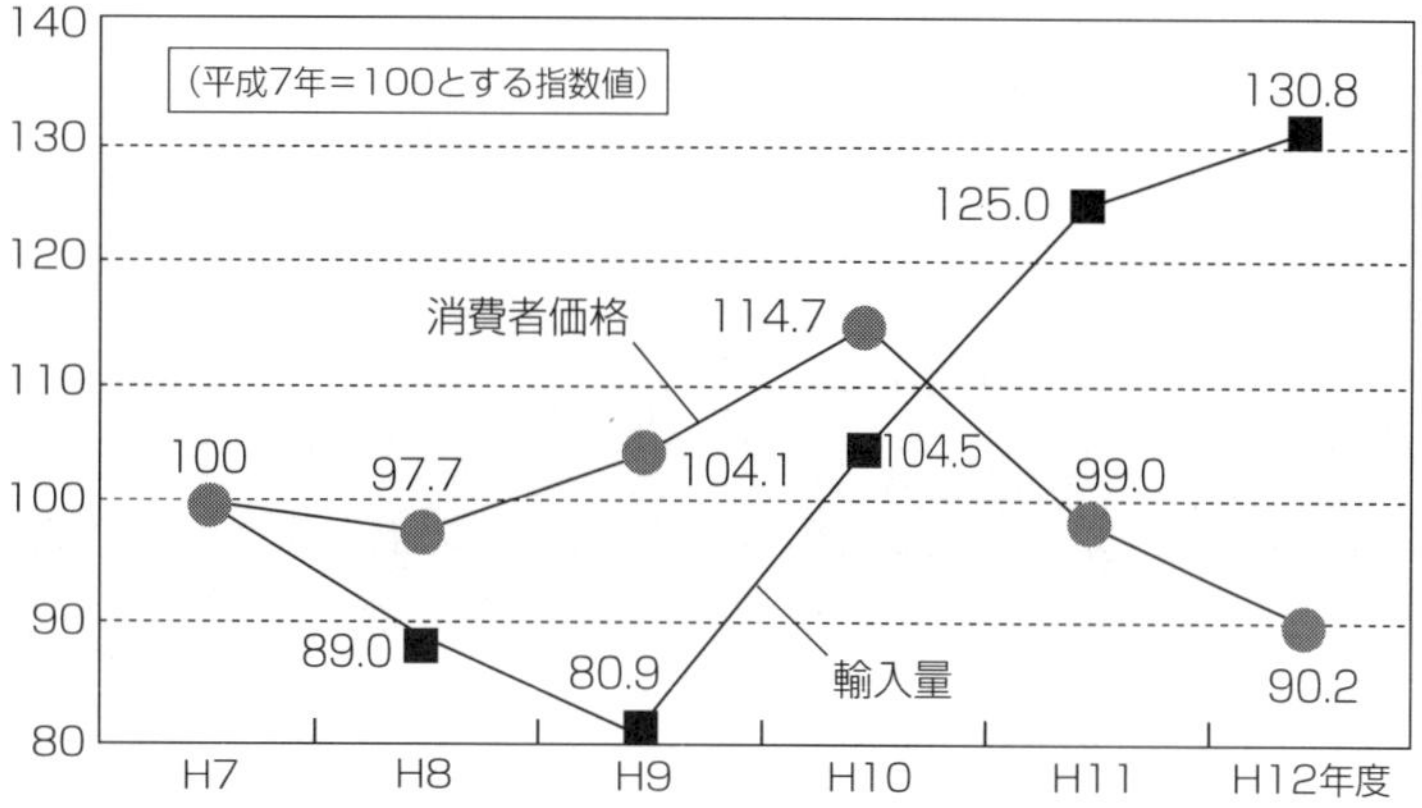

い。これは取りも直さず国内農業の将来像を描くことであり、国レベルの問題であるとともに、まさに地域とのかかわりの大きいテーマでもある。

一方、このところ雪印事件に始まり、ＢＳＥ（牛海綿状脳症）、産地偽装、無登録農薬問題など、食品や農業にかかわる不祥事が次々に起こり、いま「農」や「食」に対する生活者の信頼は著しく低下している。「食」の最も基本的要素であるこれら安全・安心問題を含めて、日本の「農」や「食」はさまざまな意味で再構築を求められている。

国が平成13年8月に「食と農の再生プラン」を発表したのも、まさにそのような危機感が底流にある。そして、「食」と「農」の再生には生活者と一体となった取り組みが不可欠だ。加えて、農地や農業は食料供給のみならず、環境、国土保全など、いわゆる多面的な機能を有しており、この点からも地域農業の維持、活性化は単に農山村の問題に止まらない。

そのため、生活者の支援も不可欠だが、農山村地域の主体的な取り組みが進まないことには支援のしようがない。難問山積の課題ではあるが、コミュニティ「力」を結集した取り組みが求められる。

1　田舎倶楽部が進める「野菜トラスト」の試み
――生活者とともに守る地域の農地と農業

ところで、現在、農産物では生産者と生活者がとても遠い存在になってしまっている。遠く海外から輸入される小麦や大豆などについては無理からぬところだが、国内で生産されるコメや野菜についても、それはまったく同様である。なぜ、両者がこのような関係になってしまったかといえば、それは現状の農産物の生産や流通の仕組みによるところが大きい。

例えば野菜についてみると、主要野菜は単品・大量生産型の指定産地が都市向けの供給基地として育成されている。

このような効率性を重視する生産システムは、大消費地の量的な需要を充足するという点では適しているが、自ずと生産者と生活者は物理的に離れてしまう。また、流通も系統出荷、卸売市場取引が基本とされ、さまざまな流通組織が介在し、情報が断絶することで、両者は意識の面でも遠い存在となってしまった。

その結果、生産者は生活者のニーズはおろか、自分の作った農産物を誰が食べているのかすら知らない。一方の生活者は生活者で、生産者の想いや苦労を知る由もない。このような仕組みでは、生産者と生活者が相互に信頼し合う関係が築けるはずがない。また、中間流通マージンが嵩《かさ》み、低い生産者手取り額と高い小売価格という歪んだ価格体系が出来上がってしまった。

一方、最近の生活者は、非常に多様化してきている。価格志向が強い反面、頭でモノを食べる傾向も強まっている。つまり、農産物に関しても、誰が、どこで、どのような方法で栽培したかなどの情報を知りたがっている。

平成13年4月の日本農林規格（JAS）法改正も、そのような生活者ニーズが基本的な背景として存在する。また、健康や安全への関心の高まりから、作り手との顔の見える関係を構築し、信頼をベースに商品を購入したいと考える生活者も増えている。そして、それらの生活者は、安全で美味しい農産物を手に入れるためには、相応の手間やコストをかけることをいとわない。

見直される「地産地消」

食や健康への関心が高まるにおよんで、従来の流通システムによってではなく、生産者と顔の見える関係において農産物を購入しようという取り組みが増えてきている。それらの取り組みでは、生活者の目が改めて地域の農業や農地に向けられることも多い。ここで紹介する北海道札幌市近郊で展開されている「田舎倶楽部」の活動もその一つだ。

田舎倶楽部の活動の基本には「身土不二」という考え方がある。身土不二とは、生物とその生息している環境とは切り離せない関係にあるという思想であり、そこから人間が足で歩いて行ける身近な所（四里四方）で育ったものを食べるのが身体に良いとする、いわゆる「地産地消」の考え方だ。地域で採れたものだから、採れたてを食することができるため新鮮で美味しい。鮮度が良いから栄養分も壊れずにたっぷり詰まっているから健康にも良い。また、生産者も地元の人だから、顔の見える信頼関係も築きやすい。

東京のような超大都市では難しい地産地消も、地方都市では相当大きな中核都市であっても近郊に広大な農地が存在するため、その気になればできない話ではない。しかし、実際には協力してくれる農家探しがそれなりに大変だ。というのも、従来型の生産や流通の仕組みは、慣行農法で決められた規格の農産物を生産し、農協の選果場へ持ってさえ行けば、あとは農協が売ってくれるため、生産者にとって実に手離れの良い楽な仕組みだからだ。そのような農業に慣れた生産者に、手間のかかる新しい試みに参加してもらうには、生活者の側が農業をよく理解して、生産者側に歩み寄ることが不可欠になる。

ただ、生活者がそのような意識で地域の農業や農地に関心を持つと、スーパーの店頭で野菜を買っているだけでは見えなかった農業の現状や難しさが見えてくる。例えば、わかりきったことのようだが、農業とは自然や生き物を相手にする産業なので、天気や病虫害のリスクに常にさらされていること、そして、有機農業、無農薬栽培と口で言うのは簡単だが、それがどれほど大変なことなのかも現実のものとして再認識することができる。

その結果、地域の農地や農業を守り、安全で新鮮な農産物を手に入れるためには、生活者側から生産者に近づいていくことが必要なこともわかってくる。そして、生活者が歩み寄れば生産者も変わり、それが両者の信頼関係につながっていく。

アメリカで広がる「コミュニティが支える農業」

いま、アメリカではCSA（Community Supported Agriculture）と呼ばれる市民運動が広がっている。これは文字通り「コミュニティが支える農業」ということだが、農業王

会員も参加する収穫作業
(写真提供：田舎倶楽部)

カリフォルニア州でCSA農場を視察する会員
(写真提供：田舎倶楽部)

国アメリカでも企業型の大規模農業に押されて、伝統的な家族経営型の農業は衰退の一途をたどっているという状況が背景にある。

家族経営の農業から大規模企業型の農業へ転換すると、農業のあり方が一変するという。すなわち、従来は地域の風土や季節に合わせて多様な作物が作られていたものが、単一作物の大量生産で、生産性を上げるために、農薬や肥料などの化学物質を大量に投入する農法が採用されたり、遺伝子組換作物が導入されたりするようになる。

このような状況に対して、環境や健康志向を強める生活者が、従来型の農業経営を支える活動を興したのがＣＳＡだ。１９８５年にマサチューセッツ州で始まったとされるこの運動は、現在では全米で１０００以上の地域組織が結成され、活発な活動を展開している。また、この運動は、もともとが日本の生活クラブ生協と農家との提携活動をモデルにしているということも興味深い。

ＣＳＡの具体的な仕組みは、生活者が前払い方式で農家から直接農産物を買い取るもので、地域農業の収穫物を生産リスクも含めて生産者と生活者で分かち合おうという考え方だ。買取り価格は、再生産が可能な生産コストに農家の利益を上乗せした額が生産に先立って決められ、後々市況が変動しても変更されない。一方、天候や病虫害など農業に付き物のリスクは生活者が負担し、生産物の受け取りも原則的には生活者が農家まで取りに行くなどが基本的なルールだ。このような仕組みで収入を保証された生産者は、生産に集中できるので自ずと作物の出来栄えは良くなることが多い。というよりは、生活者の信頼が生産者の〈職人魂〉を刺激して、普段より作業に気合が入るということもあるようだ。その結果、生活者は新鮮で、美味しい農産物を、地元から継続的に調達することができるという相互メリットがある。

また、会員は自由に農作業に参加・体験ができ、それらを通じて生産者と、また会員相互の交流や親睦がより深められる。つまり、CSAは、農業を媒介として地域の環境を保全するとともに、コミュニティ「力」を醸成する活動と言える。

日本版CSA「野菜トラスト」

恵庭市など札幌近郊で展開される田舎倶楽部の「野菜トラスト」運動は、アメリカのCSAの理念と仕組みを基本的には踏襲したものだ。そして、野菜トラストにはもう一つモデルがある。それは、15年程前、富山県で始まった「酒蔵トラスト」という、飲み手が良質な酒を造る小さな酒蔵を支える運動だ。

酒蔵トラストは、地域の酒蔵のファンが会員組織を作り、仕込みタンク1本分の基金を積んで、自分たちの飲みたいと思う酒質の酒を蔵元と杜氏にお願いして造ってもらうという、飲み手参加型の酒造りの仕組みだ。青年団の町おこし活動としてスタートとしたこの運動は、地元の米、水、杜氏《とうじ》など徹底的に地域にこだわる酒造りを提案し、廃業を考えていた地元でただ一つの酒蔵を見事に復活させた。

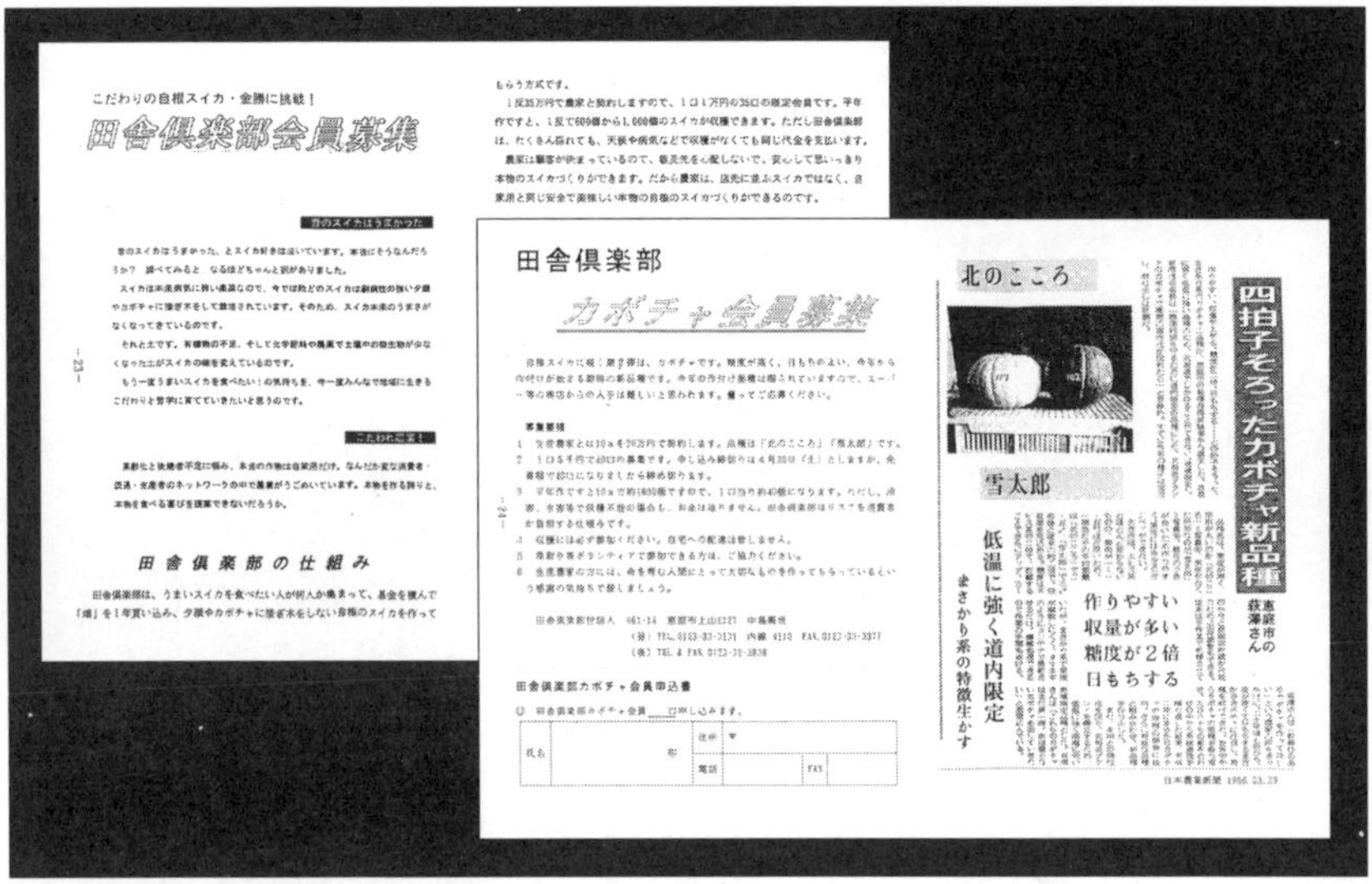

田舎倶楽部の会員募集チラシ。カボチャの品種の良さとともに、会員のリスク負担、収穫作業への参加がうたわれている

いまでは、酒蔵トラストの会員だけでも700口（約900万円）にのぼり、蔵の酒質も上がってファンが増え、酒蔵全体の製造量も一時期の倍以上に拡大している。（172頁コラム参照）

このような仕組みを農業に導入したのが野菜トラストだ。現在のところ、作物はスイカ、大根、かぼちゃなどで行われている。例えば、春先に会員と農家との間でスイカを10アール、35万円で作ってもらう契約をする。会費は、参加人数が10人ならば1人3万5000円、20人ならば1万7500円ということになるが、代金は契約時に先払いする。天候や病虫害など生産に伴うリスクは会員が負担し、冷害や台風で収穫がなくても会費の返却はしない。

また、草取りや収穫などの人手の必要な農作業にはできるだけ会員も参加し、農業の大変さや収穫の喜びなどを体験する。そして、収穫された農産物は会員が自分で取りに行くなど、あくまでも生活者が生産者サイドに歩み寄り、生産者の負担を軽減する仕組みとなっている。

一方、会員は栽培する品種や栽培方法に関しては、生産者との協議のなかで一定の注文をつけることができる。例えば、スイカで言えば、一般に市場で流通するスイカは連作障害に強く、栽培もしやすい夕顔に接ぎ木をした苗が使われる。しかし、接ぎ木苗のスイカは吸肥力が劣るため食味の点では自根スイカには到底適わない。そこで、野菜トラストでは、手間はかかるがよりジューシーで糖度も高い自根スイカ「金勝」の栽培をあえてお願いしている。

同様に、大根も一般に流通しているのは、肥料をたっぷり与えた畑で促成栽培（60日程度）されたものだ。促成栽培された大根は、組織が粗いため輪切りして水に入れると浮いてしまう。そこで、野菜トラストでは施肥量を抑えた畑でじっくり70日程度かけて栽培してもらう。出来上がった大根は組織が密で詰まっており、比重が重いので水に浮くことはない。それだけ、身が締まっているため食味、食感も良い。かぼちゃも、地域の気候風土に適したマサカリ系の道内限定品種（「北のこころ」と「雪太郎」）を、古くから地域で行われてきた伝統的な方法で栽培してもらう、といった具合だ。

このように野菜トラストでは、生活者が生産者サイドに歩み寄ることで、スーパーなどで売られている一般流通品とはまったく違う、農産物本来の食味や滋味に優るこだわりの野菜を手に入れることができる。おまけに、地域での会員同志や生産者との交流が活発になり、活動を通じて地域の農業を守り、農地や環境を保全することにもつながっている。

広がる小さな試みの波紋

平成7年に恵庭市で誕生した田舎倶楽部の活動は、9年を経過したいま、周辺の江別市、南幌町、北村などに広がっている。南幌田舎倶楽部は、「南幌産で元気を出そうパーティー」「地産地消の講演会・シンポジウム」「野菜のガレージセール」など、さまざまな活動を展開している。そのような活動を通して、会の主旨に賛同し、活動に参加する地域の人たちの輪が着実に広がってきている。

とはいえ、田舎倶楽部はまだまだほんの小さな活動だ。また、活動は毎年試行錯誤の連続で、天候によって収穫が大きく左右されるなど自然が相手の農業の難しさを改めて知らされることが多い。しかし、同時に毎年、少しずつ共鳴の輪が広がり、栽培面積が増え、活動を介して、農業や食、さらに地域の環境やコミュニティに関する関心が高まってきているのも事実である。

これらを見ても、野菜トラストの活動の背景にあるのは、「農的な暮らし」の見直しであり、まさに都市生活者に対してのライフスタイル提案にほかならない。

この活動が、すぐに日本の農業の生産や流通の仕組みを変えていくとは思えない。しかし、冒頭にも述べたように、生鮮野菜までが大量に海外から輸入される今日、日本の農業や農産物が生き残っていくためには国内、とくに地域の生活者との連携が不可欠である。そのためには、野菜倶楽部のようなコミュニティをベースとした生産者と生活者の信頼関係の構築が有効であろう。そのような意味で、今回紹介した札幌周辺で展開される田舎倶楽部の活動の今後に注目したい。

コラム

トラストによる産消連携

「酒蔵トラスト」による食と農の新しい関係づくり

トラスト的な仕組みを使った生産者と消費者間の新しい関係づくりがさまざまな農産物、商品分野で行われるようになってきた。そして、それがモノやお金のやり取りをこえた両者の連携を生み、地域の活性化や交流に結びついている。紹介事例に中でも、北海道・恵庭市の田舎倶楽部による野菜トラスト、千葉県・鴨川市の大山千枚田保存会による棚田トラスト、大豆畑トラストなどがこの仕組みを活用していた。現在、各地で取り組まれているトラストは、農産物や農産加工品を対象とするものが多いが、いずれも地元で取れた安全な農産物を食べたい、それらの農産物や加工品の生産者を応援したい、それを通じて農地や環境の保全に役立ちたいという消費者の「想い」がベースになっている。もともと、このような仕組みは生協の農産物の産直交流で実施されていたものであるが、「○○トラスト」という名称で実施されたのは、富山県・福光町の成政酒造による「酒蔵トラスト」が最初ではないかと思う。また、現在、事例的に最も多いのは「大豆畑トラスト」で、全国60カ所以上で行われている。これらは、地産地消やスローフードといった考え方の拡がりと対応して、ここ数年は事例が拡大している。

ここでは、このようなトラストによる産消連携の嚆矢《こうし》となった「酒蔵トラスト」について、その仕組みを紹介する中で取り組みのポイントなどについて整理したい。

地域とのかかわりが希薄化する清酒

もともと地酒を生産する中小の酒造業は、地元産の米と水を原料として、地域の酒造技術者たちの手によって生産が行われる典型的な地場産業であった。もちろん、出来上がった酒を消費するのも多くは地元の愛飲家たちだ。まさに、地酒は地域のシンボルであり、故郷を遠く離れても嬉しいにつけ、悲しいにつけ、飲みたくなるのが故郷の酒だ。そんな地酒も、最近は地域との関係が薄くなってきているのも事実だ。製造を杜氏《とうじ》や蔵人など地域外の職人集団に依存するのはいざ知らず、原料米までも他地域に依存するメーカーも少なくない。一方、清酒離れが進んでいることもあり、飲み手の側も「オラが町の酒」という意識は以前ほど強くなくなった。地域の飲み手の支持を失った地酒は、杜氏の後継者難も手伝って廃業が進み、昭和30年代のはじめには4000蔵を超えていたメーカー数も、いまでは2000蔵を切るまでに減少した。さらに、その中で自社製造をしているメーカーは1500蔵を割り込んでいると言われている。考えてみれば、消費者の清酒離れが進んだのも、農業の衰退が進み、食と農が物理的にも、意識的にも遠い存在になってしまったのと時を同じくしている。そして、主食の米を原料として醸され、地域の食文化の核的な存在であった地酒が存在感を失ったことと、日本人の食と地域とのかかわりが薄れ、食生活が陳腐化したことは、その根は同じように思われる。

そのような反省も含めて、もう一度、地域のシンボル的な「地酒」の本来の意味を問い直し、地域の食と農の関係を再構築することで、地域おこしにも結びつけようという動きが各地で始まっている。ここでは、そのような取り組みの元祖的な存在である成政酒造（富山県福光町）で行われている「成政トラスト吟醸の会」の活動を紹介しよう。

造り手と飲み手が一体となった酒づくり

「蔵元と杜氏、そして飲み手が一体となって、地域に根差した酒を造り、楽しもう！」を合い言葉に、酒蔵トラストが始まったのは昭和61年のことだ。「酒蔵トラスト」は、いわば飲み手参加型の究極の酒造りだ。すなわち、「飲み手が会員組織を作り、仕込みタンク1本分の基金を積んで、自分たちが飲みたいと思う酒質の酒を、蔵元と杜氏にお願いをして、自分たち専用に造ってもらう」という実にわがままで、贅沢な酒造りだ。「成政トラスト吟醸の会」の平成13年度の会員募集要綱から具体的な仕組みを説明しよう。トラストへの参加希望者は、1口1万3000円（宅配の場合は1万4500円）を払って入会し、じっと春を待つ。桜の蕾《つぼみ》が綻《ほころ》びはじめた春4月、杜氏が精根込めて醸した「山廃仕込み純米大吟醸」（地元産山田錦・雄山錦、精米歩合40％）の「しぼりたて生原酒」（1・8リットル）が届けられる。また、6月（生酒）、10月（秋あがり熟成酒）にもそれぞれ違ったタイプに仕上げられた酒が届けられ、会員は同じ酒の違う表情を3回楽しむことができる。さらに、田植えや開吟祭（酒が無事に出来上がったお祝い）などのイベントも開催される。これらさまざまな企画や会の運営は、すべて地元の有志10人ほどによる世話人会が行う。世話人会のメンバーは、それぞれ役割分担を持っており、ボランティアで会を支えている。

酒蔵トラストが、小売業のプライベートブランド商品づくりなどと決定的に異なる点は、単に売り手と買い手の関係においての酒（モノ）のやり取りだけに終らないことだ。つまり、酒蔵を核に、酒を媒介として、地域の人、産業、環境、文化などの新しい関係の創造による町おこしこそが本来の目的ということだ。というのも、酒蔵トラストは地域資源としての酒蔵に着目した地元青年グループの「酒蔵を核にした町おこし」活動としてスタートしたからだ。そのため、「成政トラスト吟醸の会」の活動では、地域農業との連携、具体的には優良酒米の産地づくりという具体的なテーマを持っている。

また、このような目的を持った地域の農業や飲み手と一体となった酒づくりは、杜氏の職人魂を大いに刺激し、蔵の酒質が上がり、トラストの酒が全国新酒鑑評会で金賞を射止めてしまうという思わぬ副産物まで生み出した。酒質が上がったことでファンも増え、「吟醸の会」の会員だけでも当初の200口から現状では700

口にまで拡大している。そして、トラストの活動がたびたびマスコミに取り上げられた効果も手伝って、成政酒造の酒は全国ブランド化し、生産量も増え、一時は廃業まで考えていた酒蔵の経営は完全に復活した。

このように福光町での試みは、地域ぐるみの活動で地場産業としての酒蔵を支え、地域農業との連携を強め、さらにコミュニティを活性化するなど、町おこし活動としても大成功をおさめた。そして、「吟醸の会」の成功に刺激され、また、同会のノウハウを移転する形で、その後いくつかの地域で同様の活動が始められている。まさに、酒が〈触媒〉の役割を果して、地域間のネットワークが拡大した形だ。

食と農の再構築の糸口に

現在、農業をはじめとする地域産業の活性化や地域コミュニティの再構築は全国共通の課題だ。また、健康で、安全な食生活の再生も大きな課題だ。これらの課題に対して、酒蔵トラストの活動は、ほんの小さな試みでしかないが、一つの方向性を示しているように思う。つまり、飲み手も巻き込んだ新しい形での食と農の連携、あるいはモノのやり取りをこえた地域での生産、流通のあり方の提案などだ。そして、酒を触媒とした地域内外のネットワークづくりなど、酒蔵トラストの考え方と仕組みは、現状の閉塞状況をブレークスルーする糸口を提示しているように思える。

2　女性パワーで農村地域を活性化
――「女の砦・たんぽぽ」は今日も元気

いま日本の農業の8割以上が、兼業農家によって担われている。そして、その兼業農家で実際の農作業を支えているのが女性と高齢者だ。

これらの女性や高齢者は、広い耕地で大型機械を駆使して単品作物を大量生産する大規模農業はできないが、自分の家で食べるモノの延長として、さまざまな農産物を少量ずつ作る農業には適している。いま各地に開設され人気を集めている農産物の朝市や直売所などへ野菜や果物を出荷しているのも、多くはこれらの女性や高齢者だ。このような少量多品目型の農業では、これら農業者の豊かな経験が遺憾なく発揮される。

また、最近は農産物の生産だけではなく、同じく直売所などへの出荷を目的とした加工品の生産も盛んに行われるようになってきた。これらの加工品は、地域の素材を使い、農村の日常的な食生活の中で代々受け継がれてきた家庭の味がベースになっており、すでに都会では失われてしまった食にかかわる技や知恵が活かされている。それらは素朴な食品が多いが、なんとも懐かしい郷愁を誘う味であったり、各地特産の素材や加工法で作られたもので直売所でも人気がある。

朝市や直売所への出荷や販売は、従来の卸売市場への出荷と違い、顧客と直接やり取りするため、その場で商品が評価される厳しい面がある一方で、顧客と対話ができ、ニーズを肌で捉えることができる張り合いもある。それをまた商品づくりに活かして、顧客の反応をみる面白さもある。そして、なにより卸売市場への出荷と違い、品目も、分量も、価格も自分で決めることができ、その売上が女性や高齢者の口座に振り込まれる。ある町の直売所では、町長よりも高給取りのおばあちゃんが何人もいるという。こうなると女性たちはますます元気になり、生産や販売に力が入る。

そのような活動を経験して自信を付けた農村の女性たちの中に、自分の得意な農産加工品づくりや郷土料理の腕を活かして「起業」をする事例が増えてきている。

これら女性たちの事業は、経済的な目的もさることながら、気心の知れた仲間たちと力を合わせて自己実現を図ることが最大の目的とされる。さらに、女性として、母として地域の環境や福祉、教育なども視野に入れた活動に発展していくことが共通する特徴だ。まさに、それはコミュニティ・ビジネスと呼ぶのが相応しいものであり、従来、行政や企業がカバーし切れなかった課題やテーマへの対応力が期待されている。

ここで紹介する長野市の(有)たんぽぽという農業法人も、兼業農家の主婦たちが起こした典型的なコミュニティ・ビジネスの事例だ。

「いきいき主婦講座」から活動は始まった

いまでは野菜の直売所およびレストランの運営、仕出し弁当やおやきの加工・販売などを手がけ、社員26人、売上高5000万円強の事業体に成長した(有)たんぽぽだが、そもそもの活動の発端は地元の農協と農業改良普及センターが平成3年に開催した「いきいき主婦講座」であった。この講座には、市内各地区から40人以上が参加し、8カ月間にわた

図5・2　事業内容別に見た農村女性起業数の推移（資料：「成功する農村女性起業」家の光協会）

タイプ	93年	97年	99年	2000年	具体的な事業内容の例
タイプ①（農業生産）	150件〈12.0%〉	541件〈13.4%〉	601件〈10.0%〉	514件〈8.3%〉	農作業受託、新規作物の共同経営など
タイプ②（食品加工）	770件〈61.4%〉	2467件〈61.1%〉	3738件〈61.9%〉	4266件〈68.6%〉	余剰生産物の加工、特産品開発など
タイプ③（食品以外の加工）	90件〈7.2%〉	204件〈5.0%〉	250件〈4.1%〉	279件〈4.5%〉	ハーブ、フラワーアレンジメント、染物織物など
タイプ④（流通・販売）	463件〈36.9%〉	1398件〈34.6%〉	2394件〈39.6%〉	2811件〈45.2%〉	朝市、レストラン、産直販売など
タイプ⑤（都市との交流）	76件〈6.1%〉	168件〈4.2%〉	428件〈7.1%〉	479件〈7.7%〉	農家民宿、体験農場、観光農園など
タイプ⑥（サービス業）	16件〈1.3%〉	12件〈0.3%〉	39件〈0.6%〉	48件〈0.8%〉	季節保育所、共同給食、教育･文化･福祉などのサービス
全　体	1255件〈100.0%〉	4040件〈100.0%〉	6039件〈100.0%〉	6218件〈100.0%〉	

＊複数の類型にまたがる事例があるため、各類型の合計は全体の数字を上回る

って講義を聴いたり、農業や農村生活についてメンバー間で議論をしたりした。講座の参加者のうち信里地区から参加した12人は、座学や議論だけでは飽き足らず、講座期間中から具体的な活動を開始した。

まず、地区内の遊休農地（50アール）を使って特産の野沢菜を栽培し、その収穫に当たっては近隣の消費者に呼びかけて収穫体験イベントを開催した。地元新聞などでＰＲしたところ、このイベントには１５０人もの参加があり、収穫体験だけでなく、野沢菜漬けの加工方法の講習やメンバーが生産した農産物の直売も行った。

イベントの成功で自信を持った信里地区の主婦たちは、講座が終了した後も、講座で学んだことを活かして活動を継続することにした。そこで、平成4年4月に同講座に参加したメンバーが核になり、新たに地区内から活動に参加したい女性たちを募って生活改善グループ「たんぽぽの会」を設立した。

このとき、呼びかけに応じて18人が新メンバーとして活動に加わったが、総勢30人のメンバーはいずれも30代から50代の兼業農家の主婦たちであった。

自分たちで値段を付けて農産物を販売する

たんぽぽの会が、最初に取り組んだのが農産物の直売所であった。現在の施設がある国道19号線沿いの土地を借りて、平成7年4月にパイプハウスの仮設直売所を開設した。直売所の開設にあたっては、メンバーが1人5000円ずつ出資し、店番は当番制で、土・日曜日のみ営業した。販売する商品は、各メンバーが自宅で作っている農産物や加工品を自分で袋詰、値付けをしたものだ。そして、当初は委託販売としたため、売れ残ったものは各自が持ち帰るルールとした。

直売所の運営とともに、11月には第2回目の野沢菜収穫体験イベントも開催した。さらに、平成5年5月からは地区内の遊休農地75アールを新たにたんぽぽの会で耕作を請け負うことにし、加工用カボチャの栽培も開始した。

このように、会の活動は直売所を核にして、自分たちの楽しみや自己実現を図るのと同時に、イベントを通じた地域の人たちとの交流や遊休地の活用による農地の保全など、常に地域が視野にあり、会の活動を通じて地域の活性化に自分たちが貢献できることがないかを考えている。

直売所の運営では、「犬石物語り」という渦巻き型カリントなどの商品開発を行うなどで初年度は約400万円の売上があったが、1年間営業をした反省点としては直売所での農産物の売れ残り品が多いことが挙げられた。そして、それをどのように処理するかが2年目を迎えるに当たっての大きな課題となった。

野沢菜収穫体験イベントの様子

売れ残ったものは加工品に活用

たんぽぽの会のメンバーは、いずれもベテランの主婦で漬物やおやきなどの地域の伝統的な食品加工の技を受け継いでいる。これらの食品は、地域の素材を最も美味しく食べるために工夫された調理法であったり、冬季のビタミンやミネラル不足を補うための保存食であったりするが、いずれにしろ地域では日常の食であり、来訪者にとっては「地域を味わう」ことができる食である。

そこで、課題であった直売所の売れ残り品の処理を、得意技を生かした農産加工品づくりで対応するにした。そして、会の中心メンバー5人が、使われなくなった地区内の卓球場を借りて農産加工場を整備した。施設整備費850万円のうち、500万円は幸い補助金を受けることができたが、残りの350万円はメンバーの5人がそれぞれ70万円ずつ個人名義で農協から借り入れをして賄った。通常、農家では世帯主が農協の組合員になり、女性たちは地域の農業における役割の大きさにかかわらず農協の議決への参加権や農産物の販売代金が振り込まれる農協口座を持たないケースが多い。

しかし、ここではメンバーの女性たちが世帯主とは別に農協の組合員になり、金額は少ないものの自分たちの名義で借入れをした比較的珍しい事例だ。もちろん、世帯主が保証人になり、万が一のときには返済を保証する契約内容ではあるが、農協もそれまでのたんぽぽの会の活動を通じて5人のメンバーの成長ぶりを見て、また、その熱意を信頼しての融資であった。

農産加工場では、漬物、豆腐、おやきの3品目の製造許可を保健所から取得し、漬物とおやきは直売所に出荷された農産物の売れ残り品を加工場が買い取る形でスタートした。つまり、漬物やおやきの材料（具）は直売所で売れ残った野菜を使うのだから、どんな材料が出てきても、それらをいろいろ工夫して商品に仕立て上げる技が必要になる。そこで生きるのがベテラン主婦たちの長年の家事で培った調理技術だ。

ただ、それを家庭のお惣菜のレベルからお金を払って購入してもらう商品のレベルまで引き上げるには、相当の技術研修と商品開発のアイデアが必要であった。メンバーは試作を繰り返しながら、直売所の店頭で直接、消費者に試食や評価をしてもらい、商品の改良を重ねた。

また、豆腐の原料となる大豆、おやきの皮を作る小麦粉などは農協から仕入れるが、おやきの具に使うカボチャや野沢菜などは遊休農地を復元した地元の畑で作るなどして、できるだけ自分たちの手で栽培したり、地域で採れる素材にこだわることにした。

現在の施設の外観

直売所の通年営業とレストラン事業の開始

新鮮野菜の直売と地元の素材を活かした加工品の商品開発などにより直売所の営業は順調に拡大していった。そうなると、メンバーの間からも土日のみの営業ではなく、直売所の通年営業を希望する声が強まってきた。

しかし、通年営業を始めてみるとさまざまな問題が持ち上がってきた。例えば、パイプハウスの簡易店舗では冬場に商品の野菜が凍ってしまうとか、季節や曜日によっては来店客数が少なく、販売実績が上がらないだけでなく、加工部門が買い取らなければならない野菜の売れ残り品が大量に発生してしまう。また、販売実績が上がらなければ、店番のパート職員に給与を支払うこともできない。

そこで、販売に関しては来店客の少なさを補うために、人の集まるところへ出かけて行って販売することにした。週に数回、農協のAコープ店舗に自分たちで商品を持ち込んで出張販売をすることにした。このように、女性たちの事業では、解決策のアイデアが思い浮かぶと、周囲に働きかけてとにかく実行してしまう臨機応変さ、実践力を持つことが特徴だ。そして、そのような具体的な活動を行っているうちに、たまたまであることも多いが、問題解決のための道筋が見えてきたり、新しい状況の変化が起こったりするから不思議なものだ。

通年営業を始めて販売力の強化に苦労していたちょうどそのころ、直売所に隣接する国道沿いでレストランを営業していた業者が廃業することになった。そこで、たんぽぽの会ではさっそく農協に働きかけて、その施設を買収してもらった。そして、レストランの事業をたんぽぽの会で引き継ぐとともに、中山間地域向けの補助事業を導入して、それまでのパイプハウスからレストランに隣接する形で木造の直売所（36平方メートル）を新設し、一体的な営業ができるようになった。

このように、たんぽぽの会の事業では、活動が始まった経緯もあって農協などの組織が必要に応じてさまざまな支援を行っている。これも女性たちの活動に共通する特徴だが、事業や商品を企画する発想力、そしてそれを実践する行動力には優れるが、補助事業を活用したり、事業計画を組み立てたりするのは概して苦手だ。農村部のようなやや沈滞ムードが漂い、男性が中心で動いてきた既存の仕組みや活動ではなかなか活性化が難しい地域では、行政や農協が元気な女性たちのパワーを上手に引き出せるよう、この事例のように女性たちが苦手な部分をサポートしていくことが必要だろう。

技を活かしつつも必要な「消費者起点」のモノづくり

たんぽぽの会では、新しい拠点でのレストラン事業を開始するのにあわせて、仕出し弁

たんぽぽの商品群

当・惣菜事業を始めることにした。しかし、従来の加工施設では惣菜製造の許可を受けていなかったこと、またスペース的にも手狭になってきたことなどから、弁当・惣菜用の加工施設を新設することにした。

弁当・惣菜は完全な受注生産方式とし、市や農協などの会議やイベント用に販売しているが、通常の受注ロットは10個前後で、多い日には数百個を受注することもある。ただ、この弁当・惣菜も直売所への出荷品の売れ残り品を材料に使うという原則は変わらず、外部から購入しているのは魚や肉、大豆などメンバーが生産していないものに限られる。

もともと、たんぽぽの会では直売所で販売する商品の品揃えにしても、はじめから誰が、いつ、何を、どれくらい生産し、出荷するかは決めておらず、あくまでも出荷者に任せている。もちろん、出荷者それぞれが直売所での売れ行きや消費者の反応を見ながら自分の出荷する商品の品目や量を調整してはいる。

とはいえ、直売所がある程度の規模になり、レストランや弁当・惣菜事業にまで事業範囲が拡大してくると、従来のような加工の技だけで対応するのには限界がある。これまでの「作ったモノを売る・加工する」という方式から、消費者が求めるもの、食べたいと思うものを品揃え、販売するという方向へ転換すべき時期にきているのではないか。そのためには、商品、メニューが先にあって、それを作るためにはどのような種類の素材が、いつ、どの程度必要なのか、それを誰が、どのような方法で、どれくらいの量を生産するのかを年間を通じて計画していくことが必要になる。ただ、これまでの農業では作ったモノを農協に出荷すれば、あとは農協が市場へ持っていって売りさばいてくれていたため、食べる人たちや食卓からものごとを組み立てる発想はなかった。また、農業法人などが生産する加工品を見ても、従来の「素材から自分たちで作った素朴な商品」というだけでは、もはや消費者の心を動かさなくなってきている。

一方、食品の安全性への関心が従来にも増して高まっているいま、素材の品質や生産方法について栽培履歴を含めて責任を持てる食品の価値は非常に高まっている。それゆえに、農業界が消費者に一歩近づき、消費者発想の生産をしていけば、輸入農産物にも十分対抗できると思われる。

お父ちゃんたちも自立しはじめた

前述したように、たんぽぽの会のメンバーはすべて兼業農家の主婦たちだ。農家の主婦は、農地を守り、家庭を切り盛りし、嫁として母としてただでさえ忙しい日々を送っている。その主婦たちが、たんぽぽの会を通じて仲間と力を合わせながら、自分たちの自己実

おやきの製造風景

現を目指して積極的に活動しはじめた。しかし、事業領域が拡大してくるとたんぽぽの会の仕事に取られる時間がどうしても増えてくる。そうなると農作業や家の仕事を従来どおりにこなしていたのでは体が続かない。家族の協力がなければ到底やっていけない。そこで、たんぽぽの会のメンバーたちは、まず「お父ちゃん」たちの自立のための〈教育〉活動に力を入れた。その結果、たんぽぽの会の仕事が忙しいときには、お父ちゃんたちは自分で食事の支度をしたり、身の回りのことは自分でできるようになった。

もちろん、子どもたちやおじいちゃん、おばあちゃんたちもそれぞれができることを分担するようになった。このような家族の協力があってはじめて、お母ちゃんが時間と気持ちの余裕を持って外で働けるようになる。それができているお母ちゃんたちがたんぽぽの会の活動に参加しているとも言える。

もう一つ、お母ちゃんたちの元気な活動に刺激を受けて変化したことがある。お父ちゃんたちが地域をベースとする活動に積極的に参加するようになったことだ。たんぽぽの会がある信里地区では、以前から学生を連れて学外研修に来ていた大学の先生を塾長とする「信里未来塾」という地域活動組織が平成9年に作られ、地域問題に関するさまざまな学習活動や正月の落語会などのイベントが行われるようになった。そして、お父ちゃんたちはそれらの活動に積極的に参加しはじめた。

自分たちで栽培した酒米を近隣の酒造メーカーに委託して「信里の夜明け」という地域ブランドの地酒を商品開発したり、山ぶどう酒を造るために遊休農地で山ぶどうの栽培を行うなど、さまざまな地域活動を企画、実行することで、コミュニティの仲間意識はこれまでになく高まっている。また、お父ちゃんたちは「たんぽぽ応援団」を作って、じゃがいも掘りなどの機械作業を積極的に買って出ている。これを見ても、お母ちゃんたちの〈教育〉成果は十分出ているようだ。

法人化してもコミュニティの視点を忘れない

たんぽぽの会は、平成11年3月に「有限会社たんぽぽ」として法人化した。平成9年度に売上高が3000万円を超えたころから、農協や農業改良普及所からも法人化を勧められていた。が、直接のきっかけになったのはおやきの製造・販売で有名な「小川の庄」（長野県小川村）向けのおやき製造を始めたことだ。おやきは、「薬膳おやき」という名称の自社ブランド商品も販売しているため、「小川の庄」向けの製造をするに当たり設備能力の増強が必要になった。設備増強には2000万円以上の投資が必要であり、相当額の銀行借入も発生するため資金調達の有利性を考えて法人化に踏み切った。また、製造量が増えれば、当然自社ブランド分の販路拡大も必要になるが、その点でも法人化して社会的な信用力を高めることが有利だと判断した。

（有）たんぽぽの資本金は345万円だが、それは旧たんぽぽの会のメンバー23人が1人15万円（1口5万円×3口）ずつ平等に出資している。このあたりにもフラットな組織を重んじる農村女性組織の特徴がよく出ている。また、法人設立の登記用書類の作成や借り入れに当たっての事業計画の策定などは女性起業家たちが一番不得手とするところであるが、この部分は県の農協中央会や地元農協が全面的に支援して無事に設立にこぎつけた。

法人化後、目論見通り取引先も順調に拡大し、おやきの製造・販売が事業の柱になってきている。そして、平成13年度には売上高も初めて5000万円を超えるまでに成長した。ただ、売上が増えること自体はメンバーの喜びであるが、（有）たんぽぽは売上高や利益の拡大を一義的な目的にしてはいないという。

それは、次のようなことからもうかがえる。例えば、たんぽぽの食材の仕入れは、前述のように直売所の売れ残り品を中心に、地元の生産物にこだわっている。特に、直売所への出荷品については、直売所の手数料25％を差し引いた販売価格の75％で加工部門が完全買取制で引き取っている。そのため、全体の製造原価率は45％弱と高い。しかし、これはもともと地域の農地と農業を守ることがグループ活動の目的であり、法人化した現在もその方針は貫かれている。

また、職員の報酬は社長の小池氏だけが役員報酬を取るが、あとのメンバーはパート勤務形態でその時給は550円と決して高くない。これにも理由があって、時給が高くなると会社の仕事に力が入り過ぎて、本業であるはずの農業に手が回らなくなる心配があるためだ。あくまでも農業を一生懸命やることがメンバーの責任ということだ。ただ、利益が出たときには、その時点でメンバーに還元するルールになっており、インセンティブの設定も忘れていない。

（有）たんぽぽは、いまでは事業規模も一定の大きさになり、地域の農業や農村の活性化を牽引する役割期待も大きくなっている。そして、たんぽぽのメンバー自身も、そのような自覚は持ちはじめている。地域の農業を支え、活性化させるという目的では、メンバーからの仕入だけではなく、週3回はほかの生産グループの農産物も直売所に受け入れている。また、平成13年11月からは福祉弁当事業を開始した。独居老人に週2回、昼食用の弁当を宅配する事業だが、現状では全体でも20食程度の受注で採算に乗ってはいない。いまは地域還元という意識で頑張っているという。ただ、地域には75歳以上のお年寄りだけで230人も暮らしているということで、50食程度という採算ラインまでは拡大する計画だ。同様に、レストラン部門もなかなか採算には乗り難いが、全体がたんぽぽの事業であり、そこはまさに自分たちの「女の砦」という位置づけなのでトータルでの採算をとりながら継続していく方針だ。

単純なビジネスとして見れば、たんぽぽは、コストの圧縮や部門ごとの収益管理など経営基盤強化の課題は少なくない。また、現状でも経理処理は農協にアウトソーシングしていたり、農協などへの依存も依然として少なくない。しかし、たんぽぽはそれ単体で切り離して考えるのではなく、地域という視点で、地域と一体で考える必要がありそうだ。たんぽぽは、まさに農村部におけるコミュニティ・ビジネスであり、女性たちの元気がお父ちゃんたちの自立や活性化を促し、コミュニティ「力」の向上にも大きく貢献するなど、もはやコミュニティになくてはならない存在になってきている。これから、地域の若い女性たちをどう巻き込んでいくのか、福祉や教育など農業がもつ多面的な機能をどう活動に取り込んでいくのか、たんぽぽの今後の展開が楽しみだ。

3 コミュニティ「力」で作り上げた「村営百貨店」——村の生活基盤は自分たちで守る

いま、中山間地域では、過疎化と高齢化により、日々の買い物をする地域の商店がなくなってしまうという深刻な現象が起こっている。都市部であれば、商店街が衰退したとはいえ、それは郊外に進出したスーパーマーケットなど大型商業施設との競争の結果であり、地域に暮らす生活者にとって買い物の不自由さはそれほど深刻ではない。一方、中山間地域では集落に商店が一店もないということも珍しくなく、徒歩圏から商業施設がなくなってしまうことは自動車の運転ができない高齢者などにとっては生活基盤を失われることにほかならない。

すでに、中山間地域では、商業施設の撤退により、社会生活の維持が難しくなったり、週に何度か訪れる訪問販売に依存して、かろうじて生活を維持している地域も少なくない。ここで紹介するのは、中山間地域の商業施設を、地域が一体となって守り、再生した京都府大宮町の事例だ。

このような状況に対して、国も平成14年度から直接所得補償制度を創設して、集落単位での農業や農村の維持に対して新しい手法での助成を行いはじめた。

しかし、集落や地域の生活基盤を維持し、豊かな生活を創りあげるのはほかならぬ地域に住む人たちであり、そして地域の行政や農協などの組織である。直接所得補償をはじめとするさまざまな制度の支援があっても、地域の人たちが主体的に動かなければ地域は活性化しない。

そのような意味で、集落にたった一つ存在した商業施設の廃止をきっかけに、地域の人たちが立ち上がり、自分たちで商業機能はもとよりコミュニティの核的施設として再生させた京都府大宮町の取り組みは、問題が山積する多くの中山間地域に元気を与えてくれる。

「村営百貨店」誕生

大宮町は、京都駅からJR山陰線、第3セクターの北近畿タンゴ鉄道を乗り継いで約2時間半、京都府の北の外れ、丹後半島の玄関口に位置する。町の人口は約1万人、町面積の4分の3を山林が占める典型的な中山間の町だ。かつては、農業に加えて特産の丹後ちりめんの生産地として活気があったこの町も、輸入品に押されてちりめんの生産額が最盛時の10分の1にまで激減するなど、基幹産業の低迷に苦しんでいる。

そんな小さな町に、平成9年12月「村営百貨店」が誕生した。大宮町では、16ある集落をそれぞれ「村」と呼ぶ。つまり、村営百貨店とは、常吉という集落(村)の百貨店という

常吉村営百貨店の外観

ことで、正確な名称は「常吉村営百貨店」だ。もちろん、百貨店といっても京都駅前にあるような大店舗ができたわけではない。売場面積約83平方メートル（25坪）というコンビニエンスストアをひと回り小さくしたくらいの店舗だ。

しかし、地域の人たちにとっての存在感は、店の大きさの何十倍も、何百倍もある。なぜなら、この店はコミュニティ「力」を結集して作り上げた自分たちの店舗だからだ。

それでは、この店の開設にいたる経緯を説明しよう。この店の前身は、農協の支所（店舗）であった。長年、地域の農業や生活を支えてきたその支所が、農協の広域合併で廃止されることになった。当然、併設されていた店舗も廃止ということだ。

都会の小売店の廃業と違って、それは集落で唯一の店舗がなくなることを意味し、集落にとっては一大事である。特に、車を使えないお年寄りたちにとっては、まさに生活の危機だった。そのような状況を打開すべく地域住民が行動を起こしたわけだが、幸い大宮町に

図5・3　常吉村百貨店の定款

有限会社 常吉村営百貨店の定款（目的）

1．水稲、畑作等農業の経営。
2．農作業の代行、請負、委託。
3．農産物の生産、加工、販売。
4．農機具、農業用施設の利用貸付。
5．前各号に附帯関連する一切の業務。

は従来から地域づくり活動の基盤があった。

「ふるさと創生1億円」で人づくり

大宮町では、昭和60年代から行政や商工会が中心となって「人づくり」に力を入れてきた。あの「ふるさと創生資金」の1億円も、多くは若者の海外研修費用などの人材育成に活用された。

そして、平成4年以降は、まず集落のリーダーを育成する目的で、各集落から一人ずつ計16人のメンバーを集めて「大宮活性懇話塾」を立ち上げた。同塾は、農林業振興、特産品の開発、交流イベントの開催、環境・景観づくりなどを通した人材育成を活動内容として、年間30日程度ずつ4年間継続された。その間に、大宮町の産業活性化に関して行政に対する提言を行ったほか、京都府美山町、三重県大宮町などとの交流会の開催、町の地域資源再発見運動の推進（町内案内パンフレットの作成）、農村環境美化運動の実施（花いっぱい運動、ごみ減量化、生ごみ堆肥化）など、さまざまな成果をあげた。

そして、これらの活動を通して確実に人材が育ち、熟生の中から町収入役1名、町議1名、後述する地域塾（村づくり委員会）の塾長3名を輩出した。

続いて平成7年度からは、懇話塾に参加したメンバーがそれぞれの集落

村営百貨店の内部

に戻ってリーダーとして具体的な活動に取り組む目的で「村づくり委員会」をスタートさせた。これは、町の活性化には村（集落）が元気になることが不可欠であるという認識に基づいて組織されたもので、現在、町内16集落のうち12集落で活動が行われている。村づくり委員会では、それぞれ地域活性化構想を作成・提言したり、ハード、ソフト両面にわたる事業が活発に行われている。

農業生産法人「(有)常吉村営百貨店」を設立

常吉地区の村づくり委員会（下常吉村づくり委員会）でも、リーダーの大木満和氏を中心に、地域の課題抽出やそれらの課題を踏まえて地域づくりのアイデアを盛り込んだ「村づくり検討マップ」などを作成してきた。

また、地区のお寺を使ったジャズコンサートや子どもたちを集めた寺子屋（遊び塾）など具体的な活動もはじまっていた。

そこへ降って沸いたのが農協支所の廃止問題だった。常吉村づくり委員会では、早速、同問題を最重要テーマとして取り上げ、検討することになった。その結果、支所廃止の見返りとして、農協に建物改築費の一部を負担してもらうとともに、地区の有志33人が出資して資本金350万円で農業生産法人「(有) 常吉村営百貨店」を設立することになった。これは、農業生産法人の形態をとっていることが一つのミソで、集落の新しい商業施設としての村営百貨店の運営全般を行うのはもちろんのこと、担い手のいなくなった集落農地の作業受託や集落で採れた農産物の加工販売など、とにかく地域の農業とのかかわりを強く意識しているのが特徴だ。

これらは、従来から村づくり委員会の活動を通じて、地域の課題は何か、地域にとってどんな機能の補完が必要かを熟知していたメンバーが中心になって設立した会社ならではの事業内容だといえる。

まさに「村のホットステーション」

常吉村営百貨店には、生鮮3品から加工食品、日用雑貨品、日常軽衣料、さらには肥料や鎌、鍬などの営農用品の類まで、集落の日常生活に必要なものはなんでも揃っている。また、宅配便やクリーニングの取次ぎもしてくれる。まさに、百貨店ならぬ、村のコンビニエンスストアだ。

また、集落のおじいちゃんが作った野菜、おばあちゃんが作ったコンニャク玉やたくわん、さらには山や野良で摘んできた山菜などもここへ持ってくれば売ってくれる。集落の直売所の機能も果している。リーダーの大木氏は本業が小売業だけに、モノを売ることにかけてはプロ中のプロだ。

そして、このような直売所としての機能が、いま集落のお年寄りたちの大きな生き甲斐、張り合いになってきている。村営百貨店に買物に来るついでに、自分が丹精して作った野菜や加工品を持ってくるお年寄りも増えてきている。そのせいか、最近では集落のゲートボール場に人影は疎《まば》らだという。

この店には、買物にやってきた集落の人たちがお茶を飲みながら一服できるスペースも設けられている。買物を済ませたお年寄りたちが井戸端会議に花を咲かせたり、お菓子を買いに来た子どもたちの溜まり場になったりと、まさに集落の多機能情報拠点となっている。

集落の人たちが持ち込んだ商品も販売する

お茶飲みスペースには掲示板が設置され、さまざまな地域情報が掲示される

そして、村営百貨店のもう一つの重要な機能が、お天気や体調によって店まで足を運べないお年寄りの買物代行や宅配サービスをしていることだ。注文品を届けがてら、独居高齢者の様子を見たり、短い時間でも話し相手になるなどで、集落のお年寄りには大変喜ばれている。

このように、村営百貨店は従来の農協支所にはなかった機能まで取り込みながら、集落の生活拠点として復活した。さらに、これからもこの会社を中山間地の農業や生活を取り巻くさまざまな課題に対応する「地域総合会社」として育成する方針だという。

集落ごとに活性化のアイデアを競う

大宮町では、村営百貨店を開設した常吉集落だけではなく、ほかの集落でも懇話塾ＯＢであるリーダーを中心に活発な地域おこし活動が展開されている。

例えば、大宮活性懇話塾の塾長でもある川村嘉徳氏がリーダーを努める谷内集落の村づくり委員会では、地域の青年農業者で組織する「谷内21青年プロジェクト」による農地の受委託作業の事業化、女性のグループ「ひまわり会」による朝市の実施、宗山《あらたやま》開発委員会による地域の公園整備の検討などを行ってきた。

そして、平成９年10月に、それらを包括的に実施する村づくり総合会社としての農業生産法人「(有)丹後路たにうちファーム」を設立した。こちらも地域の有志20人が20万円ずつ出資して作った住民主体の村づくり会社で、地区の青年、女性、高齢者も参加して、農地の維持管理から農産物の加工・販売、さらに観光事業までを一体的に運営する。そして、それらの事業を通して、自前で働く場を創出し、地域を活性化していこうという狙いも込められている。

同年11月には、国道312号沿いの地区公民館に隣接して活動の拠点となる施設「畦蔵」もオープンした。畦蔵は、1階にはコンニャク、味噌、漬物、梅干などの地元産品の販売所や軽食コーナー、農産物加工施設などが、また2階には多目的ホールが設置されている。また、同施設前の広場で〈ふれあい朝市〉も継続して開催されている。

畦蔵の外観

住民と役場の〈いい関係づくり〉

大宮町では、基幹産業の農業と織物業がともに低迷し、地域の地盤沈下が進む中で、従来から行政主導型のさまざまな活性化事業が実施されてきた。しかし、行政主導型ではなかなか地域の本当に痒い所に手が届かないとの反省から、住民主導のボトムアップ方式への転換が進められた。そのような転換に当たっては、当時、役場の産業課長だったキーマンの存在が大きい。

そして、住民主導型の仕組みづくりには、まず人材育成が不可欠だということで前述のような「人づくり」のためのさまざまな組織づくりや活動が展開されてきた。また、町、農協、商工会が共同で人づくりに必要な研修資金を拠出し、15年近くも町職員や地域のリーダーなどを全国各地に派遣する研修を続けている。いま、これらの研修や塾活動などで育った人材が各地区の活性化活動で活躍している。

もう一つ、大宮町ではそれと並行して、住民と役場の信頼関係づくりにも時間とエネルギーを費やしてきた。具体的には、村づくり委員会の組織化や地域活性化構想の作成までは行政が種をまき、仕掛けて、指導しながら進め、その後、構想を実現していくさまざまなソフト事業は地区の主体性に任せていくという方法が採られている。そのため、構想の実施段階では地区による展開スピードの差も出ているが、それはそれで地区ごとに機が熟すのを待つという方針である。

また、行政は側面から活動を支援する黒子役に徹しているが、地区ごとの構想実現に活用できる国、県などのさまざまな事業については、行政がアドバイスをしたり、実際に国、県に出向いて事業を引っ張ってくる等の形でかかわっている。

いずれにしろ、地域活性化、特に大宮町のような中山間地域では人材がそれほど豊富に存在するわけではないため、役場と住民の役割分担による協働が不可欠である。その点、大宮町では両者が〈いい関係〉づくりを意識的に進め、信頼関係でスクラムを組んでいることの意味は大きそうだ。

第6章

商店街の活性化はコミュニティ「力《パワー》」の醸成から

この章では「商店街」をテーマとして取り上げる。商店街は、まさにコミュニティの中心的な存在だ。しかし、その実態は、スーパーやコンビニエンスストアなどにお客を奪われ、また店主の高齢化、後継者難も深刻であり、いまや青息吐息の状況だ。地方都市の駅前などでは、シャッター街と化し、足を踏み入れるのさえ躊躇するような無残な姿をさらす商店街を見かけることも少なくない。大型店の出店を規制してきた大規模小売店舗法が廃止になったいま、小売業間の競争が激しさを増すことは必至であり、いよいよ商店街は存亡の危機を迎えている。

一方、高齢社会では、顔見知りの店主との会話を楽しむことができ、顧客一人一人の好みまで熟知し、ヒューマンタッチな対応が売り物の商店街が身近に存在することも必要だ。また、町のにぎわいやアイデンティティを維持するためにも、「街の顔」としての商店街を残したいという声は少なくない。

そのため、国も中心市街地活性化法を制定し、13省庁の連携による総合対策を推進している。そのなかで、「タウンマネジメント」という考え方を導入し、中心市街地を一体的に運営、プロデュースする主体としてＴＭＯ（Town Management Organizaition）を設置し、地域主導型の活性化策の立案、推進を目指している。

このように枠組みは整ったものの、商店街に「魂」を入れるのはあくまでも地域の商業者であり、生活者だ。いくら綺麗な街灯やアーケードができ、駐車場が整備されても、肝心の店舗や提供される商品、サービスに魅力がなければ商店街の活性化は実現しない。ただ、商店街が「街の顔」として必要ならば、地域として商店街を支えていくことも必要だ。

つまり、商店街の活性化は、まさに地域の問題であり、極めてコミュニティ「力」が問われるテーマだということだ。そのような視点から、コミュニティ「力」を結集して、厳しい環境を乗り切るさまざまな工夫をし、元気を維持している商店街を紹介していこう。

1 まち場コミュニティ機能の復活を目指す商店街
――「早稲田いのちのまちづくり」が示す新しい商店街のスガタ

すべては商店街の「夏枯れ対策」から始まった

最初に紹介するのは、早稲田大学周辺（東京・新宿区）の商店街の活動だ。大学を取り巻く商店会を核にして始まった「ごみのリサイクル運動」が、その後、活動メンバーも活動テーマも大きく拡大し、いまでは「早稲田いのちのまちづくり」として全国的にも注目されている。が、その活動のそもそもの発端は、商店街の夏枯れ対策から始まったというのも面白い。

というのも、この地域の人口は5万2千人ほどだが、そのうち早稲田大学の学生が3万人を占めるという典型的な「大学城下町」だ。つまり、大学が夏休みになる夏の2カ月間は、街の人通り自体が減り、開店休業状態に陥る商店も少なくない。飲食店などでは、その間、実際に休業する店も多い。そのため、商店街は夏枯れ対策に毎年頭を悩ますのだが、平成8年は集客イベントとして、大隈講堂前で野外コンサートが企画された。ちょうどそのころ、東京都の「事業系ごみ有料化」の話が持ち上がったこともあり、商店街としても切実な問題である「環境」をイベントのテーマに採用することになった。そして、商店会が中心となり、行政や学生、企業の協力も得て「エコサマー・フェスティバル in 早稲田」が開催された。

このイベントは大成功し、マスコミにも取り上げられ全国に報道された。なかでも、協賛した環境機器メーカーの提供による「ゲーム付き空き缶回収機&ペットボトル回収機」などを使ったメイン企画の「ゼロ・エミッション1日実験」は、大盛況だった。「リーガ・ロイヤルホテル早稲田の無料ペア宿泊券（特賞7万円相当）」や商店街のお買い物券、サービス券（ラッキーチケット）を景品として用意したことが功を奏して、この1日だけで空き缶1300缶、ペットボトル130本が集まった。そして、これら空き缶やペットボトルを含めて当日回収されたごみ類を計量し、それらの再資源化を細かく検討してみると、実に90％のごみが再資源化できることもわかった。一番の難物とされる生ごみでさえ、しっかり分別排出すれば堆肥として活かすことが可能である。実際、早稲田の生ごみで作られた堆肥は、早稲田と繋がりのある福島県金山町や群馬県安中市の畑で農産物の生産に使われることになった。

「早稲田いのちのまちづくり」へ

「エコサマー」イベントの成功で自信をつけた商店会は、今度は大学が開校している11月に、約1カ月間におよぶ「ごみゼロ平常時実験」を実施した。実験の内容はほぼ同様だが、今度は早稲田大学の学生も事務局に加わり、各種ごみ回収機の台数も大幅に増やした。また、大学周辺にある7つの商店街すべてが参加するなど、実験の規模もかかわるメンバーの範囲もずっと大きくなった。

景品にハワイ旅行を用意したり、ラッキーチケットの内容を充実させたこともあり、コア期間とした1週間だけでも空き缶2万4千缶、ペットボトル1700本、生ごみ7トンなど、大量のごみが集まり、この実験も成功裏に終わった。とくに、今回は学生がごみの回収に熱心に動いたため、大学構内から空き缶が消滅するなど目に見えて街が奇麗になった。

そして、この「ごみゼロ平常時実験」の前後から、町にはごみ問題だけではなく、福祉や教育、情報化などさまざまな問題があり、かつそれらが相互に関連しているため、町を本当に良くするには幅広い、継続的な取り組みが必要であることが事務局メンバーの共通認識になってきた。そのため、実験の終了後、「環境と共生のまち早稲田＝早稲田いのちのまちづくり」構想がまとめられ、従来の組織を発展的に解消する形で「早稲田いのちのまちづくり実行委員会」が結成された。同委員会は、早稲田大学周辺の商店会が母体であり、また、その活動は「まち場が主役、そして行政は参加」を基本方針としているように、まさに住民主体のまちづくりが最大の特徴だ。

現在、早稲田いのちのまちづくりでは、実行委員会を核にさまざまな活動が動き出している。それらは、一応7つのテーマ部会に分けられている。各テーマごとの中心的な活動は図6・1にまとめる通りであるが、実態はそれぞれがオーバーラップしており、内容もメンバーも明確な区分はされていない。

具体的な活動は、実行委員会や関連する団体の会議で出されたアイデアを、商店会、まちづくりに参加する諸団体、企業、学生サークルなどの中で実際に取り組んでみたい人間が現れたものから具体化されている。そして、実行部隊としては商店会と学生が大きな役割を担っている。

それでは、具体的な活動をいくつか紹介してみよう。

バリアフリーに関しては、平成9年の第2回エコサマーフェスティバル以降、毎年5月（オール早稲田文化週間）と8月（エコサマーフェスティバル）に、車椅子に乗って「まちのバリア」「大学のバリア」などを実体験する「車いす探検隊」が実施されている。親子での参加も含めて地元の子どもたち20人程度が参加するが、車椅子を実際に使用している障害者の人たちにも毎回必ず参加してもらう。車椅子に乗って早稲田大学のキャンパス内や周辺の商店街などを回り、街中にどれだけバリアーが多いかを体験するとともに、障害者の人たちとの触れ合う機会を持つことで、子どもたちの「心のバリアフリー」を育てようという目的で実施されている。

もう一つ、いま早稲田の町は、中学生の修学旅行のメッカになっている。この活動は平成11年から始まったが、平成12年だけでも24校、１２００人もの中学生が全国各地からまちづくりの見学にやってきた。修学旅行生たちは、環境問題やリサイクルについての講義を受けた後、大学構内のごみ分別の様子やエコ・ステーションなどを自分の目で見て、体験する。また、平成13年からは見学するときにデジタルカメラを持たせて、街の様子を自由に写真に撮らせている。そして、それらの写真を貼り付け、子どもたちが後で自由にコ

図6・1 「早稲田いのちのまちづくり」の7つの活動テーマ（資料：RENET WEB）

活動テーマ	具体的な内容・目指す目標
①リサイクル	◎「早稲田リサイクル·システム」の構築。 ◎再生品（とくに再生紙）の需要の拡大、過疎の町村との堆肥と農産物のやりとりや人的交流など、「ごみゼロ平常時実験」を発展させ、早稲田方式の独自リサイクル·システムを作り上げる。
②バリアフリー	◎障害者、高齢者とともに「まちのバリア」「大学のバリア」「心のバリア」を取り除くバリアフリーのまちづくり。
③震災対策	◎東京直下地震に備え、まちぐるみの力で住民のいのちを守る。 ◎町会、PTAなどと連携した高齢者、障害者などの緊急時救出リストの作成、地域での災害ボランティアの組織、水、食料などを備えたライフスポットを整備する。
④情報化	◎ホームページ（RENET WEB）、メーリングリスト（RENET）を拡充、発展させ、人脈づくりや地域間交流を進展させる。
⑤地域教育	◎小中学校（親子）を対象とする「いのちのまちづくり学習講座」バリアフリー、震災ボランティアへの参加など、学校、大学と連携して次代を担う若者を育てる。
⑥元気なお店	◎空き店舗を地域交流の場として有効活用するなど、零細商店、地元商店会の振興、活性化により町に活気を取り戻すための知恵とパワーの結集を目指す。
⑦行政参加	◎行政主導から、「まち場主導、行政参加」のまちづくりへ転換。 ◎行政プロジェクトへの参加や行政の研究会への情報提供を実施。

メントを書き込めるような専用のホームページも作られている。つまり、早稲田の町に修学旅行に来た中学校をネットワークして、環境やまちづくりについて考え、議論し、行動する契機にしてもらおうという狙いだ。

これには、総合学習の内容に頭を悩ます先生たちも強い関心を示している。また、商店会としても、修学旅行生に「お買物チケット」を販売して、商店街の飲食店で食事をしてもらったり、お土産を買ってもらったりと、ここでも「損得勘定」はしっかり働いている。さらに、この中学生たちがこれらの体験をきっかけに4年後に早稲田大学を受験して、入学してくれれば、少なくとも彼らが学生の4年間は商店街のお得意さんになってくれるかもしれない、との皮算用まではじいているらしい。

「損得勘定」をベースに、楽しく、できることだけをやる

ところで、商店街の夏枯れ対策に端を発した「いのちのまちづくり」だが、参加している商店街の人たちの商売はつじつまが合っているのだろうか。

その点に関しては、このまちづくり活動を引っ張ってきた商店会長の安井潤一郎氏がいみじくも言っているように、「商人だから、損得勘定はしっかりはじいている。町が動くためのキーワードの一つは儲かることだ」ということだ。例えば、空き缶回収機の景品としてもらえるラッキーチケット。現在、継続的にサービス券を発行しているのは30店、イベント時で70店ほどだが、内容はいろいろ工夫が凝らされており、早稲田の町にすっかり定着している。そして、せっかく空き缶を持ち込んで当てたサービス券は使いたくなるのが

人情だ。ところで、サービス券の内容は、商店会会長の経営するスーパーの例を紹介すると、「大根1本30円引き券」「お豆腐一丁30円引き券」といった類のものだから、30円引きの大根1本だけ、豆腐一丁だけを買いに来るお客はまずいない。大根や豆腐を買うついでにいろいろなものを買っていく。

事実、このラッキーチケットの使用率は75%にものぼり、店側にとっては新しい顧客の獲得や客単価の上昇など目に見える効果が現れている。ちなみに、会長のスーパーの売上はこの不況下でも増加しているという。そうなると、参加商店はますますヤル気が出るし、これが契機となって商店会メンバーが増えるという現象も起きている。

また、そもそものごみのリサイクルにしても、事業系ごみ有料化の対策としてはじまったものだ。そして、ごみゼロ平常実験時にスタートした段ボールの集団回収は、現在では3カ所の回収ステーションが設けられ、週2回実施されている。この段ボールの回収量だけでも相当な量になり、商店会の経費節約効果は年間数億円になっているということだ。発泡スチロールや生ごみについても、処理装置を導入して商店街単位で処理をすれば、節約できる経費はますます大きくなる。この「損得勘定」が商店街のまちづくり活動のバネになっているのは確かなようだ。

そして、まちづくり活動のもう一つのキーワードが「楽しいこと」だ。これは、リーダーである商店会長のパーソナリティに起因するところが大であるが、イベントにしろ、日々の活動を見ても、遊び心に溢れている。そのため、いつの間にか皆が巻き込まれ、人の輪が広がり、活動の幅が拡大していく。商店会長の言葉を借りれば、「町が動くためのキーワードは楽しいことであり、……（中略）……楽しいことはなにかといえば遊び心であり、遊び心は知恵、知恵は知識の活用。情報が集まり、知識が増えれば知恵も出やすい。つまり遊び心が出やすいということになる」ということだ。そのため、早稲田のまちづくり活動は、ある時点から活動に楽しさ、遊び心をより意識的に盛り込むようになってきているようだ。

また、まちづくり活動は「損得勘定」を超えたプラスアルファ効果に気がついたときに、本当に楽しいものになり、それが町を動かす活力になる。同時に、その楽しさによって心が豊かになり、自分が得をした気持ちになる。どうやら、これが町づくり活動を持続させる〈極意〉らしい。そして、ここで展開されるまちづくり活動は、仕事や運動としてではなく、生活の一部と位置づけられている。それゆえに、「決して無理をせず、できることだけをやる。そしてやり続ける」ということが鉄則になっている。これは、簡単なようでなかなかできないことだ。

エコ・ステーションが取り持つ「縁」

平成10年9月、早稲田商店街に空き店舗を改装して空き缶とペットボトルの回収機を常設した「エコ・ステーション」が誕生した。もちろん、この回収機にはラッキーチケットが付いている。エコ・ステーションには、オープン直後から子どもたちや学生を中心に、空き缶などが活発に持ち込まれ、現在は年間13万個の空き缶と5万本のペットボトルが回収され、リサイクルに回されている。また、「空き缶でゲームができる」というアイデアが

空き缶・ペットボトル回収機

エコ・ステーション

受けて、エコ・ステーションはいまではすっかり子どもたちの人気スポットとなってしまった。

ところで、このエコ・ステーションの開設、運営にも、「損得勘定」は遺憾なく発揮されている。例えば、店内のレイアウトは知己の建築家にタダで、店舗の改装費用は飲料メーカーなどの協賛金で賄っている。また、回収機のリース代や家賃などで約20万円かかる月々のランニングコストも、家主の不動産屋の不動産情報を掲示したり、ラッキーチケット参加店からの広告収入、さらに回収機自体をリサイクルに関心のあるほかの商店街に転貸するレンタル収入（1回2日～1週間で10万円）でほぼ賄えているという。

早稲田商店会の活動がマスコミでたびたび報道されたこともあり、回収機レンタルの引き合いは多い。これまでに、神楽坂（東京）、天神橋筋（大阪）、三次駅前（広島）、城見町通り（熊本）など、全国60カ所近くの商店街にレンタルされている。それだけ、どこの商店街もごみ問題には頭を悩ませており、また必死に活性化の方策を模索しているということだ。

エコ・ステーションは、その後、生ごみ処理機などが導入されたり、新宿区内の福祉作業場の人たちが作ったクッキー、牛乳パックの再生葉書などの販売にスペースを提供したりと、内容が充実してきた。そして、エコ・ステーションは、早稲田の町だけでも現在3カ所に設置されているし、常設のエコ・ステーションを導入する全国の商店街とのネットワークも71地域にまで拡大してきた。さらに、これらネットワークができた商店街のある地域の特産品が、いまではラッキーチケットのプレゼント商品として相互に提供されるようになるなど地域間の交流も深まりつつある。

広がるリサイクル商店街の輪

このようなエコ・ステーションが媒介となった全国のリサイクル商店街との交流を一気に深めたのが、平成11年6月に開催された「全国リサイクル商店街サミット」だ。

といってもこのサミット、もともとは早稲田と小樽の両商店会の飲み会話がいつの間にか発展して開催されることになったというところも、いかにも早稲田のまちづくり活動らしくて面白い。とはいっても、飲み会の誘いに応じて北海道から九州まで全国14地域もの商店街の代表や行政マンを集めてしまうところがすごい。加えて、サミットには大学の研究者、環境機器メーカー、マスコミ関係者なども多数参加し、総勢100人を超える人たちが集まった。このような「早稲田いのちのまちづくり」のパワーがどこから生まれるのかと言えば、それは活動の内容や目指す方向が、時代の風を捉えていて、多くの人たちの共鳴を得ているためだろう。早稲田の活動をマスコミが度々報道するのも、〈早稲田ブランド〉や商店会長のパーソナリティもさることながら、活動自体が〈面白い〉からだ。そして、このマスコミ報道が、全国に共鳴の輪を広げ、各地の商店街とのネットワーク形成やサミット開催に一役買っていることは間違いない。

ところで、サミットでは参加した全国14商店街の代表がリサイクル活動を始めた経緯や活動内容などを紹介した。いずれの商店街も、地域への熱い想いとその個性的な活動に関しては早稲田に勝るとも劣らぬものだった。また、各地域に共通していることは、活動を始めてみて、商店街のメンバーたちが地域を見直し、改めて自分たちの地域が好きになったということだ。そうなれば、自分たちで地域をなんとか良くしようと学習し、行動し、一定の成果を生み、それがまた自信と楽しみになって地域が変わりはじめる。まちづくりはそんな好循環を創り出すことがポイントのようだ。

この「全国リサイクル商店街サミット」は、平成11年11月に東京都民ホールで第2回が、その後、熊本市、高知市、神戸市、飯山市で、そして平成12年8月に熊本で第3回が開催された。そして、これらのサミットでの討議を踏まえて、商店街の全国ネットワークはいま新たな段階に移行しはじめた。

それは、全国20地域の商店街や商店が出資して、商店街のネットワークによる新しい商品やサービスの提供を目的とする組織として、平成12年11月に「株式会社商店街ネットワーク」を設立したことである。

同社は、インターネットの特性を利用して、地域密着という商店街の利点を活かしつつ、反面、地域に縛られ、閉鎖的になりやすい短所を克服し、グローバル性やスケールメリットをも享受することを目指して活動を開始した。具体的には、全国ネットを活用して、ローカルブランド商品や隠れた名産品を発掘したり、小売店や消費者のニーズに基づいた新たな商品を企画するなどの「商品開発プロジェクト」、エコ・ステーションを活用した新たな販売事業や情報管理を行う「エコステネット販売事業」、店舗とネット販売を組み合わせた「有店舗による無店舗販売事業」などが動き出している。ここでは、まさに各商店街のチェーン本部的な機能を果たすことが目指されており、商店街の新しい可能性を示すものとして期待される。

また、この会社は、現役高校生（当時）が社長を務めることでも有名になった。そして、この若い社長の発案で高校生のネットワーク事業も動き出している。その一つが、都立農芸高校の学生が作った味噌とジャムを、地元早稲田実業の商業科の学生たちが協力して、早稲田の商店街で販売するという活動だ。平成13年1月、あいにくの大雪にもかかわらず、学生たちは協力して生産物を販売した。これ一つを見ても、商店街ネットワークが目指すのは、単なる従来型の商売ではなく、それぞれの商店街が持つ地元での信頼性をベースにした新しい地域の連携やコミュニティのあり方が模索されているのだ。

目指すのは〈まち場コミュニティ「力」〉の復権

これまで紹介してきたように、環境、リサイクルをキーワードに始まった早稲田商店会のまちづくり活動は、「早稲田いのちのまちづくり」として活動の範囲を環境にとどまらず、福祉や教育、そして震災対策などに広げている。これらは、結局は「誰もが暮らしやすいまちづくり」ということだろう。そして、それはかつて商売以外の部分で、あるいは商売を通して、商店街が担っていた大きな役割としてのコミュニティ機能の復活を目指す動きにほかならない。

図6・1　早稲田いのちのまちづくりの信条と理念

早稲田いのちのまちづくり
3つの信条・4つの理念

◆3つの信条　自分たちのまちは自分たちで守る
あらゆる人とつながりあう
楽しさが一番

◆4つの理念　共生　温故知新　平等　誇り

例えば、震災対策部会の活動は、町内会やPTAと連携して、高齢者や障害者などの緊急時救出リストと震災マップ作りを進めている。そして、早稲田大学の学生と協力して、地震が起きたら「俺は1丁目の○○じいさんを助ける」「わたしは2丁目の○○ばあさんの様子を見に行く」という形のきめ細かい対応を目指している。いざというときにも安心して暮らせるように、日ごろからコミュニティの防災機能を高めておこうというものだ。

また、地域教育部会では「親と子の環境学習講座」などを積極的に開催している。これは商店街が地盤沈下した町は、例外なく子どもたちが荒れる、という反省がベースになっている。つまり、かつてはまち場、つまり商店街の大人が目を光らせており、悪さをする子どもがいれば叱りつけていたが、商店街が疲弊してしまえば、地域の教育機能も衰退してしまうということだ。そして、「この町の子どもは、○○さんの子や××小学校の子である前に、早稲田の子」という意識で、まち場の教育機能を復活させようということが活動の趣旨である。

いま、スーパーやコンビニなどに押されて疲弊した商店街の活性化に向けた支援策の検討の場で、「商店街は、本当に必要か？」といった議論さえなされるというのは、商店街がこれらのコミュニティ機能を失ってしまったことが原因だろう。小売機能だけであれば、スーパーやコンビニが提供する効率的な流通だけで十分かもしれない。商店街の活性化には、地域から必要とされる商店街になること、そのためには小売機能の強化もさることながら、これらコミュニティ機能の再生が不可欠だと言えそうだ。

もう一つ、早稲田のまちづくり活動から学びたいのは、あくまでも「まち場が主役」という思想だ。これは「早稲田ルール」と呼ばれているが、早稲田では、まちづくりは〈お上〉の仕事という発想がまったくと言ってよいほどない。つまり、「住民参加」ではなく、住民が主体で「行政参加」がここの方式だ。そのため、諸費用についても可能な限り、「損得勘定」の知恵を巡らせて、独自に調達する。拠点施設のエコ・ステーションも、飲料メーカーなどの協賛金やラッキーチケット参加店の広告負担金、あるいは回収機のレンタル収入で賄っているのは前述した通りだ。エコサマーフェスティバルなどのイベントも、人脈の活用やあの手この手の資金調達で、行政からの補助金は最小限で済ませている。そして、そのような資金調達で面白いのは、結局は費用負担先が妥当なところに落ち着いているということだ。例えば、エコ・ステーションの協賛金は、容器包装リサイクルの責任主体である飲料メーカーが負担していたり、生ごみ処理機のリース料の半額は早稲田をモデルにPRができる処理機メーカーが負担するという形になっている。

「まち場が主役」と言っても、行政との関係が決して悪いわけではない。それどころか「何をやるにしても、行政には絶対に噛みついてはいけない。」が、「早稲田ルール」の基本中の基本とされている。

また、行政には正確な情報を流すということも基本ルールとされている。まさに、行政の情報公開ではなく、行政への情報公開だ。それもあって、いのちのまちづくりのメーリングリスト（RENET）には、東京都や新宿区などのキーマンがみんな参加している。このようなルールで、常日ごろ、役所と良好な関係を作り上げていることで、役所の知恵と信用が十二分に活用できているのが、早稲田のまちづくりの大きな特徴だ。要するに「早稲田ルール」とは、いみじくも商店会長も言っているように、商店街が〈場〉を作り、そこに行政、企業、学校、ＰＴＡなどに乗ってもらうということだ。これは、まさに公民共創型の地域マネジメントの目標とするあり方だ。

そして、早稲田ルールを駆使した遊び心から生まれる知恵は、「生ごみ・マイレージ」、「大豆畑トラスト『ＭＹ豆腐作戦』」、「日本一トム・ヤム・クンがうまい町」「ふれあい食堂」など、止まるところを知らない。早稲田のまちづくり活動から次に何が飛び出すか、しばらくは目が離せそうにない。

2　「口も、手も出す」市民出資のまちづくり会社奮闘記

環境、リサイクルをキーワードに始まった「早稲田いのちのまちづくり」の活動は、〈まち場が主役〉を貫く姿勢と、次々に新しい活動を展開するアイデア、エネルギーには非常に学ぶものが多かった。また、それらの活動に対する共鳴の輪が全国に広がろうとしていることも興味深かった。

しかし、東京都新宿区に立地するこの商店街は、ある意味では恵まれている。というのも、この地区に限らず大都市の旧市街地では、地価が高く、まとまった面積の土地がない

ため大型スーパーなどが出店し難いこと、同様に駐車場の確保にもコストがかかることなどから、少なくとも日用品の買い物については近隣商店街へ依存する割合が郊外部などに比べると高い。加えて、早稲田の商店街は、〈早稲田ブランド〉の知名度があり、大学の先生や学生たち、さらには大学ＯＢまでがまちづくり活動の重要なブレーン、実行部隊となって活躍してくれる。そもそも３万人にもおよぶ大学関係者の存在自体が、商店街にとっては大きな商売チャンスだ。

一方、地方の町の商店街は、このようなわけにはいかない。人口そのものが停滞、減少していたり、ましてや行政人口自体が早稲田大学の３万人という学生数にさえおよばない町村はいくらでもある。また、地方都市では、旧市街地の規模も小さいし、一歩郊外へ出れば大型店の出店適地はいくらでもある。事実、複合型のショッピングセンターなど大型商業施設の建設が最も活発なのは地方都市の郊外地域だ。その結果、地方都市の商店街こそ地盤沈下が凄まじく、その活性化は待ったなしの課題となっている。

そこで、次の事例では典型的な地方都市とも言える愛知県新城市の商店街活性化やまちづくりの活動を紹介しよう。不利な条件と厳しい環境を、コミュニティ「力」を総動員して克服しようと努力している取り組みである。この事例もまさにそうだが、地方都市のまちづくり活動は、限られた資源の中での試行錯誤の連続であり、一気に大きな成果があがるという性格のものではない。しかし、地道な活動の積み重ねは、一歩ずつではあるが新しい可能性を拓《ひら》きつつある。

危機感をバネに若手商店主が動きはじめた

愛知県新城市は、豊橋市から約20キロメートル、飯田線で30分少々の静岡県との県境に位置する人口3万6000人ほどの町である。古くは、豊橋から豊川を経由して信州方面へ運ぶ物資の中継地点として栄えた。また郊外には、信長・家康連合軍と武田勝頼が戦った長篠古戦場があることでも知られている。さらに、新城市は徳川家と縁の深い名刹・鳳来寺や「ブッポウソウ」で名高い鳳来寺山、湯谷温泉など奥三河観光の玄関口にもあたる。

そのような歴史的な経緯もあり、新城市は商業都市的な性格が強く、後背の奥三河地域の購買需要を担うことから、昭和50年代には市内の商店数が約270軒を数えた。しかし、この10数年の間に、近隣の豊川、豊橋両市の郊外地域を中心に20店近くの大型店が出店し、著しい商業機能の地盤沈下が進んだ。いまでは商店数も200店を割り込み、新城駅前から続く中心商店街にも空き店舗が目立つ。

このような状況に危機感を強めた商工会青年部が中心となり、平成6年ごろから新城の街のあり方や活性化についての検討が始まった。当初、まちづくり活動は、年間5万人もの観光客が訪れる長篠古戦場や徳川家康の娘・亀姫の墓所がある大善寺など、市内に残る歴史資源を活かして「歴史の町・新城」としてPRするとともに、その観光客を商店街にも呼び込もうという作戦が立てられた。

そして、まず市民に自分たちの町の歴史を知ってもらおうということで、市内の名所旧跡を親子で巡るウォーク・ラリーなどが開催された。

また、ちょうど新城市では懸案になっていた駅前の都市計画道路整備と絡めて、商店街やまちづくりのあり方を検討する目的で、市もアドバイザーを派遣して「新城駅前まちづくり研究会」が平成7年に組織され、従来の商工会の活動を包含する形で具体的な市街地整備計画を念頭に置いた活動へと発展していった。

この研究会では、住民への意識調査や買物動向調査を実施したり、先進地域への視察などが行われた。そして、それらを踏まえて、地域の抱える課題の整理やまちづくりの方向性などが議論されたが、その中で駅前整備を含めた中心市街地の計画づくりには商工会メンバーだけではなく、より広く一般の市民も参加した形の組織が必要であることが提起された。そこで、平成8年に「街づくり研究会」を「新城駅周辺まちづくり協議会」へと発展的に改組し、拡大メンバーでの活動が始まった。協議会では、1年をかけて、駅前周辺整備のあり方、特に中心商店街の活性化には「空き店舗の活用と集客力のある核施設づくり」が必要であるという報告書をまとめ、市に提出した。

市民出資の「まちづくり会社」誕生

一方、街づくり研究会の段階から、計画づくりと並行して、実際に活性化のための事業運営を行う組織の必要性が認識されていた。

そのため、市では協議会から提案のあった集客施設の運営を行う会社を設立するために1000万円の予算を計上し、「まちづくり会社」が設立へ向けて具体的に動き出した。行政がこれだけ機動的に動けたのも、数年におよぶ商工会メンバーとの共同作業があったからだ。同時に、この運営会社は計画づくりに参加したメンバーはもちろん、広く市民が運営に参画し、市民主体の組織であるべきだとの共通認識が議論の末に出来上がっていた。そして、集客施設の運営だけではなく、まちづくり全般にかかわる事業体として、一般市民にも広く出資を仰ぐ方式が採用されたが、出資はあくまでも個人の立場で行うことが原則とされた。1口10万円の公募に応じて商店主、市役所職員、サラリーマンなど100人の市民株主が集まった。株主の一人は市長であるが、もちろん市長も市職員も一市民として個人での参加である。

こうして平成9年9月に、資本金2000万円のまちづくり会社「(株)山湊《さんそう》」が第3セクター方式で設立され、社長にはまちづくり活動のリーダーで化粧品店主の福田義久氏が就任した。第3セクター方式とはいっても、山湊の場合は、このように町の住み手、使い手が「金を出すだけではなく、口も、知恵も、手も出す」ことを暗黙のルールとして参加しているため、通常の第3セクターとは大きく異なる。筆者は、このような組織体を従来の第3セクターの欠点を克服する可能性を持つものとして捉え、あえて「第4セクター」と呼んで区別している。ちなみに、社名の「山湊」とは、かつて豊川を運ばれてきた荷が陸揚げされ、馬に積み替える中継基地として新城が栄えたころ、まるで波のように街中に溢れかえる荷役馬の様子を表現した「山湊馬浪《さんそうばろう》」という古文書の中の言葉に由来している。つまり、地域が昔のような繁栄を取り戻したいという願いを込めて付けられた名前だ。

なお、まちづくり会社がTMO（Town Management Organization）の認定要件を満たすことを目的に、また、新しい事業展開も配慮して平成年9月に増資（1000万円）を行った際に、50人が新たに出資に応じ、市民株主が現在は150人となっている。

トコトン地元にこだわる事業

まちづくり会社・山湊は、以下に挙げるように駅周辺の空き店舗を活用したギャラリーや物産施設の運営を中心事業として行っている。

一つは、ギャラリー「富貴館」の運営である。これは、駅前商店街にある廃業した旅館の建物を借り受け、改装したものだ。明治時代に建てられたこの建物は、雰囲気のある木造建築で、まちづくり会社のシンボル的な存在であるとともに、集客の核施設となっている。富貴館では、地元に縁のある工芸作家の企画展などを開催したり、貸しギャラリーとして利用されているが、柔らかい木造の空間が展示作品を引き立てるとともに、作家と愛好家の交流など自由度の高い使い方ができることが喜ばれている。

また、2階の大広間を使って地元の演奏家によるコンサートなどのイベントも、月に1回程度の頻度で開催されている。イベントは、建物にマッチした邦楽系の演奏や落語・浪曲などが中心となるが、和風建築の座敷で鑑賞する演奏者と一体感のある催しは人気があり、毎回大勢の市民で会場は埋まるという。

二つめは、物販事業である。富貴館に隣接した、これも空き店舗を改装した「湊屋」で、新城および奥三河地域のさまざまな特産品を販売している。藍染めなど地元作家の作品や、山湊のメンバーが共同開発した地元産サツマイモを使った「いもプリン」、「いもシュークリーム」や、同じく新城特産のお茶と地下水を使った「山湊茶」などのオリジナル商品も少なくない。なぜサツマイモかといえば、新城市はサツマイモの収穫量を2倍に引き上げる栽培技術を開発し、戦後の食料難を乗り切るのに貢献した丸山方作という農業研究家の

湊屋

富貴館

出身地でもあるからだ。

そして、これらの菓子は特産の「新城茶」にもよく合うように配慮されている。山湊では、これらのオリジナル商品を組み込んだ中元・歳暮用のギフトセットを作って販売している。当初は、都会へ出ていった子どもたちに新城の味を届けるという目的で利用者も多かったが、最近は注文量がピーク時の半分近くに減少してしまったとのことだ。これを見ても、次々に新しい、魅力的な商品を開発していくのは、至難の技だ。

また、湊屋では新城市内および奥三河観光に関する情報提供サービスも実施している。周辺の隠れた名所や穴場スポットの紹介、旅館や食事処の予約などを行っている。併設の喫茶店でお茶とお菓子で一服しながら、さまざまな情報の提供が受けられるのが観光客にも好評だという。

三つめは、「山の工房」を使ったカルチャー事業である。新城駅に隣接するこの工房も、建物は古い米蔵を改装したもので、藍染め教室を中心に、陶芸、ガラス工芸、藤工芸などのカルチャー教室を開催している。藍染めは、当地が藍の栽培地であったこと、また地元に藍染めの作家がいることなどから工房の中心事業となっており、観光客向けの藍染め体験工房も随時開催されている。

さらにもう一つ、山湊では平成14年から毎月1回、市の資源ごみの回収日に当る第2日曜日に朝市を開催している。駅前商店街の店の軒先や駐車場を使って開催される朝市には、近隣の農家からの採りたて野菜や漬物などの加工品、さらに山湊の商品なども販売され、新城の新しい風物詩の一つになりつつある。

このように、山湊の事業はいずれも地域にこだわり、地元資源の発掘・活用とPR、そして市民や地元を訪れる観光客などに喜んでもらうことを最大の目的にしている。その意味では、山湊は着実に成果を挙げている。

一方、これらの事業による山湊の事業収入は約1500万円。マスコミなどに取り上げられることで、山湊の知名度が高まり、収入は徐々に増えつつあるが、依然として施設の賃借料とパート社員の人件費を賄うことで精一杯。まちづくり会社の運営は、依然として厳しい状況が続いている。そのため、実際の事業運営に当っては、市民株主のボランティア活動に依存する部分が大きいのが実情である。

楽しみながらまちづくり

このように、まちづくり会社の運営は試行錯誤の連続であり、課題も山積している。しかし、社長の福田氏をはじめ、中心メンバーたちに悲壮感はない。というより、みんなまちづくり活動を通して、自分たちが楽しんでいるように見える。

特に、最近の事業やイベントをみると、意識的に元気が出る、楽しい内容を工夫しているように思える。例えば、平成11年からトラスト方式による「自酒づくり」事業が始まっている。「山湊自酒の会」と名付けられたこの企画は、「新城の田で酒米を作り、新城の水・酒蔵で造る会員だけの酒づくり」という、これまた地元にこだわった、しかも会員参加型の企画だ。つまり、会員は入会に当って会費（1口1万3000円）を納入する。しかし、会員は、ただ酒が出来上がり、届けられるのを待つだけではない。5月の田植え・バーベキューに始まり、10月の稲刈り・収穫祭、そして11月のぐい呑みづくりと、逐次開催される関連イベントに参加し、楽しみながら、手塩にかけた酒が出来上がるのを待つ。そして、蔵出し会を経て、2月、6月、11月と3回にわたり、それぞれ異なった表情の酒が届けられる、というものだ。一年目は200口を募集したが、人気が高かったので2年目は個人と業務用をあわせて400口に募集を増やしている。

この企画には、山湊の中心メンバーも会員もこれまでになくイキイキと参加しているという。つまり、山湊のまちづくり活動の基本精神は、「自分の面白いと思うことを、地域の人たちとともに楽しみ、共感の輪を広げていく」というところにある。つまり、スタッフにも楽しんでもらい、「負担にならない程度の負担」をお願いしているということだ。これは、自分の面白いと思うことを企画し、担当するのだから、自ずと適材適所の人材配置となる。また、そうでなければそれぞれのメンバーが商売をはじめ自分の本業を持っているので、まちづくりのテンションを持続できないし、活動も続けられない。

避けて通れないまちづくり会社の位置づけの明確化

平成12年、山湊では、通産省（現経済産業省）と新城市の補助による「中心市街地活性化基本計画」の策定業務を受注した。いま、各地で中心市街地活性化に関連する事業を導入することを主な目的にTMOの設立が活発化している。しかし、これまで設立されたT

MOは、補助事業の受け皿として意味合いが強過ぎ、事業目的すら明確でない形式的な組織も少なくない。中心市街地の方向性を、地域の商業者、住民、行政が、自ら考え、知恵を出し合って計画を策定しているところはまれだ。ほとんどが、東京などのコンサルタント事務所に委託して、見た目には奇麗でスマートだが、内容が希薄な報告書づくりに終始している。これでは、街の顔としての中心市街地が活性化できるはずがない。

その点、新城市の場合は、地域の事情を知り尽くした市民出資のまちづくり会社が計画策定に当たったことは極めて賢明な選択だ。また、これまでの活動を通じて、山湊には計画づくりに対応できる情報とノウハウが蓄積されていたからこそできたことだろう。山湊では、基本計画の策定作業を通じて、中心市街地をはじめとする街の将来についてメンバー間で徹底的に議論した。つまり、その作業にはメンバー間のまちづくりに対する考え方の再確認作業という意味合いも含まれていた。そして、基本計画の中には、山湊の基本理念や目標が盛り込まれた。だが、いまのところ山湊自体が計画の実施主体となるつもりはないという。なぜなら、現状の事務局体制では、既存のソフト事業を動かしていくだけで精一杯で、市街地整備などハード事業をマネジメントする人的、財政的な余裕がまったくないからだ。

しかし、まちづくり会社の設立には、もともともう一つの意図が込められていることも事実である。すなわち、市の懸案である都市計画道路の整備と絡めた駅周辺市街地整備事業の推進である。今後、山湊は、従来のソフト事業を中心とする企画、運営機能主体のまちづくり会社のまま存続するのか、あるいはハード事業のマネジメントを担う形に組織も機能も拡張するのか、いずれかの選択を迫られることになろう。

いずれにしろ、市民が「金も、口も、手も出す」というコミュニティ「力」を結集した形でのまちづくりのスタイルだけは維持していってもらいたいものだ。

3 商人インキュベート事業で空き店舗ゼロ——富山「フリークポケット」の試み

いま、どこの商店街でも空き店舗問題には頭を悩ませている。平成9年度に日本商工会議所が行った調査によれば、全国の商店街の抱える空き店舗の比率は平均でも約9%にのぼる。時代の変化や商店主の高齢化などで業種や店舗が入れ替わることは避けられない。むしろそれは商店街の新陳代謝として望ましいと考えることもできる。問題は、空いた店舗がいつまで経っても埋まらないことだ。空き店舗が増えると商店街の魅力が低下し、人通りが減り、商売が成り立たない店舗が出て空き店舗がさらに増えるという悪循環に陥り、ついには商店街が死滅する。

新城市の事例では、空き店舗を商店街の集客施設やカルチャー教室など物販以外の施設に活用している事例である。これも一つの方法だが、その背景にはそもそも商業施設を誘致するのは難しいという考え方がある。もちろん、これらのサービス施設や機能は新しい商店街づくりには必要になるが、商店街であればテナントミックス的な意味合いからも新しい小売店を導入して物販機能の充実を図りたいところだ。

ところで、なぜ空き店舗が埋まらないかといえば、一つには商店街自体のポテンシャルの低下がある。郊外への大型店の出店などにより、都市の商業重心が中心市街地から郊外に移転してしまうことももちろんあるが、商業者自身の諦めムードというか、マインドが低下してしまっていることの問題も大きい。覇気のない、ヤル気を失った商店街に新たに出店しようとする商業者はいるはずもない。

また、もう一つは、店舗の賃料水準が高いことが障害になっている。商業地としてのポテンシャルは低下しても、「中心市街地は中心市街地だ！」とばかりに賃料はそれなりに高い。新たに商売を始めたいと思う人がいないわけではないが、最初からこの賃料を負担する自信がないために出店に二の足を踏んでしまう場合が多い。

さらに、新規に商売を始める人たち自身も、しっかりとした事業計画や事業ノウハウを持たずに、夢や憧れだけで安易に店を出して失敗するケースも少なくない。

これら現状における空き店舗対策、ひいては商店街活性化の障害を、一つ一つ地域で知恵を絞って解決している商店街がある。まさに、コミュニティ「力」で商店街の再生を図ろうという試みだ。次は、富山市・中央通商店街の「商店街ＳＯＨＯ」とでも言えるユニークな商人《あきんど》インキュベート事業を紹介しよう。

モデルは香港の〈雑居マーケット〉

富山市の中心市街地に位置する中央通り商店街でも、人口の郊外化や大型店の出店などで平成に入るころから地盤沈下が顕著になり、空き店舗は年を追って増加していた。活性化に向けた具体的な活動が始まった平成8年ごろには、空き店舗比率は13%程度にまで達し、商店街のそこここにシャッターを閉じた店が目立ち、かなり厳しい状況にあった。同商店会（協同組合中央通り商栄会、以下「商栄会」）でも空き店舗対策にいろいろと知恵をしぼっていたが、これといった決定打が見つからなかった。

ちょうどそのころ、中央通りに店を構える昆布店の姉妹が、旅行先の香港で買物に訪れた雑居マーケットに一つのヒントを得て帰国した。小さな店がぎっしり詰まった猥雑な雑居ビルのマーケットだが、一つ一つの店舗は非常に個性的で、活気がみなぎっている。二人は「これだっ！」と思ったそうだ。そして、帰国後、商店街主催の女性フォーラムにその〈雑居マーケット〉のアイデアを提案した。

入店募集のパンフレット

ここからがこの商店街が変わりはじめる大きなポイントだ。20代の若い女性の感性が捉えた活性化のアイデアは面白いが、多くの商店街では商店街を仕切っている頭の硬い年寄り連中がその面白さを理解できずにお蔵入りするのがお定まりのパターンだ。しかし、この商店街では、若手のアイデアに30代、40代の商業者が反応し、支持し、大きく盛り上げる方向に向かった。そして、これら中堅の商店主たちが、商栄会の役員や行政の説得役にまわり、平成8年末には商栄会事業部会の商人インキュベート事業は、「中央通りミニ・チャレンジショップ計画」としてそのアウトラインが固められた。ちょうどその時期に商栄会の理事長が交代し、新しい理事長が活性化に結びつくアイデアや施策には非常に積極的な姿勢を持っていたことも幸いであった。こうして、商店街は動きはじめた。

フリークなスポットを目指して

平成9年4月には、商栄会（6人）と富山市商工労政課（2人）で共同の運営協議会が設立され、事業コンセプトの詰めや場所の選定、事業名称の決定などが行われた。

「フリークポケット」、すなわち「フリーク＝超こだわり」の「ポケット＝小さなスペース」の集合体と名付けられたこの事業は、具体的には「商店街の空き店舗を運営協議会が借り受け、改装し、1区画を2～3坪に区切り、商売を始めたいと思っている人を公募して、安い賃料で出店してもらう。最大1年の入居期間で、実際に商売をしながら経営ノウハウを習得できる実験店舗として、運営協議会が商店経営に必要なノウハウをきめ細かくアドバイスする」という内容である。ちなみに、入居賃料は月間1万円、水道光熱費1・5万円で、敷金、礼金、保証金などは一切ない。おまけに、賃料は最初の3カ月は免除される。

費用面だけでなく、さまざまなサポート業務を行う運営協議会の負担は決して小さくない。しかし、「商売をやりたい」という若者に夢を実現するチャンスを与え、商店街に若い感性と新しい血を導入することは、沈滞ムードの商店街には良い意味の刺激となり、商店街全体の活性化につながることが期待された。

フリポケの店舗内部

フリークポケットの外観

そして、チャレンジショップは人通りが少なく、空き店舗の多い商店街の東端の地区で、旧メガネ店の店舗を借りることになった。「18歳以上で、これまで商売の経験はないが、将来、店を持ちたいという意欲のある人」を条件に出店希望者を公募したところ、地元のテレビ、ラジオを活用したり、チラシ（2万枚）を若者の集まりそうな場所に配ったことなどが効を奏して、県内外から40人もの応募があった。書類選考で20人に絞り込み、その後の面接により最終的には12人が初年度の入居者として決定した。選考の決め手となったのは本人の熱意はもちろんだが、商売が成り立つための商品力（売れる商品か否か）と仕入力（その商品の安定的な仕入ルートを持つか否か）があるかという2点であった。

第一期生12人のプロフィールは、若者をターゲットにしていることから平均年齢は25歳、県内在住者がほとんどだがIターン・Uターン者も含まれていた。

12人の出店者と細かい運営ルールの設定などを行い、店舗の改装や各店のロゴも決まり、平成9年7月に「フリークポケット」はオープンした。顧客ターゲットを若者に設定しているため衣料品や雑貨を取り扱う店舗が多いが、さすがに〈フリーク〉を自称するだけあって品揃えは極めて個性的だ。この空間だけ、従来の商店街とはまったく様相が違う。仕入に関しても、インターネットを活用したり、南米やアジアなど海外へ直接出向いて買い付けたり、さらには自分で製作した商品を販売するなど、いずれもほかでは買えないオリジナル性の高い品揃えに工夫が凝らされたものだ。また、店舗のデザインや飾りつけも若者らしいセンスでまとめられていた。

出店者は、自分のこだわり商品を皆に見てもらいたいし、説明もしたい。そして、来店者もそんな出店者に共感を持った若者たちだから自ずと会話も弾む。そのため、フリークポケットは商店街の外れに立地したのにもかかわらず、たちまち若者の人気スポットとして、いつでも若者たち群がる溜まり場となってしまった。

卒業組が空き店舗を埋め尽くす

平成9年7月のオープンから10カ月目の平成10年5月には、早くもフリークポケットを卒業して、商店街の空き店舗を使って独立開業する者が現れた。最初の開業は3店舗で、輸入衣料・雑貨の店が2店、ヤングカジュアル衣料の店が1店であった。開業に当たっては、運営協議会が地主との賃料交渉などをサポートするケースが多いが、自力で出店するつわものもいた。

その後も、フリークポケットの卒業組は続々誕生し、これまでに入居した約60店のうち40店以上が独立に漕ぎ着けている。

開業独立組のその後を追うと、順調に売上を伸ばして2店目、3店目を出店する者もいれば、数は少ないが思うように商売ができずに撤退する者も存在する。失敗するケースでは、自分の実力を超えた規模の店舗へ出店したり、独立を急ぎ過ぎることが原因である場

卒業・独立組の店舗

合が多い。独立に当たっては、運営協議会長が実力を見極め、本人と十分相談して許可を与える仕組みになっている。しかし、商品によっては、流行や売れるシーズンに特性があり、出店のタイミングがその後の業績を大きく左右するケースもあるため、判断は非常に難しいという。また、空き店舗の発生や借り受け条件のまとまり具合にも出店のタイミングは左右される。

このようにフリークポケットが新しい商人をインキュベートし、供給するため、中央通り商店街ではそこここに目立っていた空き店舗が、現在ではすっかり少なくなってしまった。それどころか、店舗の空きが出てもすぐに埋まってしまうため、今度はフリークポケットの卒業生が開業しようにも近隣では手ごろな店舗が見つからないという嬉しい悲鳴が聞こえてくるほどだ。そのため、出店先は隣の総曲輪商店街などへ拡大している。ただ、埋まるのは10坪前後のちょうど手ごろな店舗で、独立組の手には負えない、より大型の空き店舗は依然空いたままだ。

そして、フリークポケットと商店街のあちこちに出店した卒業組の店舗が、「若者」、特に20歳前後の女性たちという新しい顧客層を商店街に吸引することで、商店街全体の雰囲気が明るく変わり、目にみえて活気も出てきた。オープン後の商店街の通行量調査では、以前に比べて人通りが20％も増え、数字の上でもフリークポケットの成果が確認された。

さらに、以前は金沢へ流出する買物客が問題になっていたものが、最近では輸入衣料や雑貨の店が集積する同商店街に、逆に金沢辺りからも若者が訪れるようになったという。これは商店街にとっては非常に元気の出る話だ。

商人インキュベートの仕組み

それでは次に、フリークポケットに入居してから、卒業、出店までの具体的なプロセスや運営協議会によるサポート活動などを見てみよう。

フリークポケットへの入居が決まると、入居者は毎週月曜日に開催される運営連絡会への出席を義務づけられる。運営連絡会では、事務連絡や内部の問題の調整、商売に関する情報交換などが行われる。また、年4回、運営協議会主催の勉強会も開催される。勉強会では、事業計画の立て方から資金調達、記帳や税務にはじまり、仕入れや商品の陳列方法、POP（販促広告）の作り方に至るまで、商工会議所の専門家やコンサルタントが実地で教えてくれるものだ。もちろん出店者は無料で参加できる。

これら定例の会議や勉強会以外でも、商売上の問題が生じたり、悩みがあれば、その都度個別に相談に乗ってくれるというきめの細かいサポートが行われる。一方では、1週間交代で店舗の鍵当番や掃除当番が義務づけられ、また、開店時間は午前11時とされ、遅刻厳禁がルール化されるなどルーズな甘えは許されない。このような現場による知識やノウハウの取得と商売をする上での基本ルールを身につけることで「商人」としての独立の日に備えることになる。

そして、独立に際しては、償還期間5年、限度額1000万円の低利融資（創業者支援資金）を受けることもできる。独立創業者の6〜7割が同資金を活用するが、融資額は100〜300万円程度が多いということだ。

もちろん、独立後も相談を持ちかければ、運営協議会では気楽に応じてくれる。また、フリークポケットの出店仲間や独立組（卒業生）との情報交換も活発に行われており、それが出店者にとっては非常に有意義な情報であり、励みにもなっているようだ。

タウンマネジメント組織の誕生

フリークポケット運営協議会は、平成12年7月からはタウンマネジメント機関として設立された第3セクターの「株式会社 まちづくりとやま」の中に置かれるようになった。ちなみに、同社には市（50％）、商工会議所（16・7％）、商店街振興組合・商業者（21・7％）、その他（地元金融機関等11・6％）が出資している。ただ、フリークポケット運営協議会の体制やメンバーは、平成8年の発足当初からほとんど変わっておらず、会長の澤井氏（さわい呉服店店主）を中心に、中央通り商店街の若手商業者4人が実動部隊として参加している。

「まちづくりとやま」では、8つの事業を担当している（図6・2）。これらのうちの主要な事業について若干説明しておこう。

まず、コミュニティバス運行事業は、「まいどはや」という名称。平成13年3月から富山駅と中心市街地を循環するコースで、1日31便、20分間隔で運行されている。運賃は、小学生以上が1律100円だが、中心商店街で2000円以上買物をすると市電、バス、コミュニティバスの共通乗車券がもらえる仕組みになっている。1便当り平均8人の乗客を想定しており、1日9万5000円かかる運行費用は市が補助している。

視察パッケージ化コーディネート事業は、フリークポケットがマスコミにたびたび取り上げられたことで、空き店舗対策に悩む全国の商店街からの視察が最近はとても多くなっている。そこで、視察者向けに資料をまとめ、説明と現地の案内込みで視察者1人につき1000円で販売しているものだ。

また、まちづくり公房運営事業は、中心市街地の活性化について市民にいろいろなアイデアを出してもらい、また、サポート会員として実際にまちづくりに参加してもらうというものだ。現在、10人の市民が参加しており、イベント、福祉、歴史文化の3つの分科会を作って活動している。

いずれにしろ、この第3セクターのまちづくり会社は総勢4名の体制で運営されており、圧倒的な人手不足だ。個々の事業を推進していくためには、フリークポケット運営協議会やまちづくり公房のように商業者、市民の積極的な参加、関与が不可欠ということだ。つまり、コミュニティ「力」の醸成なくして、商店街の活性化は実現しないということだ。

図6・2　まちづくりとやまの組織と事業

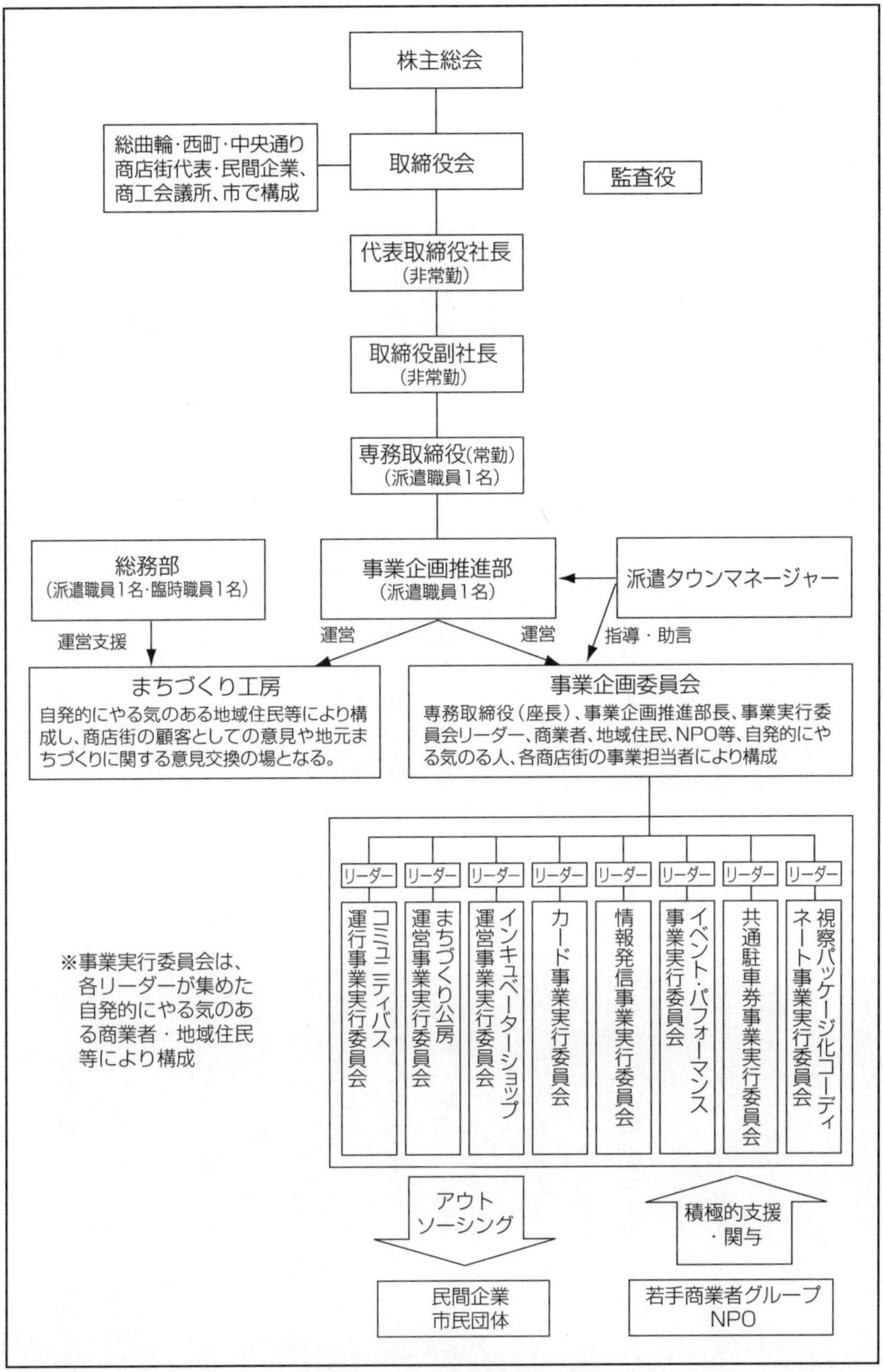
株主総会
総曲輪・西町・中央通り商店街代表・民間企業、商工会議所、市で構成
取締役会
監査役
代表取締役社長（非常勤）
取締役副社長（非常勤）
専務取締役（常勤）（派遣職員1名）
総務部（派遣職員1名・臨時職員1名）
事業企画推進部（派遣職員1名）
派遣タウンマネージャー
運営支援
運営
運営
指導・助言
まちづくり工房
自発的にやる気のある地域住民等により構成し、商店街の顧客としての意見や地元まちづくりに関する意見交換の場となる。
事業企画委員会
専務取締役（座長）、事業企画推進部長、事業実行委員会リーダー、商業者、地域住民、NPO等、自発的にやる気のる人、各商店街の事業担当者により構成
リーダー
コミュニティバス運行事業実行委員会
まちづくり公房運営事業実行委員会
インキュベーターショップ運営事業実行委員会
カード事業実行委員会
情報発信事業実行委員会
イベント・パフォーマンス事業実行委員会
共通駐車券事業実行委員会
視察パッケージ化コーディネート事業実行委員会
※事業実行委員会は、各リーダーが集めた自発的にやる気のある商業者・地域住民等により構成
アウトソーシング
積極的支援・関与
民間企業
市民団体
若手商業者グループ
NPO

「まちなか西遊房」でシニアもチャレンジ

まちづくりとやまの事業で最も注目されるのが、インキュベータショップ運営事業である。具体的には、フリークポケットに続くミニチャレンジショップ第2弾として西町商店街に「まちなか西遊房」をオープンさせた。

フリークポケットと同様に公募方式で入居者を募ったところ、24人の応募があった。現在は、その中から選ばれた高級ブランド品のアウトレット専門店、リサイクルショップ、韓国小物雑貨店、台湾から直輸入のアジアン雑貨店、鯖寿司専門店など8店舗が営業しており、このうちの2店は、韓国と台湾の女性が経営する店舗だ。そして、「フリークポケット」が20代の若者を対象にした創業支援であるのに対して、「まちなか西遊房」は「大人が楽しめる大人のためのお店」を基本コンセプトとしているため、入居者の年齢も29歳から51歳とよりシニア層が独立に向けてチャレンジしている。

まちなか西遊房の運営の仕組みは、基本的にはフリークポケットを踏襲しているが、こちらは契約期間が最長2年間であり、大通りに面してフリークポケットよりもずっと立地的には恵まれている分、家賃は5000円高く、月1万5000円、水道光熱費が1万5000円に設定されている。最初の3カ月間はフリークポケットと同様に家賃が免除される。

また、地区商店街のメンバーが運営協議会を組織して出店者を支援する仕組みも同様で、こちらは西町商店街の青年部長である山木氏（山木神仏具店店主）が会長を務める。出店者に対しては、オープンまでに事業計画の立て方や帳簿の付け方などがみっちり研修された。さらに、店舗のレイアウトや商品の陳列方法などは、市が費用負担をしてコンサルタ

まちなか西遊房の外観

同内部

ントを派遣するなどきめ細かいサポート体制が採られている。

コミュニティ「力」でハードルを乗り切れ!

このように書いてくると、フリークポケットをはじめとする商店街の活性化事業が非常に順調に推移しているような印象を受けるかもしれない。もちろん、ミニチャレンジショップの入居者が現在修行中の者を含めると60人を超え、独立組だけでも30人以上を産み出していること自体凄いことだ。そして、この事業を通して、空き店舗があらかた埋まり、客層が拡大し、来街者が増え、町が活気づいていることは間違いない。

しかし、実際には課題も山積している。例えば、「商店会の費用負担でよそ者の開業を支援して、競争相手を増やすことはない」とか、「その金と時間があったら既存の商店を支援してほしい」など、商店街の内部に反対意見がなかったわけではない。加えて、「中心市街地ばかりに市の施策が集中しすぎる」という批判が、他地区出身の市議から出されることもしばしばだ。しかし、まちづくり会社や運営協議会のトップが防波堤になり、反対意見を説得しながら走り続けているというのが現状だ。

また、オープンから6年が経過して、独立した店舗が新しい集積をつくり、固定的なファンができてきたものの、当初の話題性がやや薄れて、来街者数が一時期に比べると落ちてきているのも事実だ。そのような状況への対応策という意味もあり、まちづくり会社の各事業への取り組みが進められている。一方、フリークポケットの入居者や卒業生が同総会的な組織を作って、統一キャンペーンやセールを行う話もでてきている。

商店街としては、さらに大きな問題として、平成16年から17年に予定されている総曲輪商店街の再開発とそれに合わせた大和百貨店の移転・建て替え計画で、町の構造自体が大きく変わることがある。当然、それによって人の流れも、買い物行動も変わることになる。直接的な影響を受ける西町商店街や総曲輪商店街では、せっかくチャレンジショップの卒業生が新規出店をしても、環境が変わって商売に支障が出ないとも限らない。

これらを考えると切りがない。そして、環境の変化は止めようがない。結局は、小売業は環境変化への適応業だという認識を持って、商業者自らが主体的に動き、行政や市民を巻き込んでコミュニティ「力」を醸成するしか中心市街地を活性化する道はなさそうだ。

ただ、今回現地を訪れてみて心強く思ったのは、運営協議会のメンバーや独立組の若者たちの目が充実感でキラキラと輝いていたことだ。それを最後に紹介しておきたい。

第7章

整いはじめたコミュニティ「力《パワー》」を支える仕組み

これまでの事例で紹介してきたように、従来の行政依存型地域マネジメントの限界に気づき、本当に暮らしやすい地域づくりに向けて、生活者自身が主体的に生活課題にコミットし始める地域が増えてきている。しかし、動き出してみると、行く手にはいくつものハードルがあり、それを一つひとつ乗り越えて前進しなければならない。

一方、各地で動きはじめた活動グループが目の前の課題を解決するためにさまざまな知恵を絞る中で、また、海外の先進事例が研究され、紹介される中で、有用な制度や仕組みが徐々に整いはじめている。あるいは、第2章で紹介した家庭保育ネットワークのように、実績のある民間の仕組みが国の制度として取り込まれるようなケースもある。

この章では、紹介した事例ですでに活用されている制度、仕組みも含めて、今後の「公民共創型」地域マネジメントの実現に向けたコミュニティ「力」の醸成に活用可能なものを紹介してみたい。

1 特定非営利活動促進法（NPO法）

行政課題の多様化、複雑化とバブル崩壊後の財政難などから、行政サイドでも今後の地域マネジメントにおいては行政の対応が難しい分野を中心に市民活動の協力が必要なことは認識されはじめていた。

また、この時期にはボランティア団体やNPOが、高齢者福祉や環境保全など地域の生活課題に地道に取り組む活動が徐々に拡がってもいた。このような状況の中で起こったのが阪神・淡路大震災だが、前述のように震災の救援活動や復興支援活動においてボランティアやNPOが大きな役割を果たし、マスコミなどを通じて広く伝えられ、以後の日本のボランティアやNPOの活動を大きく前進させた。

NPO法により社会的認知が高まる非営利活動

そして、震災を契機にボランティア活動やNPOに対する社会の認識も大きく変化し、市民活動の社会的な位置づけを明確にすべきだという議論が一気に高まった。そのような社会的な要請を受けて平成10年3月に法制化されたのが特定非営利活動促進法（NPO法）だ。同法は、社会貢献活動を行う民間の非営利団体が、比較的簡易に法人格を取得できるように基準や申請手続き等を定めたもので、同法に基づいて法人格を取得することでより信用力が増し、安定的、継続的な活動が出来るようになった。まさに、NPOが法人として、地域マネジメントの一翼をになうベースができたと言っても過言ではない。

そのため、法人格を取得するNPOが相次ぎ、NPO法成立から5年間で全国に約1万700の法人が設立されている（平成15年3月末）。

また、NPOの法人化を支援したり、NPOの情報交流や会議施設の提供などを行う「NPOサポートセンター」も各地に作られ（現在、82カ所、うち民間施設が37カ所）、日常的にさまざまな支援が行われている。

さらに、平成13年10月からは、「認定NPO法人」の制度がスタートした。これは、すでにNPO法人として2年以上の活動実績を持つ法人のうち一定の要件を満たすものについて、その法人に対する個人や法人の寄付を一定の限度内で課税所得から控除したり、損金参入できる税制上の優遇制度だ。この制度では、NPO法人に対する課税は従来通りだが、この制度によりNPO法人は「寄付を集めやすくなる」「社会的信用が高まる」などのメリットを享受できる。

今後のNPO法人

NPO法は、平成14年12月に改正された。主な改正点は、特定非営利活動の種類の追加、設立認証の申請書類の簡素化、「収益事業」を「その他事業」に表記変更などであるが、これまでの5年間の活動状況を加味したものでNPO法人には少なからずメリットをもたらすと考えられる。

さらに今後は、政府が進める公益法人制度の抜本改革の中で財団法人や社団法人などとともに、NPO法人についても平成17年度末までに一体的な見直し、再編が予定されている。改革の中身については未確定だが、現状の議論では公益法人もNPO法人も官庁の関与なく公証人の定款認証のみで設立が可能になる「準則主義」が適用される。その場合、現行の税制優遇（収益事業33業種以外は非課税）は失われるが、一定の要件を備えた社会貢献性のある法人は登録制度により、課税面の優遇措置が採られる可能性もある。現在、NPO法人の事業活動で大きな論点となっている税制問題については、決着までにはもう少し時間がかかりそうだ。

図7・1　ＮＰＯ法改正のポイント（主要な項目）

項　目	改正点のポイント
①活動分野の追加	①旧法第4活動分野の「文化、芸術又はスポーツの振興を図る活動」「学術」を追加 ②以下の5つの活動分野を追加 a.情報化社会の発展を図る活動 b.科学技術の振興を図る活動 c.経済活動の活性化を図る活動 d.職業能力の開発又は雇用機会の拡充を支援する活動 e.消費者の保護を図る活動
②設立・認証の申請書類の簡略化	①「設立者名簿」「設立当初の財産目録」「設立当初の事業年度」の3書類を不要にする ②「役員名簿」と「報酬を受ける役員の名簿」を統合する ③「就任承諾書」と「宣誓書」を統合する
③その他の事業の明確化	①税法上の「収益事業」と、旧NPO法の「収益事業」が混同されやすいため、NPO法上の「収益事業」を「その他の事業」に変更 ②「その他の事業」で得られた収益は、特定非営利活動に係る事業に使用することが明確化された。
④暴力団等排除の実効性の確保	①認証時における基準の強化 ②役員の欠格事由に「暴力団の構成員等」を追加 ③所轄庁から警察当局への「意見徴収」および警察当局から「所轄庁への意見」が可能になる
⑤NPO支援税制の明記	①認定NPO法人に対する寄付金控除等の特例の適用を明記した
⑥役員任期の伸張	①原則2年以内を、社員総会における後任役員の選任までの間、前任役員の任期の伸張が可能になる
⑦定款記載事項の変更	①「事業年度」の追加 ②「その他の事業に関する事項」への改正
⑧予算準拠の規定の削除	①法人の会計について、収入及び支出は、予算に基づいて行われなければならない旨の入念規定を削除
⑨虚偽報告、検査忌避等に対する罰則規定	①規定による報告をせず、もしくは虚偽の報告をし、又は検査を拒み妨げ又は忌避した者は、20万円以下の過料に処する規定の新設

2 資金面の支援制度

NPO法人などの活動が活発化するにおよんで、これら社会性、公益性の高い事業に対して、その創業、起業時の資金調達を支援しようという仕組みも登場してきている。これらの事業は、事業内容自体の社会性、公益性は認められるものの、女性や高齢者などこれまで起業や事業運営の経験のない人たちが、社会的使命感やボランタリー精神で始めるケースも少なくない。

そして、事業を始めるに当たって最も苦労するのが資金調達だ。というのも、日本の金融機関は、従来の担保主義の審査姿勢から脱却できず、事業の社会性や公益性を評価する視点が乏しいからだ。

しかし、最近のNPO法人やコミュニティ・ビジネスなどの社会的起業の増大に対応して、従来の融資手段とは別の仕組みが開発され、社会性、公益性をもつ事業や事業者の資金調達を支援することが行われはじめている。ここでは、そのような新しい金融の仕組みの中から、財団による助成、NPO支援基金、市民バンク（金融機関型）、市民バンク（ノンバンク型）の4つについて紹介しよう。

①財団による助成

財団法人の中で、自主事業よりも助成事業を中心に行うものは一般的に「助成財団」と呼ばれる。これらの財団は、もともとNPO等の公益的な市民活動を支援するために設立

図表7・2　助成財団数および年間助成額（(財）助成財団センター調べ）

資産規模	財団数	構成比（%）	資産規模	財団数	構成比（%）
～5億円	168	27	～2500万円	321	52
5億円～10億円	154	25	2500万円～5000万円	146	23
10億円～30億円	201	32	5000万円～1.5億円	103	17
30億円～100億円	77	12	1.5億円～5億円	38	6
100億円～	22	4	5億円～	14	2
計	622	100	計	622	100

（年間助成額500万円以上）

されたものではないため助成の対象は研究者の学術研究の助成や奨学金が多いが、最近はＮＰＯをはじめとする公益的な市民活動等も助成対象とする財団も登場している。

（財）助成財団センターの調査によると、国内にある約1万３０００強の財団法人のうち助成事業を実施しているのは約１０００法人である。助成財団の設立数は、経済情勢を反映して、平成5年以降は大幅に減少しており、近年は年間３～５件程度で推移している。

また、年間の助成額が５００万円以上のものとなると６２２財団で、その資産合計は１兆４３００億円強、年間の助成額の合計は約５００億円となっている（図７・２）。

各財団は、複数の助成プログラムを持つことが多く、平成14年度の合計助成件数は１４１５件である。助成対象分野は、「科学・技術」「医療・保健」を中心とする自然科学系分野で約半数を占め、環境、福祉、公共などの市民活動分野は約２５０件（18％）である。

助成対象の選定は、一般公募により募集を行い、財団が委嘱するメンバーで構成する選定委員会で選考し、理事会で決定する形態が一般的である。民間の助成財団は組織的にも行政からの独立性が強く、新しい市民活動の芽を育んだり、特定の分野の活動などにも独自の判断で支援を行える点が特徴であり、意義を持っている。

②ＮＰＯ支援基金

ＮＰＯ法人の活動を資金面から支援する目的で設立される基金で、企業、団体、個人などの民間の寄付金をベースにするもの、公的資金をベースにするものなどが存在する。基金の管理、運用する方式としては「公益信託方式」、「行政運営方式」の２つのタイプがある。

１公益信託方式

公益信託は、民間の公益活動のために自らの財産を提供しようとする個人や利益の一部を社会に還元しようとする企業、地方公共団体などが、財産を信託銀行等に信託する仕組みだ。受託者としての信託銀行等は、定められた信託目的に従って、基金を管理、運用し、公益のために役立てようという制度である。

公益信託は、昭和52年に第1号が誕生しているが、ＮＰＯやボランティア団体などの活動が盛んになってきた平成期になって基金数が増大するとともに、一部、地方自治体による基金も登場している。助成の対象としては、奨学金の支給、自然科学・人文科学研究、海外への技術・経済協力、社会福祉、芸術・文化振興、都市環境の整備・保全、自然環境の保全など幅広い分野が設定されている。平成14年3月末現在の受託件数は５７１件、信託財産残高７３３億円、助成金の給付状況は累計で助成先数７万７４４１件、給付額２７０億円となっている。（図７・３参照）

公益信託方式では、その仕組み上、信託財産を融資や信用保証に活用することができな

1　**特定公益信託**とは、(1)信託終了時に信託財産がその委託者に帰属しないこと、(2)信託契約は、解除できないものであり、かつ、信託契約の条項を変更するときは、主務大臣の許可が必要とされていること、(3)出捐する財産が金銭であること、等の一定の要件を満たすことが信託契約において明らかであり、信託銀行等が受託者であることについて、主務大臣の証明を受けた公益信託をいう。

2　**認定特定公益信託**とは、特定公益信託のうち、信託目的が次に掲げる目的の1または2以上を目的とするもので、主務大臣の認定を受け、認定から5年を経過していないものをいう。

[認定特定公益信託の信託目的]

1. 科学技術(自然科学に係るものに限る)に関する試験研究を行う者に対する助成金の支給
2. 人文科学の諸領域について優れた研究を行う者に対する助成金の支給
3. 学校教育法第1条(定義)に規定する学校における教育に対する助成
4. 学生または生徒に対する学資の支給または貸与
5. 芸術の普及向上に関する業務(助成金の支給に限る)を行うこと
6. 文化財保護法第2条第1項(定義)に規定する文化財の保存および活用に関する業務(助成金の支給に限る)を行うこと
7. 開発途上にある海外の地域に対する経済協力(技術協力を含む)に資する資金の贈与
8. 自然環境の保全のため野生動植物の保護繁殖に関する業務を行うことを主たる目的とする法人で、当該業務に関し国または地方公共団体の委託を受けているもの(これに準ずるものとして財務省令で定めるものを含む)に対する助成金の支給
9. すぐれた自然環境の保全のためその自然環境の保存および活用に関する業務(助成金の支給に限る)を行うこと
10. 国土の緑化事業の推進(助成金の支給に限る)
11. 社会福祉を目的とする事業に対する助成

＊(社)信託協会HPより抜粋

図表7・3　公益信託の受託状況(平成15年(社)信託協会調べ)

信託目的	件数	信託財産残高	信託目的	件数	信託財産残高
奨学金支給	172	18,356	自然環境の保全	16	4,142
自然科学研究助成	90	12,104	人文科学研究助成	15	1,102
教育振興	82	3,916	文化財の保存活用	3	223
国際協力・国際交流促進	58	6,148	動植物の保護増殖	1	446
社会福祉	44	4,147	緑化推進	1	48
芸術・文化振興	34	6,615	その他	25	3,102
都市環境の整備・保全	31	10,829	合　計	571	71,184

(単位:百万円　＊百万円未満を切り捨て)

いため、資金提供は「助成」「奨学金」という形態とならざるを得ない。ただ、資金の運用を信託銀行等が行うため、次に述べる「行政運営方式」に比べると助成先であるNPOなどの自律性は確保されやすい。

また、出捐者の税制上の優遇措置については、個人では、一定の要件を満たした公益信託（特定公益信託）のうちで、一定の目的に添うもの（認定特定公益信託）に金銭を出捐した場合には、寄付金控除の対象となる。相続財産（金銭）を認定特定公益信託に出捐した場合も、相続税負担額が不当に減少する場合以外は、相続税の課税対象額から除外される。一方、法人の出捐については、出捐対象が特定公益信託であれば、一定限度額までは一般寄付金まで損金参入の対象となる。また、認定特定公益信託への出捐では、別枠で一般寄付金と同額まで損金参入が可能である。

2 行政運営方式（自治法基金型）

もう一つのタイプは、都道府県や市町村などの地方自治体が条例に基づいて、個人や企業等からの寄付を募集したり、自らが資金を拠出したりして基金を設立、運営する形態のものだ。（図表7・5参照）通常は自治体が拠出する財産と個人や企業の寄付の両方で基金を運営するケースが多いが、神奈川県の「かながわボランタリー活動推進基金」のように市民からの寄付は受け付けず、行政の拠出金のみで基金を運営するものや、杉並区の「杉並NPO支援基金」のように区民や企業からの寄付のみで運営する基金など、その内容は多様である。

図表７・４　公益信託制度の仕組み（(社)信託協会ＨＰより作成）

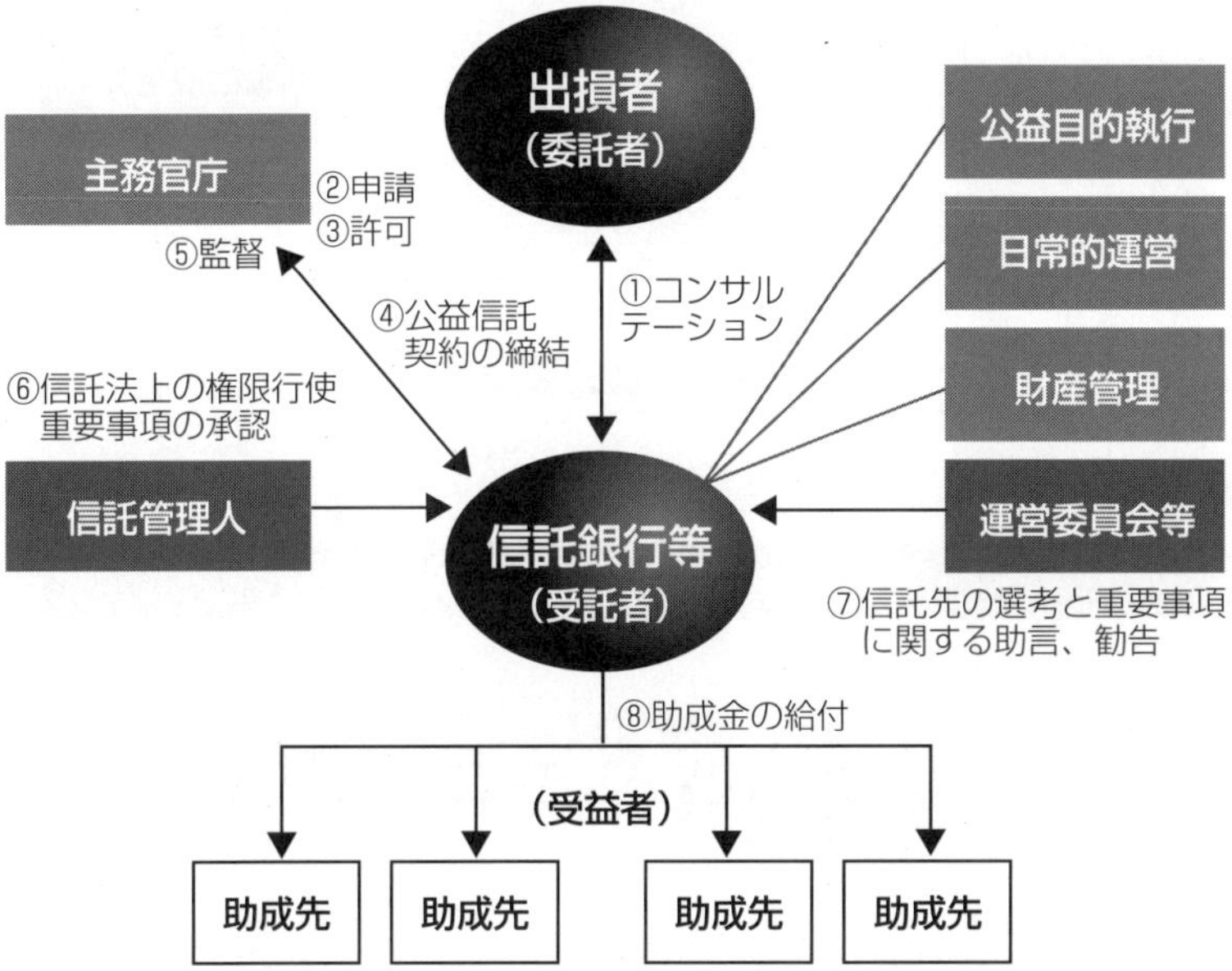

◎出損者と信託銀行等との間で、公益目的の具体的な選定、その目的達成のための方法、公益信託契約書の内容等について、あらかじめ綿密な打合わせを行います。
◎信託銀行等は、主務官庁に公益信託の引受けの許可を申請します。
◎主務官庁は、これを審査のうえ、許可します。
◎許可を受けた後、出損者と信託銀行等との間で、公益信託契約を締結します。
◎主務官庁は、財団法人に対するのと同様の監督のほか、公益信託の事務処理について検査をしたり、信託銀行等に対して必要な処分を命ずることができます。
◎信託管理人は、不特定多数の受益者のいわば代表者として、信託銀行等の職務のうち重要な事項について承認を与えます。
◎運営委員会等は、公益目的の円滑な遂行のため、信託銀行等の諮問により、助成先の選考および公益信託の事業の遂行について助言･勧告を行います。
◎信託銀行等は、運営委員会等の助言･勧告にもとづき、その公益信託の目的に沿った助成先への助成金の交付を行います。

図表７・５
行政運営方式（自治法基金型）の仕組み

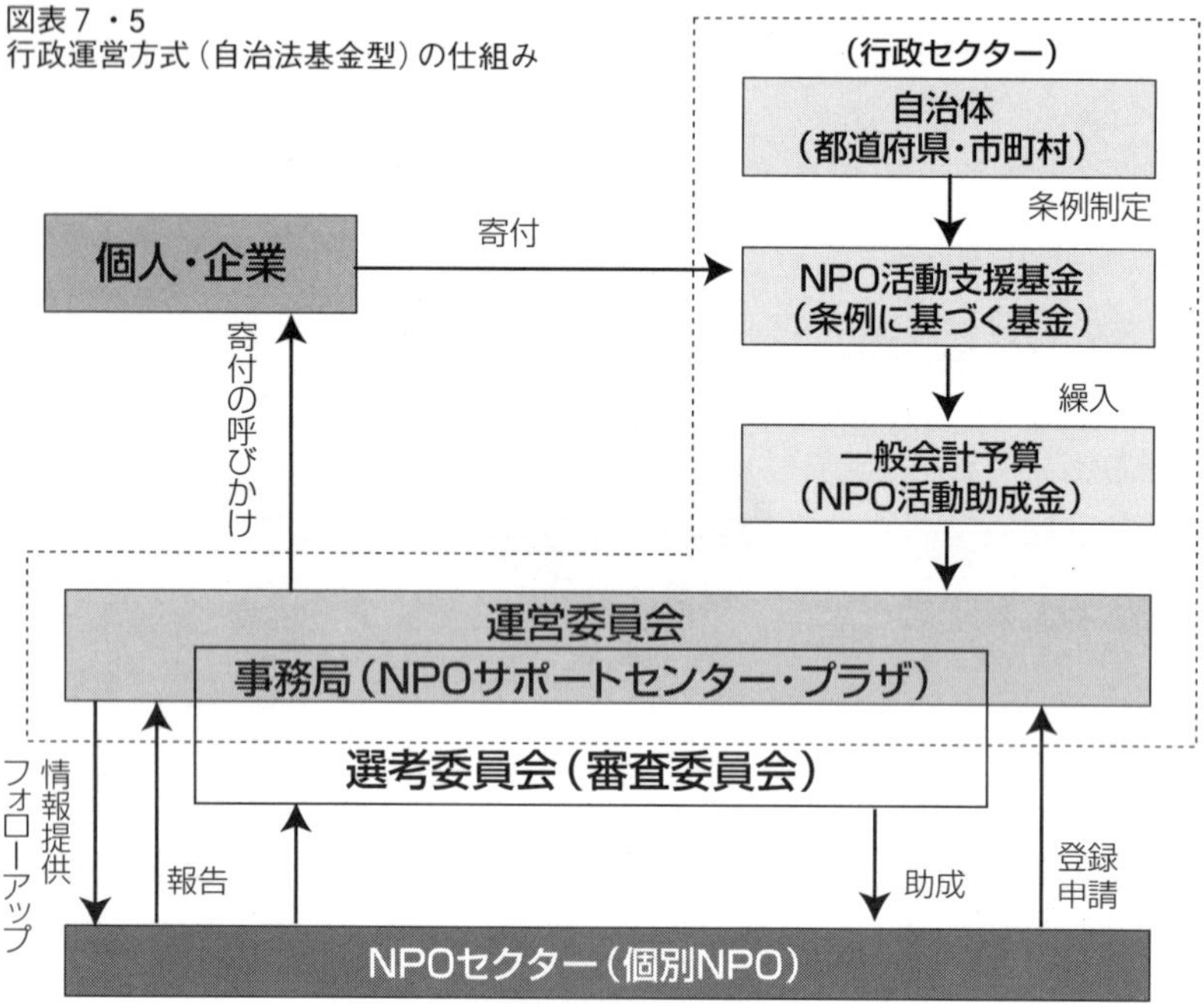

また、一般的にこのタイプの支援基金は規模が小さく、原資の運用益のみで助成事業を行うことは難しい。そこで、大阪府池田市や宮崎市で採用されているように、市民等からの寄付金額と同額を行政が基金に拠出する方式もある。つまり、寄付金額の倍の金額が毎年基金に積み立てられるため、助成の自由度が高まるとともに、基金を徐々に増やしていける可能性もある。いずれにしろ、個人や企業からの寄付がどの程度集まるかがポイントであり、ここでもコミュニティ「力」が問われるということだ。

さらに、寄付者が寄付をしたいＮＰＯ法人を特定できる仕組み（団体指定）の導入も見られる。そのような場合には、ＮＰＯ法人側が基金に対する寄付を各方面に要請することが基本になるため、ＮＰＯ法人の「営業力」とでもいえる能力が重要になる。

なお、このような仕組みは、個人がＮＰＯに直接寄付をしても控除の対象にならないという現行税制の課題を、控除対象になる行政への寄付という形をとって支援したいNPOに活動資金を供給するということである。

③市民バンク（金融機関型）

市民バンクは、平成元年に東京の永代信用組合と市民運動の事業化を目指してきた（株）プレスオルターナティブ代表の片岡勝氏が提携してスタートした公益性の高い市民事業、コミュニティ・ビジネスの起業を支援するための融資の仕組みである。環境ビジネスに融資先を特定するドイツの「エコ・バンク」がそのモデルだと言われる。市民バンクは、女性や高齢者などのボランタリー精神と意欲は旺盛だが、担保能力を欠くために一般の金融機関からの融資が受けにくい社会的起業家に長期プライムレートで、1000万円まで無担保で融資する。融資に当たっての審査では、事業計画もさることながら、起業家の志や熱い想いを綴った「夢作文」の内容が非常に重視される。つまり、最終的に事業の成否を決定づけるのは起業家の「想いの強さ」だという経験から、このような審査基準になったという。これまでに、このような審査を経て、「地域に根ざした高齢者福祉施設（グループホーム）」「地域ニーズに応えた、質の高い保育室」「廃食用油を使った石鹸プラント」「天然酵母で作る手作りパン屋さん」など、107件、5・5億円強の融資を行っている。ちなみに、これまでのところ貸し倒れは1件もない。

不況や後継者難で地域の中小企業や商店の廃業が相次ぐなか、信用組合、信用金庫などの地域金融機関にとっても、このような活動を通じてNPO法人やコミュニティ・ビジネ

図表7・6　市民バンクの融資対象と融資条件

対象事業	「社会性」のある事業 起業も対象のため、事業の実績の有無は問いません 融資申込者の性別の制限もありません
融資使途	開業資金、設備資金、運転資金
融資限度額	設備資金700万円、運転資金500万円 (ただし合計で1,000万円以内)
返済期間	設備資金10年、運転資金７年
返済方法	元利均等方式による毎月返済
融資利率	融資実行日の長期プライムレート (平成14年10月現在 1.60%)
必要担保	連帯保証人２名以上 事業の代表者を債務者とします 原則として不動産などの物的担保は取りません
融資審査	申込者の夢作文、事業計画（3年分）を基に、 融資の可否を審査、決定

スなど地域内の新しい事業の育成に貢献し、地域の活性化を進めることは重要なテーマになっている。そこで、東京都信用組合協会に加盟する9信用組合が参加する「東京市民バンク」(平成7年）や市民バンクと山口県の第二地銀・西京銀行が提携して設立された「しあわせ市民バンク」(平成13年）などが誕生している。さらに、中央労働金庫が平成12年にわが国で初めてのＮＰＯ法人を対象とする「ＮＰＯ事業サポートローン」を、同年に奈良中央信用金庫が「ちゅうしんＮＰＯローン」を設立するなど、ＮＰＯ法人やコミュニティ・ビジネスを対象とする融資制度が徐々に整い始めている。

市民バンクの一つの特徴は、有利な融資条件で社会的起業家を支援するだけではなく、事業内容や起業の相談、コンサルティングから、事業計画書の作り方に至るまで、実務面のサポートをするところにある。図表7・7に示す、山口県における女性の起業支援の仕組みにみられるように、起業家スクールによる動機づけから、人的支援、事業育成などの一環として資金支援が組み込まれていて、トータルにサポートする体制が採られている。

図表7・7　山口県における女性の起業支援の仕組み（日本経済新聞2002.7.21より作成）

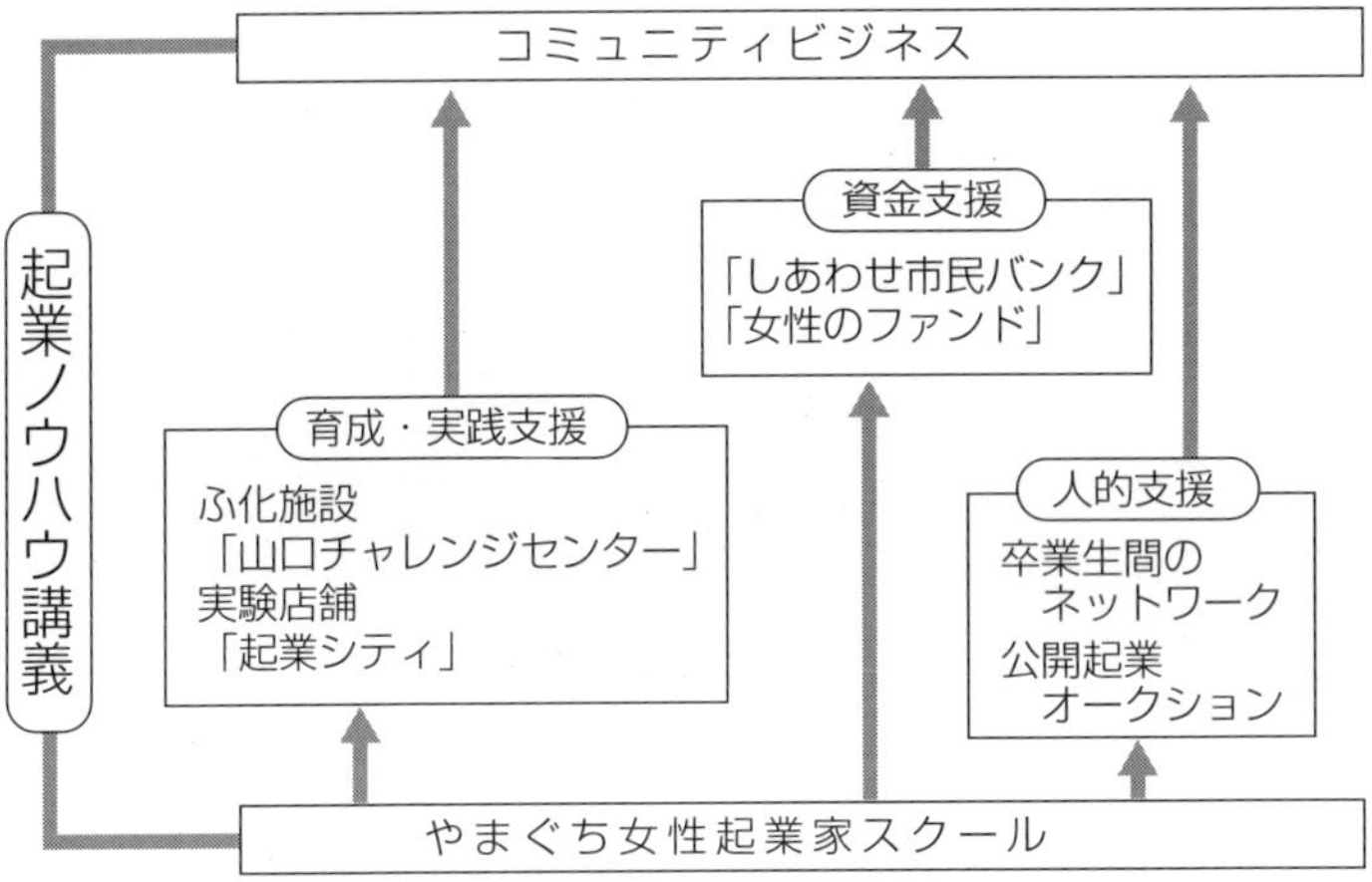

④市民バンク（ノンバンク型）

同様に、社会性、公益性のある市民事業を金融面から支援しようという目的だが、既存の金融機関と提携するのではなく、主旨に賛同した会員からの出資を原資とし、貸金業登録をした団体を通じてＮＰＯ法人やコミュニティ・ビジネスに融資するノンバンク型の仕組みも作られている。これらは、「共鳴」「非営利」「自主管理・運営」の３つを基本原則に小規模な相互扶助型の金融の仕組みであり、いわば現代版の「無尽」とでも言えるものだ。

市民バンク（金融機関型）の融資先を見ても80％以上が女性による起業活動であることからもわかるように、生活者の視点による、生活課題への対応を目指す女性起業家の支援は需要なテーマだ。そのようなニーズの高まりから、平成３年にはＷＷＢ（Women's World Banking）の日本支部が設立され、女性起業家向けの支援活動を展開している。前述のやまぐち女性起業家スクールの運営を行っているのもＷＷＢジャパン・山口オフィスである。

このような女性起業家向けの融資を行うことを目的として平成８年に神奈川県で設立されたノンバンクが「女性・市民バン

図表7・8　ＷＣＢの融資事例

融資団体名	事業内容	融資実行日	利率(年%)	期間(年)	融資金額(万円)
ワーカーズ･コレクティブ「さくらんぼ」	保育	H10.12	1.8	5	350
NPO「WE21ジャパン」	アジアの女性自立支援のリサイクルショップ	H10.12	2.5	3	520
ワーカーズ･コレクティブ「WE」	レストラン&サロン	H11.1	1.8	5	230
ワーカーズ･コレクティブ「ももの木」	仕出し･食事サービス	H11.9	1.8	5	650
NPO法人「MOMO」	サービスハウス運営	H12.3	1.8	1	500

ク（ＷＣＢ）」だ。このＷＣＢは、もともとは神奈川県内の生活クラブ生協やワーカーズ・コレクティブ（働き手が主体的な働き方を求めて協同で起業し、自分たちの職場を作る協同組合）などの女性市民グループが中心となって設立された「女性、市民事業専門の金融機関を作ろう」という目的のＮＰＯ（女性・市民信用組合（ＷＣＣ）設立準備会）が母体となっている。法律上、ＮＰＯであるＷＣＣ設立準備会は貸金業ができないため、ＮＰＯの代表が個人事業としてＷＣＢというノンバンクを設立したものだ。そのため、正確にはＷＣＣ設立準備会の出資金を、会員に融資する窓口がＷＣＢということになる。

現在、出資している会員は個人（１口１０万円以上）が４３８人、団体（３口30万円以上）が50団体で、出資充当金額は９６５９万円となっている。融資条件は、最高限度額１０００万円、金利水準は１・８～５%まで設定されている。融資に当たっては、ＮＰＯ活動や市民事業に詳しい審査委員が書類審査、面接を行って決定するが、ここでも事業の社会性や事業者の意欲が重視される。これまでに43件、１億２４００万円の融資を行っているが、ＷＣＢも1件の貸し倒れもない（数字は平成15年1月末現在）。ほかのノンバンク型の市民バンクとしては、環境に優しい商品の購入や環境に優しい事業に低利融資を行っている未来バンク事業組合（未来バンク）がある。未来バンクの融資の仕組みは図表

図表7・9　未来バンクの仕組み（未来バンクHPより作成）

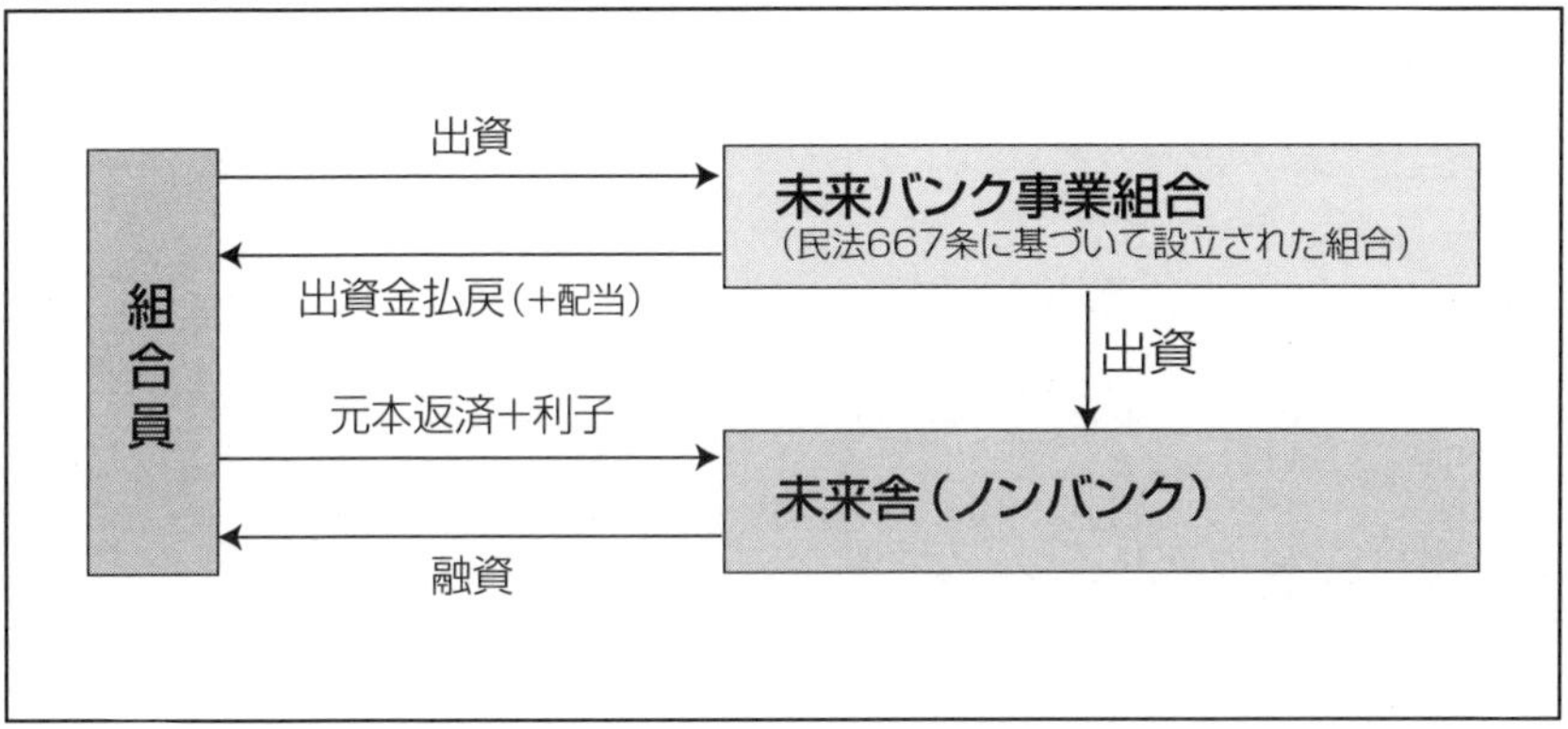

7・9に示すが、未来バンクも金融機関ではなく、民法上の組合で、主旨に賛同する組合員の出資金を原資として運営されている。そして、集められた出資金は、融資窓口である未来舎（ノンバンク）に出資し、未来舎が資金を必要とする組合員に融資をする仕組みだ。

ここで、出資金の形態をとるのは金融機関以外では預金を扱えないためだが、同様に出資金のため出資者には元本が保証されず、利益が出れば配当の形で還元される。また、未来バンクの組織は、組合員全員で構成される「総会」が最終議決機関であり、職員も専従者はおらず、理事も全員がほかの職業を持ちながらボランティアベースで運営を行っている。

3　地域通貨（エコマネー）

地域通貨は、日本円や米ドルのように各国の中央銀行が発行する全国（全世界）で使える「法定通貨」と対照的に、市民の手で作られ、一定の地域や会員の間など限定した範囲で流通する、利子の付かないお金だ。しかし、「お金で表せない〈善意〉の価値を交換する〈あたたかいお金〉」とか、「法定通貨では表しにくい価値を、コミュニティのメンバー相互の交換により多様な形で伝える手段」とか、「人と人との交流を促進し、結びつきを強め、地域を活性化するお金」などと説明されるように、法定通貨にはないさまざまな特徴、メリットを持っている。

このように地域通貨は、モノやサービスの購入時にお金をやり取りするだけの関係から、「プラスα」としてお互いの想いや感謝を伝え、気持ちの通った関係づくりを行うための手段として期待され、実際に使われはじめている。また、一般のお金を尺度とする市場経済の価値や効率では測れない価値を媒介する手段、すなわち、市場経済の「忘れ物」とでも言える、この本で取り上げてきたさまざまな生活課題をカバーする「ボランタリーな価値」を媒介する手段とも言えよう。

地域通貨は、日本では世界の地域通貨の実践を紹介した「エンデの遺言」というTV番組（平成11年5月放送）が契機となり急速に広がった。そのため、多くの地域では導入されてからまだ日が浅いが、世界ではコミュニティマネーなどと呼ばれて、すでにさまざまな国で使われている。イギリスやオーストラリアの「LETS」やアメリカの「イサカアワー」などは日本での地域通貨の取り組みのモデルになったことで知られるが、それ以外にもフランス（SEL）、ドイツ（交換リング）、アルゼンチン（交換クラブ）などでも事例が見られ、全世界では数千ケ所で導入されていると言われている。

取り組みが拡大する地域通貨

さまざまな可能性をもつ地域通貨は、コミュニティ「力」の醸成やコミュニティにおける生活課題への対応、あるいは地域の活性化にはもってこいのツールとして、全国各地で取り組みが進んでいる。現在、全国で名前が付けられ、実験も含めて流通している地域通貨だけでも200を超えているが、導入の検討や研究を進めている地域を含めるとその数は300カ所を上回ると言われる。地域通貨の名称も、「もっけ」「だすけ」「ありがとう」「善」「ZUKA」「おうみ」など、地域の地名や方言から取ったものや気持ちそのものを表したものなど多種多様だ（図7・10）。

本書で紹介した事例では、北海道・栗山町でエコマネー「クリン」の導入実験が数次にわたって進められていたが、栗山町は地域通貨に関しては全国でも先進地の一つである。

地域通貨の4つのタイプ

現在、国内外で流通している地域通貨は、その形態や使い方により大きく4つのタイプに分けられる。（図7・11）

一つは、「講座変動形式」と呼ばれているもので、地域通貨の単位を通帳や小切手、電子カードなどを使って口座上でやり取りする形態のものだ。千葉県の「ピーナッツ」や北海道・苫小牧市周辺の「ガル」などがこのタイプだが、日本ではほとんどが通帳型（大福帳型）で小切手や電子カード型のものは見られない。例えば、「ピーナッツ」では、NPO法人千葉まちづくりサポートセンター（センター）が発行する「大福帳」を使った取引が行われる。入会の手続きをすると、誰でもこの大福帳がもらえるが、ピーナッツはさまざまなボランティア活動に参加することで1時間につき1000ピーナッツが入手できる。入手したピーナッツは、大福帳に「+1000」というような形で記入される。一方、入手したピーナッツは、活動に参加する商店街の加盟店などで使える。加盟店がそれぞれ設定した

地域通貨名称	流通地域等	地域通貨名称	流通地域等
クリン	北海道栗山町	ポエマ	静岡県磐田市
タル	小樽市	E.G.G.S	清水市
ガル	苫小牧市周辺	ベア	天竜市
ブナ〜ン	黒松内町	ぱれっつ	静岡県
LASSE	青森県	エコー	愛知県豊田市
結	岩手県	LETSな〜も	名古屋市
ビーズリング	仙台市周辺	LETSチタ	知多半島
もっけ	山形県鶴岡市	楽市	岐阜県岐阜市
LETS会津	福岡県会津地域	大夢	三重県津市
ありがとう	群馬県高崎市・前橋市	ポート	四日市市
ピーナッツ	千葉県千葉市	ゴー!ゴー!チケット	富山県富山市
どんぐり	東金市	夢たまご	富山市
ワラー	茨城県谷和原村	ドラー	高岡市
エッコロ	埼玉県さいたま市	おうみ	滋賀県草津市
グリン	飯能市	TAZI	大阪府田尻町
アーツ	富士見市	モモマネー	吹田市
アースデーマネー	東京都渋谷駅周辺	キョートレッツ	京都府京都市
COMO	多摩地区	シルク	兵庫県出石市
クラブ	世田谷区	未杜(みと)	氷上郡
Conte	西東京市	千姫	西部地域
ポラン交換リング	立川市近郊	りば	加古川市
ピポ	新宿区	ZUKA	宝塚市
レインボーリング	主に関東地域	とんぼ	龍野市
ボランティア労力銀行	本部:大阪市	タイムダラー	愛媛県各地
WAT清算システム	全国:横浜発祥	せと	香川県高松市
LOVES	神奈川県大和市	エコメディア優	高知県高知市
善	藤沢市	エンバサ	高知市
福	川崎市	よかよか	福岡県福岡市博多区
エコ	横浜市	コール	大牟田市
ハート	開成町	FUKU	大分県中津市周辺
だすけ	新潟県上越市	YUFU	湯布院町
MORINO	長野県富士見高原	パールレッツ	長崎県北部地域
ダニー	南信州	林	熊本県水俣市
YU	諏訪郡原村	ちょる	宮崎県宮崎市
ムトス	飯田市	花子	鹿児島県川辺町
い〜な	伊那市	エッグ	入来町
ずらあ	駒ヶ根市	アース	鹿児島市
ハートマネー安曇野リング	安曇野	木家	伊集院町
ま〜ゆ	上田市	ドンガ	種子島

図表7・10　国内の主な地域通貨（この他にも多数存在する）

地域交易システム

形式	口座変動形式			クーポン発行形式	借用証書形式
	通帳型	小切手型	電子カード		
発行主体	個人（登録会員のみ）	個人（登録会員のみ）	個人（登録会員のみ）	発行委員会/事務局	個人
値決めの方法	交渉による値決め	交渉による値決め	交渉による値決め	交渉による値決め 市場により決定	交渉による値決め 市場により決定
流通範囲	メンバーコミュニティ内	メンバーコミュニティ内	メンバーコミュニティ内	地域内	システムによる制限し（運営側による制限可）
国内の実践例	ピーナッツ（千葉市） ガル（苫小牧市） yufu（湯布院町）		おうみ（草津市） r（東京都）	WAT精算システム（全国） えどがわっと（東京都） yufu（湯布院町）	
海外の実践例	交換リング（ドイツ）	LETS（イギリス） SEL（フランス） 交換リング（スイス・ドイツ）	LETS（カナダ） コミュニティー・ヒーローカード（アメリカ）	イサカアワーズ（アメリカ） RGT（アルゼンチン） トロントドル（カナダ）	トラロック（メキシコ）

時間預託・貯蓄システム

形式	口座変動形式	クーポン発行形式
発行主体	登録会員のみ	発行事務局
値決めの方法	すべてのサービス 1時間1点と換算	すべてのサービス 1時間1点と換算
流通範囲	メンバーコミュニティ内	メンバーコミュニティ内
国内の実践例	NALC（全国）	ボランティア労力銀行（全国） だんだん（関前村）
海外の実践例	タイムダラー（アメリカ） 時間銀行（イタリア）	

図表7・11
主な地域通貨のタイプ
（『エンデの警鐘』NHK出版より作成）

割合（代金の5〜10％）で、円と併用する形で支払うが、支払時には大福帳に「−500」などの形で記入され、トータル残高が計算される。そして、お互いに「アミーゴ！」と言いながら握手をする。これがピーナッツの取引ルールだ。

この方式の特徴は、元手がなくても、いきなり取引の輪のなかに入れることだ。使った分は大福帳に「マイナス」で記入されるが、自分にできるボランティア活動があったときにピーナッツを稼いで埋め合わせをすればよい。

二つめのタイプは、紙幣や商品券のような額面の入った紙幣を発行してやり取りをする「クーポン発行形式」だ。北海道・栗山町の「クリン」や滋賀県・草津市の「おうみ」などがこのタイプだが、一般のお金と同じような使い方ができるので馴染みやすいのが特徴だ。町ぐるみで大規模な実験を行っている栗山町では、実験の参加者に最初から3000クリンを配布しているが、このタイプでは地域通貨を入手するためのボランティア活動が最初にあって、取引がはじまる。この方式の場合、一般のお金と同様の使い方ができることがメリットである一方、それが同時にさまざまな問題を含んでいるとの意見もある。つまり、地域通貨が市場経済に乗らないボランティア活動に関してやり取りされている場合はともかく、商店や事業者が本来の事業活動として参加する場合には一般のお金や商品券などの金券との違いや課税問題などへの対応だ。また、地域通貨を使用、運営する側からも、「市場経済とかかわりを持つと、ボランティア活動や善意がお金と同じ価値観で評価されかねない」と懸念する声もある。

三つめのタイプは、「借用証書形式」と呼ばれるもので、取引をする相手どうしで発行する借用証書に裏書をして次々に利用者間を流通していくタイプである。大分県・湯布院町の「yufu」やWAT（ワット）清算システムなどが借用証書形式の地域通貨だ。この方式の特徴は、使いやすさと事務局の負担の少なさである。湯布院町では、当初は大福帳方式を採用したが、同方式では取引をする双方が通帳を携帯していなければならないことや、講演会など一対多数の場合には通帳記入が非常に煩雑になるなどが問題となり、途中から借用証書型に変更した経緯がある。変更してみると、支払時の手間が楽で、額面もフレキシブルに設定できることなど使い勝手が良いことから定着したという。

そして、四つめのタイプが「時間預託・貯蓄型」で、このなかにも口座変動形式（NALC）とクーポン発行方式（ボランティア労力ネットワーク、愛媛県関前村「だんだん」）とがある。この方式は最も歴史が古く、ボランティア労力ネットワーク（昭和43年）、さわやか財団（平成5年）、NALC（平成6年）など、日本の地域通貨に火を付けた「エンデの遺言」の放映のずっと以前から導入が行われていた。

NPO法人ボランティア労力ネットワーク（旧・ボランティア労働銀行）の時間預託は、「時間に余裕のあるときと足りないときを相互に組み合わせ、補い合い、助け合う」仕組みで、会員どうしが1時間1点の点数による助け合いを行う。いま自分ができるボランティア活動で点数をストックし、将来、自分が必要とするときに支援をしてもらうというものだ。全国に200の支部を持ち、1500人の会員が登録している。平成13年度の労力交換の内容は、家事（掃除、料理等）、看護（お見舞い、付き添い、介護等）、車の運転（便乗、送迎等）が上位を占める。

試行錯誤を繰り返しつつ定着

前述のように、日本の地域通貨は時間預託方式を採る一部の事例を除くと、導入からの日も浅く、ほとんどの地域が実験段階の域を出ていないのが実情だ。導入を進める各地域は、試行錯誤の連続で、一つひとつ課題をクリアしている。

また、日本のモデルとなった先進地の欧米でも、デンマークの交換リングが停止に追い込まれたり、創設から15年を経過しているニュージーランドでの地域通貨（LETS）も課税問題をはじめ、特定の人たちのプラス残高の溜め込み、取引の不活発化、幽霊会員の増加など課題が山積している。そして、地域によって運営の好不調が明確になってきている。一方、アメリカでは電子カードを使って地域通貨（コミュニティ・サービスドル）と法定通貨（ドル）とが自在に変換可能な新しいタイプの地域通貨（コミュニティ・ヒーローカード・プログラム）の登場なども見られる。つまり、地域通貨の仕組みは、先進地の欧米でも発展途上で定着を見ているわけではなく、日々変化している。

今後、日本の地域通貨も紆余曲折が予想されるが、これだけ短期間の間に全国各地で導入に向けた大きなモーメントが起こったのは、従来の経済、社会システムの踏襲では現状を変革できない閉塞感と、地域通貨の持つ可能性に地域で活動をしている人たち自身が敏感に反応したということにほかならない。その意味で、コミュニティ「力」を醸成する有力な手段としての地域通貨の行方を期待をもって注目したい。

第8章

コミュニティ「力《パワー》」で地域が変わるプロセスとメカニズム

1　はじめに

この本では、戦後の復興を経て経済成長を成し遂げた日本人が、その経済的な豊かさとは裏腹に心の中にはそこはかとない不安を抱えていること、その不安がいま日本の社会が抱えるさまざまな生活課題に起因しているという現状認識からスタートした。そして、それらの生活課題を解決し、本当の意味での豊かな社会を実現するには、それら課題への対応を含めた地域マネジメントをこれまでのように行政任せにするのではなく、地域で暮らし、働く人々自らが主体的にコミットする必要があるということを問題提起した。ここで、地域で暮らし、働く人々を「生活者」と呼べば、生活者がコミットすることで行政、企業、非営利団体（NPO）、第3セクターなど地域を構成するさまざまな主体間の新しい関係を構築し、それが地域マネジメントのあり方を変えていく可能性があるという仮説を立てた。ここでいう関係とは、生活者間の関係もあれば、行政や企業と生活者間の関係もあり、さまざまな局面が想定される。この本の中では、そのような新しい関係性に基づく地域マネジメントを「公民共創型」と呼んだ。すなわち、それはそれぞれの主体が役割や能力に応じて協働するパートナーシップ型の仕組みをイメージしている。

そして、生活者が積極的にコミットする「公民共創型」地域マネジメントの仕組みづくりには、生活者の日々の暮らしにもっとも密着した「コミュニティ」をベースに取り組みが始まることが自然である。と同時に、コミュニティの課題解決能力が高まらない限り、新しい地域マネジメントの仕組みも実現することはない、と筆者は考える。特に、これから始まる市町村合併後の地域においては、なおさらコミュニティの位置づけが高まると考えられる。そこで、このようなコミュニティの課題解決能力を、造語ではあるが『コミュニティ「力」』と表現し、このコミュニティ「力」をキーワードに、生活者が地域の生活課題の解決に向けて実際に活動を起こした地域の事例をトレースしてきた。

地域の生活課題としては、極めて今日的な課題ということで高齢者福祉、商店街活性化、中山間地域や農業の活性化、ごみ・環境問題、保育・生涯学習などを取り上げた。そして、事例ごとに生活者が具体的な活動を始めた背景や契機、活動を牽引する人（リーダー）、組織の特徴やその運営の方法、行政をはじめとする地域を構成する主体間の関係づくり、活動の課題とその対応などを中心に整理した。また、各事例を見ると、活動を展開するプロセスでコミュニティ「力」が醸成され、活動の内容や範囲が徐々に拡大、発展するのも共通する特徴であった。そのあたりのプロセスやメカニズムなども非常に興味深いものがあった。全国の17事例を紹介したこの本を締め括《くく》るにあたり、それらの点を整理し、「公民共創型」地域マネジメントの実現可能性やそのための条件などを展望してみたい。

2 地域が動きはじめる背景と契機

まずはじめに、生活者が地域において具体的な活動を始める背景や契機はなんなのかを考えてみたい。

どこの地域も多かれ少なかれ生活課題を抱えている。というよりは、いま地域には課題が山積していると言ったほうが適当であろう。もちろん、地域によってその課題の内容はさまざまであり、課題ごとの深刻さもマチマチであろう。しかし、目の前に深刻な課題が存在するのであれば、どこの地域でも生活者がそれらの課題に対して具体的な行動を起こしても不思議ではない。まさに、潜在的な契機はあらゆる地域に存在するということができるからだ。

しかし、実際には本書で紹介したような生活者が主体的、組織的に地域の課題に取り組みはじめるケースは必ずしも一般的とは言えない。それでは、事例で取り上げた「生活者が動きはじめた地域は、ほかの地域とは何が違うのか」ということになる。とはいえ、同じように課題を抱えている状況下においては、どこの地域でも現状を変えたいという生活者の潜在的なエネルギーは溜まってきているのも事実であり、なんらかのきっかけさえあれば他の地域でも生活者は動きはじめるのではないか、と筆者は考える。

では、その〈きっかけ〉と何か。一つは、生活課題の深刻さ、あるいは地域を取り巻く状況の大きな変化が挙げられる。例えば、生活者有志が自ら出資して「村営百貨店」を作り、運営している京都府大宮町のケースでは、集落で唯一の商店が農協の広域合併に伴い廃止されることが直接の契機となった。また、富山市の中央通り商店街が商人《あきんど》インキュベート事業（フリークポケット）に乗り出すきっかけになったのは深刻な空き店舗の発生であった。愛知県新城市の市民が出資して作った「まちづくり会社（株）山湊」も、同様に商店街の疲弊と道路建設に絡む市街地の再開発計画が契機となって地域が動き出した。さらに、ごみ最終処分場の建設難から徹底した生活ごみの分別収集と資源化を進めた愛知県碧南市も、まさに切羽詰った深刻な状況が背景として存在した。

このように、生活者の潜在的なエネルギーが顕在化する最大の契機は、いま自分たちが動き出さなければ地域の生活インフラが失われてしまう、あるいは日々の生活そのものが深刻な影響を受けるという危機感であり、それが人々を突き動かしたと言える。そして、それらの事例をみても、危機感が背景にあるがゆえに活動がエネルギッシュで、活動の内容も具体的であることが特徴的であった。

二つめは、首長が重点政策テーマとして特定の生活課題にフォーカシングし、生活者の参加も促しながら、計画づくりや施策の展開を行なうなどが具体的な契機となるケースである。事例では、北海道栗山町と秋田県鷹巣町の2地域がこのようなタイプである。この二つの町では、いずれも若い町長が「福祉の町づくり」を公約に掲げて当選し、地域通貨を導入したり、ワーキンググループ方式で生活者にも自らの問題として考えたり、活動に参加する仕組みづくりを行ってきた。そもそも首長が選挙公約に掲げるくらいだから、そのテーマが地域の主要な生活課題であることは間違いない。また、地域の生活者の中には、自らが当事者であるというケースも少なくない。そのため、もともと生活者の関心は高く、主体的に活動に参加する意欲を持った人たちも多い。このような場合には、行政のタイミング良い働きかけがあれば生活者は積極的に参加し、地域が動き出す。

三つめは、もともとなんらかの活動を行うことを目的に組成された既存の組織や生活者のグループが、活動のテーマとして特定の生活課題とのかかわりを強めていくケースである。事例では、早稲田商店会の「早稲田いのちのまちづくり」は、商店街の夏枯れ対策として〈環境〉をテーマとするイベントを開催したことがそもそものきっかけであった。また、つくば学園都市の「花と緑」をキーワードとするまちづくりも、子どもを持つ母親たちの子どもにかかわる活動がそもそもの始まりであった。

このように、生活者が主体的に動きだすのは、やはり自らの生活に直接かかわる課題の存在や危機感が背景にある。しかし、本当に切羽詰った深刻な状況にならないと地域が動きださないかと言えばそうとも言えない。一方、相当深刻な状況でありながらも、依然として行政任せで生活者自らが動きださないという地域も少なくない。というより、数としてはこちらの方が圧倒的に多いのが現実だ。

動き出す地域に共通しているのは、それらの生活課題は行政任せにしていたのでは解決が難しく、本当の意味で課題を解決し、暮らしやすい地域をつくるには自分たちが主体的にコミットせざるを得ないということに「気づく」人やグループが存在したということだ。

それでは次に、活動を牽引する人(リーダー)や組織について見ていこう。

3 コミュニティ「力」の要は〈人〉

事例で紹介したコミュニティ「力」を醸成して、生活者自らが地域の生活課題に主体的にコミットしている地域には、必ず活動を牽引し、束ねる「人」が存在する。いわゆる活動のリーダーだ。そして、このリーダーは男性、女性にかかわらず、個性豊かで、バイタリティに溢れ、明るく、行動的で、よく喋るなどが共通する特徴だ。また、タイプはさまざまだが人を引き付ける人間的な魅力に溢れるというのも共通点だ。

多くの場合、このリーダーやリーダーを中心とする少人数のグループの「気づき」が活動の原点となる。なぜ、彼らがほかの人たちに先立って気づき、行動を起こしたかと言えば、課題の当事者として苦労していたという場合もあるが、もともと彼らは自分や家族の生活を大切に考える。そして、自分の生活の目線で地域を見ており、生活の場としての地域に強い関心を持っている。そのため、行政をはじめ町内会、商店会、サークル活動、PTA、ボランティア団体など既存の活動との接点を持っていることも多い。

ただ、このようなリーダーは、言わばソーシャル・アントレプレナー（社会的起業家）とでも言えるような存在で、意図的に育成できるものではない。本人の個性、育った環境、キャリア、抱える生活課題などによって、その特性が形成されたものだ。ノーベル賞受賞者が、地道な日々の思考や実験の繰り返しの末に、画期的な新しい理論や科学的発見を成し得たように、地域活動のリーダーも突然出現するものではない。その点、動き始めた地域が、以前から地道に人材育成に力を入れていたり、特定のテーマに関する勉強会を行っているケースが多いことは大変示唆に富んでいる。

例えば、京都府大宮町では15年以上前から行政や商工会が中心となって「人づくり」に注力してきた。ふるさと創世1億円も、大半は若者の海外研修費用などの人材育成に活用された。また、北海道栗山町でも15年前に町立の介護福祉学校を設立し、福祉のプロを養成してきた。いま同校の卒業生、在校生が同町の「福祉の町づくり」にはなくてはならない存在になっている。同様に、町田市のケアセンター成瀬の運営に携わる中核メンバーは、

10年程前に一人の医師を中心とする地域ケアの勉強会に集まった人たちである。長野市のコミュニティ・ビジネス（有）たんぽぽを運営する中心メンバーも、農協と農業改良普及センターが主催した「いきいき主婦講座」で一緒に学んだ主婦たちだ。これらの勉強会や研修会は行政や商工会、農協などの公的な機関が主宰したケースもあれば、地域で自然発生的に生まれたケースもありさまざまだ。しかし、いずれにしろそれらの勉強会や研修会を通して、生活者がさまざまな知識を習得し、視野を広げ、自分たちの生活や地域を見直す活動の中から、地域が動き始めるのだ。

人づくりには大変な時間とエネルギーが必要であるが、コミュニティ「力」は人によって規定される部分が大きいだけに、地域は時間と労力を惜しまず人づくりに注力すべきだ。

もう一つ、どんな有能なリーダーが存在したとしても、地域づくりはリーダーだけではどうにもならない、筆者は、リーダーを補佐し、一緒に活動する人たちを「サポーター」と呼んでいるが、サポーターの存在が不可欠だ。例えば、リーダーは個性が強いだけに地域に反対者も少なくない。そのときに、サポーターの中にうまく事態を取りまとめる調整役が必要になる。また、地域でさまざまな活動を進めるとなると、その組織には多様な専門性や能力が求められるが、適材適所で、それらに対応できる人材が存在することが望ましい。

また、さらに地域の人材だけでは対応が難しい、より専門的な問題は、地域外の「ネットワーカー」の知恵や力を借りることが必要だ。幸い、地域活動のリーダーは、地域外にも多くのネットワークをもつ場合が多いが、より意識的に、地域間交流などを通じて、いざというときに頼りになる専門家をネットワークしておくことが求められる。

4 活動のプロセスは千差万別

地域の生活課題への対応のし方は、まさに地域により千差万別である。これは、もともとのコミュニティ「力」の蓄積レベルに規定される部分が大きいが、生活者が自らの問題として主体的に動き出すことの必要性に「誰が気づくか」ということが最大のポイントである。つまり、どこから活動が始まるか、誰がリーダーシップをとるかということである。

コミュニティ「力」の蓄積レベルは、深刻な生活課題が存在したり、それに気づき、活動を牽引するリーダーが存在したなど、これまで地域が歩んできた歴史に負うところが大きい。しかし、一般的に都市部など若い世代を含めて人口も多く、革新的な風土、性格を持つ地域では生活者の中から自然発生的に活動が始まる「生活者主導型」が、一方、中山間地域など過疎化、高齢化が進み、保守的、受動的な性格の強い地域では首長や行政が働きかけることで活動が始まる「首長・行政主導型」のケースが多い。また、都市部でも商店街活性化や生涯学習、ごみの資源化などの活動では商店会、PTA、町内会など既存の地域組織が行政と連携しながら活動が始まる「公民連携型」も多く見られる。

事例で見ると、東京都町田市で「住民による、住民のための地域ケア」を目指して、在宅高齢者支援施設の計画段階から積極的に関与し、運営も自分たちの手で行っている「ケアセンター成瀬」のケースはまさに典型的な生活者主導型の活動だ。この活動の核となる

「ケアセンター成瀬支援住民の会」のメンバーたちは、もともと昭和40年代に民間企業によって開発された住宅地に移り住んだ人たちだ。移住当初は、新興住宅地ゆえのごみ問題や学校整備などの生活課題に直面した。それに対して自治会を組織し、自分たちが動くことで一つひとつ問題を解決し、自主的な地域マネジメントの基盤を作って来た実績があった。そのため、住民の多くが老後を考える年代になると、これも自然発生的に地域ケアの勉強会が始まり、その勉強会を通して住民が介護問題に関する専門知識を身につけ、実践活動に動き出した。そして、その中心には、自らが老親の介護に直面していた一人の医師の存在があった。

一方、同じ高齢者福祉でも、秋田県鷹巣町のような過疎の町では、町長が課題に最初に気づき、自ら猛勉強して知識を高め、そのうえで公募型のワーキンググループ方式で住民参加を働きかけるという「首長主導型」だ。だが、高齢化が進む過疎の町でも、首長のリーダーシップのもと、適切な参加の仕組みが提供されれば、責任と負担を自覚した住民が育ち、それがテコとなって行政や議会も変わりはじめるというモーメントを起こすことが可能なことがこの事例からもわかる。このタイプでは、首長の世代交代などが契機となることが多く、そこでは従来地域を動かしてきた価値観や体制との衝突が避けられない。それに対して、地域を変えられるか否かは、首長の強いリーダーシップもさることながら、旧来の価値観や地域マネジメントの限界に気づき、新しい仕組みづくりに向けた変革に取り組む生活者がどれだけ存在するか、潜在的な生活者の意識をどれだけ顕在化させることができるかがポイントとなる。

次に、商店会や町内会などの既存組織が中核となり、行政と連携しながら課題に対応する「公民連携型」の特徴を見てみよう。このタイプは、活動の当初のきっかけは行政や商工会議所などから提供される場合が多い。しかし、そもそもこれらの組織には生活や地域課題への問題意識を持った人たちが必ず存在するため、きっかけさえ与えられて一度動きだせば、あとは自律的な活動を展開する。そうなれば、組織的な活動の経験が豊富で、行政などとの交渉のツボも心得ているだけに活動はパワフルに進展する。そして、もともとこれらの組織はコミュニティの中核的な存在であったのであるから、それは取りも直さずコミュニティ「力」の復活ということもできる。ただ、これらの組織は地域変革の担い手となるとともに、新しい活動に対する抵抗勢力になる場合も少なくない。それを決定づけるのは組織の長や構成メンバーの資質による部分が大きいが、初期段階の根回しや調整に留意することが肝要だ。

5 ─ コミュニティ「力」の醸成は生活者の学習から

このように地域の課題対応は、その始動の部分では地域のコミュニティ「力」の蓄積度合によりいくつかのタイプに分けられる。また、具体的な活動のプロセスも、今回取り上げた17事例においても17通りの方法があったようにまちまちだ。しかし、地域が動き出し、活動の輪が広がり、生活者がコミットする形で地域マネジメントの仕組みを変革するに至るまでコミュニティ「力」を醸成し得る活動には一定のパターンがあるように思われる。

少なくともいくつかのポイントとなる部分については共通点が認められる。

まず、最大の、そして最も重要だと思われる点は、地域の抱える生活課題について生活者が学習し、その問題に関して地域の実情を把握するとともに、相当程度の専門知識を身に付けているということである。この学習を始めるきっかけは、前述のように自然発生的な場合もあれば、首長や行政が働きかける場合もあるが、いずれにしろそこに参加するのはそのテーマに関心を持つ生活者であり、当然、学習意欲は高い。

そして、その学習活動を通して、課題の深刻さを認識するとともに、現状の地域マネジメントの構造や意思決定のメカニズムなどを知ることになる。と同時に、課題の本質的な解決には自らが主体的に口も手も出し、旧来の地域マネジメントの仕組みを変えていく必要があることを理解する。

もう一つ、このような学習を通して生活者が専門的な知識を持つことの波及効果として挙げられるのが、行政や企業などと対等な情報レベルで対話や交渉ができるようになることである。このような状況になると、行政や企業と生活者の間に良い意味での緊張感が生まれ、中途半端な対応ができなくなるため行政や企業の担当者も負けじと専門知識を磨き、成長していくことになる。地域にとって、この効果の意味するところは非常に大きい。このような関係性を作りだすことができれば、まず活動の第一ハードルは通過したといえよう。

さらに、生活者は学習で得た知識を実際の活動の中で一つひとつ検証することで視野が広がり、課題の客観的な位置づけや多面的なアプローチが出来るようになる。こうなれば、活動は次のステップへと進んでいくことができる。

6 地域は人材の宝庫だ

地域の課題に気づき、動きはじめた生活者はさまざまな壁にぶつかることになる。既存の地域構造や既得権益の壁だ。前例主義や平等原則に固執する行政が大きな壁として立ちはだかる場合も少なくない。まさに、事例でも見たようにコミュニティの活動は、常に試行錯誤の連続だ。

しかし、壁にぶつかると、その壁を乗り越えるために皆で悩み、知恵を出し合っていると、アイデアは出てくるものだ。不思議なことに、そういうときに限って地域の中、あるいは外から応援団が登場して、知恵や力を貸してくれたりするものだ。応援団はまったくの偶然に現れる場合もあるが、課題を背負って必死に動き回っているからこそ知恵やノウハウを持つ人間とめぐり合えるのだろう。これは、ビジネスでも地域活動でも同じだろう。

ところで、地域にはさまざまな知恵やノウハウを持った人材がいるものだ。まさに、これは地域の資源だ。よく地域で人材バンクとか、人材データベースとかを作るケースがあるが、動き出してみないとそれらの価値が分からない。もちろん、地域の抱える生活課題は多様な要素が絡み合っているため、一人の人間の知恵やノウハウがすべての問題を解決できるわけではない。とはいえ、課題の解決へ向けて大きなヒントを与えてくれたり、有用な専門知識を持ち合わせる人材が地域に存在し、活動に協力してくれることは非常に心強い。そして、このような出会いを通して、地域内外の専門家とも徐々にネットワークが広がっていく。

今回の事例で見ると、「つくばアーバンガーデニング（TUG）の花と緑の町づくり」や「早稲田いのちのまちづくり」の活動では、地域に存在する大学の教員や学生がその専門知識を活かしてさまざまな役割を果たしていた。どこの地域にも大学が存在するわけではないが、行政や農協、商工会議所などの地域機関は人材の宝庫だ。また、小中学校の先生や企業の社員などにもさまざまな専門家が存在する。それだけではない。地域に暮らす生活者自身が仕事や趣味を通じてさまざまな分野の専門知識を有しており、実は地域はそもそもが生活ノウハウの塊だということを再認識させられる。例えば、学校を拠点にお父さんたちがコミュニティ活動を始めた千葉県習志野市の「秋津コミュニティ」のケースを見ても、最初の活動として取り組んだ学校の飼育小屋作りでは一級建築士や木材や金網の調達を買って出る資材の専門家などのお父さんたちが大活躍し、立派な飼育小屋が完成した。

また、静岡県清水市の市民が運営する生涯学習システム「清見潟大学塾」の先生はすべて公募による市民の素人教授だ。が、長年仕事や趣味で培ったその知識や技術レベルはいずれも玄人はだしだ。

7　小さな成果がもたらす大きな自信と自覚

地域内外の応援団の協力も得ながら壁を一つひとつ乗り越えた活動は具体的な成果を挙

げるようになる。これは、施設など形のあるものでも、イベントの開催やまちづくりに関する計画案の策定など、どんなものでもよい。そして、小さくても一つの成果を上げたメンバーたちは、活動の充実感、達成感を味わい、それが次の活動のエネルギーになっていく。また、なんらかの成果を挙げたことで、地域内での活動に対する認知も徐々にできはじめ、参加するメンバーも増え活動の輪が広がってくる。

事例を見ても、この段階になると活動のメンバーの意識や活動に対する取り組みが変化する。例えば、秋田県鷹巣町では町の公募に応じた町民のワーキンググループに、福祉の拠点施設「ケアタウンたかのす」の施設計画から運営に至るまで〈利用者の視点〉でチェックし、さまざまな提案を出してもらった。その際、町の行政方針や財政事情など関連する情報をすべて提供し、それらを踏まえた上で徹底的な議論が行われた。そして、提案してもらうだけでなく、それらを可能な限り実際の施策に採り入れた。

自分たちの意見や提案が実際に行政に反映されるとなると、生活者の側も自分たちの発言、提案に責任を自覚せざるを得ず、より一層学習し、真剣な議論をするようになる。また、自分たちが行った提案が行政や議会でどのように評価され、施策に取り込まれるのかにも関心を強めるようになる。実際に、議会もたびたび傍聴し、誰が自分たちの意見や提案を理解し、推進してくれる議員かをチェックし、次の選挙ではその結果に基づいて候補者を選択するようになった。こうなると議員や議会も生活者の意見や要望に真剣に耳を傾けるように変わらざるを得ず、実態として町の行政や政策決定の構造が変わりはじめる。

このような段階になると、生活者たちは要望を出すだけではなく、自らの負担についても自覚するようになる。鷹巣町では、介護保険事業計画の策定にも100人を超える生活者が参加したが、望ましいサービス水準の提供を受けるには65歳以上の町民が全国平均より月額1000円多い保険料を負担することも納得ずくで決定した。これも自分たちが政策決定のプロセスに参加して決めた内容だからこそ受け入れることができたのだろう。活動を通じて成長した生活者は、このような金銭面に限らず自分たちの負担を受容するようになる。例えば、徹底した分別でごみの資源化を進める愛知県碧南市の市民は、32品目という煩雑な家庭での分別に協力するとともに、ごみステーションでの分別指導や管理も町内会をベースに生活者が対応している。

このように、活動を通じて生活者自身が変わり、責任と自覚を持つようになると、行政や議会にも旧来の仕組みからの脱皮を促し、新しい地域マネジメントの構築へ向けて一歩前進することになる。

8 拡がる活動テーマ

もう一つ地域の活動に共通して見られる特徴は、前述のように一定の成果を挙げて活動が活性化すると対象とするテーマや活動の範囲が拡大していくことである。事例でみても、環境をテーマに始まった早稲田商店街の活動は防災、教育、農村問題などへと広がっていく。コミュニティで「村営百貨店」を作り上げた京都府大宮町のケースも商業施設の運営に止まらず、宅配販売や農作業の請負、受託などへと拡大している。また、当初は「花と緑のまちづくり」をテーマにしたつくばアーバンガーデニングの活動も、園芸セラピーやストリートファニチャーづくり、つくば100本のクリスマスツリー・イベントなども手がけ、「潤いのあるまちづくり」にかかわる活動へと幅を広げている。

このような発展プロセスは、生活課題に対応するコミュニティ活動の中ではごく自然な成り行きとして受け入れられている。なぜなら、地域のさまざまな生活課題は相互に密接に関連しあっており、動き出した生活者たちは活動の中でそのことについても認識し、関連するテーマは当初の活動の延長線上に位置づけられている。また、自分たちの活動を通して、地域のほかの活動グループとの交流も始まり、相互に情報交換をする中で、連携した活動の展開が模索されるケースもある。いずれにしろ、一つの活動を通して地域への関心を強め、学習により視野が広がり、自信と自覚を持つに至った生活者は、関連する生活課題へも活動の範囲を広げ、積極的にコミットしていくことになる。

ただ、この段階で活動が従来にはなかった運営上の課題を抱えることも少なくない。一つは、活動内容やメンバーが広がり、多様化してくると、メンバー間の考え方や意見の違いが生まれることも少なくない。従来は、個性的なリーダーを中心にまとまっていた組織も活動内容に応じて分化し、構造が多様化することで運営の仕組み自体の高度化が求められるようになる。同時に、活動が地域に認知され、それなりの実績も上げるようになると、行政や商工団体、農業団体など既存組織との接触も多くなり、地域のさまざまな権力構造や利害関係とのかかわりも出てくるなどもある。

また、もう一つはほかの活動グループとの連携が進むかどうかという点がある。それぞれが個性的なリーダーのもとで独自の理念を持って活動しているので、活動の経緯やリーダーどうしの相性などさまざまな要因が障害となって連携が進まないことも多い。生活者がコミットした地域の活動で、相互に関連を持った生活課題への対応には相互連携するメリットは多いのだが、実際にはバラバラに動く結果になりかねない。このあたりのマネジメントは、行政などの既存組織が調整、橋渡し役となるなどの配慮が必要となろう。

9 行政の役割

これまで動きだした各地の事例を参考にしながらコミュニティ「力」が醸成されるプロセス、あるいは生活者がコミットする新しい地域マネジメントが地域で構築されるステップなどについて整理してきた。最後に、このような活動に行政はどのようなかかわり方をすべきかを考えてみよう。

まず、最も大切なのは、地域の主体はそこで暮らし、働く生活者であり、地域が抱える多くの生活課題は生活者とのパートナーシップに基づく対応の中で解決を図っていくという前提を確認することだ。「生活」という営みの中で発生する課題は極めて総合的なもので、従来の縦割りの行政機構のみの対応では如何《いかん》ともし難いということを認識することだ。

その中で、行政が対応する部分、企業活動に依存する部分、そして生活者自らが担う部分と3者の役割分担を想定すべきである。できれば、生活者やNPOやコミュニティ・ビジネスを含めた生活者が主体的にかかわる組織の役割を中心に、それらでは手に負えない部分を行政がいかに補完するかという発想が望ましい。「早稲田いのちのまちづくり」のリーダーの言葉を借りれば「まち場が主体、行政参加」ということになる。

しかし、どこの地域でもすぐに「まち場が主体」の地域マネジメントが構築できる訳ではない。先に活動の契機のところで述べたように、課題への気づきと学習活動などが自然発生的に動き出す地域はともかく、過疎化や高齢化が進む中山間地域などでは首長や行政が上手にきっかけを与え、コミュニティ「力」を醸成していく必要があろう。ただ、そのような地域でも、活動が始まりコミュニティ「力」が育ってきたら、徐々に生活者側に役割を振っていくことが望ましい。コミュニティ「力」の育成の勘所は、前述のように生活者の意見や提案を行政に反映するなどで活動の成果を実感させながら、生活者に責任と自覚を認識させるなどの方法が有効だ。要は、従来、少なからず行われてきた形式的、手続き的な参加から、本当の意味での「協働」の仕組みへと発想を切り替えることだ。つまり、それは行政の計画や地域マネジメントの仕組みについて、生活者の視点から政策評価し、オルタナティブポリシーの提示を要請することであると言い換えることもできる。

そして、「少なくともこれだけはやってはいけないこと」は、行政がコミュニティ「力」の醸成や生活者の活動の妨げにならないことである。これは、当たり前のようで、旧来の発想や行動原理から脱却できない行政が意識、無意識を問わず、犯している過ちである。

おわりに

地方経済の疲弊が懸念されている。確かに、地方へ出かけるとシャッター街と化した商店街や活気のない夜の飲み屋街に出くわすことは少なくない。また、地場産業の経営者や農業団体の幹部と話をしても明るい話題は出てこない。

バブル崩壊後、日本経済は10数年におよぶ長期低迷を続け、国も地方自治体もその財政は火の車だ。それでも、構造改革は遅々として進まず、トンネルの出口はなかなか見えない。

しかし、ひとたび暮らしの現場へ足を踏み入れると、地方では人々の温かい付き合いや気配りに接する機会も多く、心癒されたことは数知れない。「この温かさ、豊かさはなんだろうか」と問うことからこの本のテーマへのアプローチが始まった。そして、一つの仮説に基づいて、動きだした全国各地のさまざま取り組みの現場へ足を運んで見聞きしたことを実況放送的にまとめたのがこの本だ。その仮説とは、「地域社会の連帯感や互助精神がいまもなお暮らしを支える大きな力だ」ということだ。経済性や効率を優先した社会システムの副作用としてこの連帯感や互助精神が薄れたことが、高齢者福祉や教育・保育・環境、食と農などの今日的な生活課題をここまで深刻化させた大きな原因のひとつだと言えよう。そして、それらの生活課題が解消されない限り、日本人が本当の豊かさを実感することはないだろう。

その意味では、地域社会における生活者間の連帯感や互助精神に基づく課題対応力、すなわちコミュニティ「力」の醸成、あるいは再生なくして豊かな社会はつくれない。ただ、今回の事例でも紹介したように、生活の多くの部分を外部サービスに依存する都市に比べて、地方や農村には自らが主体的に取り組む意識や基盤がまだまだ残っている。そして、その火を絶やさないことが、豊かな社会づくりのポイントになりそうだ。そこにはお金のやり取りだけではない、心の通った人と人との関係性が存在するからだ。ただ、いま進められている市町村合併にはそのような感性や意識が欠如していることが懸念される。地域は、しっかりと生活や暮らしの視点から市町村合併をチェックし、主体的に取り組むべきだ。

生活という視点で21世紀の日本を展望したとき、地域でのそのような関係性を基盤とする行政、企業、生活者のパートナーシップによる「公民共創型地域マネジメント」の構築が最大のテーマになる。そして、それはコミュニティ「力」の醸成なくしては実現しない。それに気づいた地域からすでに変革は始まっている。この本が、生活者の気づきのきっかけになれば幸いである。

最後に、事例で取り上げ、お世話になった各地域の関係者の方々に感謝するとともに、取り組みの前進を祈念してエールを送りたい。また、このような形でまとめる機会をいただいた水曜社の仙道弘生社長、編集作業をご担当いただいた北畠夏影氏に感謝して筆を置くことにする。

藤澤研二

〈参考文献・資料・関連ＷＥＢ ＳＩＴＥ〉

第1章
・『ケアセンター成瀬　支援住民の会だより（広報1～24号）』ケアセンター成瀬支援住民の会／平成12年4月
・『ケアセンター成瀬　案内のしおり』ケアセンター成瀬
・『クリン』くりやまエコマネー研究会
・『くりやまプレス』くりやまプレス編集室
・「ＮＰＯ法人くりやまコミュニティネットワーク」（URL：http://npo.iki2.jp/）
・『福祉の町　たかのす』秋田県鷹巣町パンフレット

第2章
・「家庭保育ネットワーク　エスク」（URL：http://www.eos-f.net/）
・「おやじ、小学校で地域活動」日本経済新聞夕刊／２００１年4月28日
・「秋津コミュニティ」（URL：http://www.akitsu.info/）
・「日本冒険遊び場づくり協会」（URL：http://www.ipa-japan.org/asobiba/）
・「プレーパーク」（URL：http://www.setagaya.net/setagaya/playpark/）
・『ザ・清見潟大学塾　生涯学習モデルシステムへの挑戦』大石正路著
・「清見潟大学塾」（URL：http://www.kiyomigata.org/）

第3章
・『びれっじ2,000 SPRING vol.35』財団法人21世紀村づくり塾
・『ＴＵＧニュース』つくばアーバンガーデン委員会事務局
・「ＮＰＯつくばアーバンガーデニング」（URL：http://www5e.biglobe.ne.jp/~tug/）
・「財団法人 日本グランドワーク協会」（URL：http://www.groundwork.or.jp/）
・『中山間地域等の農業・農村を守るために』千葉県鴨川市
・「あんご通信　大山千枚田ＷＥＢ版」（URL：http://www.senmaida.com/）

第4章
・「碧南市／生活・環境」（URL：http://www.city.hekinan.aichi.jp/cate05.htm）
・「まちがむらの土の健康をまもり、むらがまちの台所をまもる」菅野芳秀（談）／スローフードな日本（現代農業増刊）／農文協／平成14年11月
・「レインボープラン」（URL：http://www.city.nagai.yamagata.jp/rainbow/）

第5章
・『田舎倶楽部の挑戦』田舎倶楽部
・「地産地消の発展をめざして」ジョイントセミナー北海道21報告書　平成10年3月
・『地産地消と田舎倶楽部』中島興世著
・『コミュニティ・ビジネス』細内信孝著／中央大学出版部

第6章
・『スーパーおやじの痛快まちづくり』安井潤一郎著／講談社
・『リサイクルを切り口とした商店街活性化とまちづくり』早稲田商店会エコステーション事業部
・「早稲田いのちのまちづくり」（URL：http://renet.vcom.or.jp/）
・『株式会社　山湊』パンフレット

第7章
・『エンデの遺言』河邑厚徳＋グループ現代著／ＮＨＫ出版
・『エンデの警鐘』坂本龍一＋グループ現代著／ＮＨＫ出版
・『お金貸します』市民ベンチャー研究会／ゴマブックス
・『儲けはあとからついてくる』片岡勝著／日本経済新聞社
・『エコマネーの世界が始まる』加藤敏春著／講談社

著者略歴

藤澤研二（ふじさわ・けんじ）

昭和29年山梨県生まれ。昭和53年千葉大学大学院修士課程修了。長銀総合研究所を経て、平成14年1月から藤澤流通マーケティング研究所代表、三井物産戦略研究所客員研究員、江戸川大学講師。

専門

流通政策、食品・農産物流通、地域特産品開発・流通開拓、農業マーケティング、地域活性化支援

主な著書

『図説リニア新幹線』（光文社）
『新産業図式の読み方』（経済界）
『コメ・ビジネス』共著（実業之日本社）
『日本酒の経済学』（実業之日本社）
『流通革命新時代』共著（東洋経済新報社）
『米穀専門店再生への道』（米穀新聞社）
『マーケティングによるJAの販売革新』共著（JA全中）

コミュニティ「力《パワー》」の時代
市町村合併を超えて

発行日　二〇〇三年十一月一日　初版第一刷
著　者　藤澤研二
発行人　仙道弘生
発行所　株式会社 水曜社
〒一六〇-〇〇二二
東京都新宿区新宿一-十四-十二
電話〇三-三三五一-八七六八
ファックス〇三-五三六二-七二七九
URL www.bookdom.net/suiyosha/
印　刷　株式会社シナノ
制　作　青丹社

ISBN4-88065-113-3 C0036
定価はカバーに表示してあります。